U0555854

公司法制的新开展

刘连煜　著

中国政法大学出版社

自　序

　　台湾地区公司法制这些年变动甚大,从金融机构合并法、金融控股公司法、企业并购法的颁行,到公司法、证券交易法、公平交易法的新修订,在反映台湾企业版图扩充的活力与公司法制蓬勃的发展。本书之十二篇论文,大约也完成于此时,作者敝帚自珍,将它们重新审视整理后出版,除希望能见证此一法制剧烈变动外,更希望相关法制应衡平兼顾效率与公平之利益衡量,而不过分有所偏斜。

　　特别要说明者,本书收录之二篇文章曾经为方文长教授、赖英照教授祝寿论文集而撰;收录于本书的同时,作者也再次致上满心的祝福,谨祝二位尊敬的师长福寿康宁,身体永远健康。又,本书文章之整理排版,承蒙政治大学与台北大学法研所之谢昀琏、郑静筠、吴韶芹及陈怡静四位研究生协助,备极辛劳,特此一并致谢。

　　另外,2007年本书获选为政治大学八十周年校庆教师学术原创著作"百本专书"之一,特附志于此,盼与读者分享我的喜悦,并继续策励自己不能怠惰。

刘连煜　谨识

2007 年 11 月

目　　录

健全独立董监事与公司治理之法制研究
——公司自治、外部监控与政府规制之交错

壹、导　论

近来由于美国恩隆（Enron）等弊案如雪球般滚滚而来，公司治理（corporate governance）的议题响彻云霄，独立董、监事应否设立的问题也引起热烈的讨论。有认为独立董事制度已是世界各国的主流趋势，台湾地区当亦不例外。惟亦有认为公司法新近的修正（2001 年 11 月修正）已不再要求股份有限公司董事必须具备股东身份（公一九二参照），故不必再费事引进所谓之独立董事制度。此外，新"公司法"第二一八条之二同时亦增订，监察人得列席董事会陈述意见（第一项）。董事会或董事执行业务有违反法令、章程或股东会决议之行为者，监察人应即通知董事会或董事停止其行为（第二项）。从而，认为监察人应可发挥一定之监督作用，似无须再画蛇添足引进外部监察人制度。当然，此等意见，反映台湾目前一部分人的看法。

然而，必须予以指出的是，"公司法"第一九二条原规定董事必须具有股东身份，系假设以股东充任董事，在休戚相关、荣辱与共之关系下，董事执行业务时，较能期望其善尽忠诚义务，以谋公司之最大利益。惟此一假设并没有得到实证研究之支持，[1] 亦与"企业所有与企业经营分离"之世界潮流不符。因之，2001 年 11 月公司法修正，遂将此项规定删除。[2] 由此可见，第一九二条之

---

〔1〕　换言之，公司之获利率［含"股东股份的投资报酬率"（英文一般称"ROE"；Rate of Return on Equity）及"企业总投资报酬率"（英文一般称"ROI"；Rate of Return on Total Investment）］与公司董事由股东中选任并无特殊关联。参阅赖英照，证券交易法逐条释义，第二册，1985 年 10 月初版，页 190～194。

〔2〕　参阅"公司法及修正条文对照表"，商业司编印，2002 年 4 月，页 104。

修正与引进独立董事制度并无直接关联。

至于"公司法"第二一八条之二新增监察人得列席董事会陈述意见,乃系着眼于监察人既为公司业务之监督机关,其妥善行使职权之前提必须明了公司之业务经营,若使监察人得出席董事会,则监察人往往能较早发觉董事等之渎职不法行为,故增订第一项,使监察人亦得参加董事会。[3] 准此可知,公司法此项新增,与外部监察人制度之引进亦无必然关系。

当然,公司治理议题繁杂而多,于此无法一一探讨。本文以下将就我引进独立董监制度及其他台湾地区当前重要而新颖之公司治理议题,作较深入之剖析,以供关心公司制度者参考。另外,必须先予说明的是,文内有时依他国制度之需要,或称"独立董、监"或称"外部董、监",合先叙明。

贰、公司治理之意义

何谓"公司治理"?众说纷纭。世界知名企业台积电董事长张忠谋先生表示,公司治理包含三个要件,一是经理人要正直、诚实;第二是要有监督制衡的机制,随时向执行长等提出监督、劝告、警告;第三则是董事会要扮演执行长的诤友,但同时也要有"随时准备挥动尚方宝剑,换掉执行长的勇气[4]"。也有谓:公司治理系泛指管理与监控公司的方法,目的是在健全公司的营运及追求公

---

〔3〕　参阅"公司法及修正条文对照表",商业司编印,2002 年 4 月,页 123 ~ 124。
〔4〕　参阅经济日报,2002 年 8 月 31 日,第五版。

司的最大利益,保障投资者的权益。[5] 学者则谓:公司治理是指
股东直接或间接对公司经营者监督并评估其表现之行为,透过各
种奖励与监督的机制,使其利益与股东一致,以解决在所有与控制
分离后的利益冲突问题。并策划公司与其他利害关系人(如雇
员、顾客、上下游产业、社区等)与市场及公权力之互动。[6] 也有
谓:世界银行指出,从公司角度而言,公司治理系指公司在符合法
律与契约的规范中,如何建立机制促成公司价值的极大化。此一
角度意指公司的决策机构——董事会——必须要平衡股东以及各
种利害关系人(stakeholders)的利益,以创造公司的长期利益。从
公共政策的角度而言,公司治理系指社会在支持企业发展的方向
下,同时要求企业于运用其权力之际,善尽其应有的责任。此一公
共政策角度意指如何建立市场规范机制,提供公司诱因与纪律,一
方面给予公司负责经营人员合理的报酬,另一方面并保障利害关
系人的权益。[7]

拙见以为,公司治理,抽象而言,不仅是公司与股东之关系,而
应将其他利害关系人之利益纳入考量,以达成增加股东长期利益
之目标,如此始称完整。"中华治理协会"参照其他国家之规范

〔5〕 东霖投顾研究部,"企业透过'公司治理'营运更健全",经济日报。2002 年 8 月
　　 25 日,第十二版。
〔6〕 余雪明,台湾新公司法与独立董事(上),万国法律第 123 期,2002 年 6 月,页 63。
〔7〕 柯承恩,我公司监理体系之问题与改进建议(上),会计研究月刊,第 173 期,页
　　 76。

（例如,新加坡之规范[8]）,在 2002 年 7 月 11 日准则委员会亦决议:"公司治理是一种指导及管理的机制并落实公司经营者责任的过程,藉由加强公司绩效且兼顾其他利害关系人利益,以保障股东权益"。此外,中华治理协会并认为:公司建立公司治理应依下列原则为之:(1)遵守相关法令;(2)保障股东权益;(3)强化董事会结构;(4)发挥监察人功能;(5)尊重利害关系人之权益[9]。对此,证期会建议另增列:"提升信息揭露之透明度"乙项。盖证期会认为提高公司经营之透明度,亦为 OECD（经济合作暨发展组织）所强调之公司治理原则之一,故建议增列。吾人认为,增列尊重利害关系人（stakeholders）之权益乙项,特别值得赞同。盖公司股东以外之其他利害关系人（如员工、顾客、上下游产业、公司所在之社区）等之利益,公司董事会于为决策时,应兼顾之,而非只注重股东之短期利益,以创造公司之长期利益[10]。

---

[8] 新加坡公司治理规范谓:公司治理系一种指导及管理公司之业务及事务之结构与过程,其藉由加强公司绩效与责任并平衡其他利害关系人之利益,以达成增加股东长期利益之目标。其原文为:Corporate governance refers to the structure and process by which the business and affairs of the company are directed and managed, in order to enhance long term shareholder value through enhancing corporate performance and accountability, whilst taking into account the interests of other stakeholders.

[9] 按 2001 年 12 月 31 日台湾证券交易所所草拟之"上市（上柜）公司治理最佳实务准则（草案）"第二条规定:"上市（上柜）公司建立其公司治理制度应依下列基本要素与原则为之:（一）遵守相关法令。（二）保障股东权益。（三）强化董事会结构。（四）发挥监察人功能。"其后正式公告实施之"上市上柜公司治理实务守则"[2002. 10. 4 台证上字第 025298 号函公告实施;2002. 10. 15 证柜上字第 39026 号函公告实施]第二条亦规定:"上市上柜公司建立公司治理制度,除应遵守相关法令外,应依下列原则为之:一、保障股东权益。二、强化董事会职能。三、发挥监察人功能。四、尊重利害关系人权益。五、提升信息透明度"

[10] 参阅拙著,"公司监控与公司社会责任"乙书。本书早于 1995 年 9 月在台出版,惟至今关于公司治理之意义与范围,书中所讨论及主张者（即应兼顾公司其他利害关系人之权益）,应仍为今日美国学界之通说。

叁、部分 OECD 会员国新近有关公司治理之发展

从 2000 年初开始,部分 OECD 会员国便从事有关公司治理方面的改革,其内容大要如下:[11]

一、澳洲之独立董事实施经验

在 2000 年,澳洲公司董事会之实务及程序受到各界严密之审视与关切。由于受到 Bond Corp.、Quintex 及 Adelaide Streamship 等巨型公司倒闭之影响,澳洲在 1990 年代初期起,即倡议鼓励公司董事会设置超过半数人数之独立或非执行董事(independent or non – executive directors)。

其后,一项由"澳洲国际公司治理顾问公司"(Australian Consultancy Company Corporate Governance International)及"墨尔本大学公司法及证券法中心"(University of Melbourne's Centre for Corporate Law and Securities Regulation)所共同进行之研究报告指出,澳洲股票上市公司设有过半数以上独立董事者,其在股票市场之股价表现并不佳。此项研究直指其原因为,董事若与公司之营运事务脱离太远,则此等董事(指独立董事)可能会被误导或至少对公司日常业务缺乏讯息。相反的,这个报告认为,公司经营阶层之人同时担任公司董事之情形,其公司营运绩效对公司股东而言,有显著之正面效益。换言之,上面这个研究报告强调,董事之"独立

---

[11] 以下有关澳洲之介绍,主要系参考 OECD, Corporate Governance in OECD Member Countries: Recent Developments and Trends, OECD Steering Group on Corporate Governance, April 26 ~ 27, 2001.

性"本身并不即是董事会品质的保证,以及独立董事与执行董事(非独立董事)之席次,确有必要加以平衡。

另外,澳洲公司治理经验,也显现出公司独立董事之选择,并不能单凭其独立性与否加以评判,而系应一并考量人选之背景与其究竟能对公司业务带来多大之实质贡献而定。换言之,"能力"与"独立性"系独立董事资格不可或缺之两个要素。吾人实不能因前述研究报告而对独立董事制度完全失掉信心,反而应针对其缺失提出修正之道以强化其功能。

二、美国 2002 年 7 月 30 日之"公司改革法案"(Corporate Corruption Bill)之主要内容

依据美国总统所新签署(2002 年 7 月 30 日)之"公司改革法"(通称 Corporate Corruption Bill, 正式称为 the "Sarbanes – Oxley Act of 2002")[12]规定,为使公司之财务报告更臻正确,新法特课公司之执行长(CEO)及财务长(CFO)等人,必须在依法申报之年度报告或季报上,签署证明下列事项:

(一)签名者已阅读该报告;

(二)就其所知,该财务报告并未对重要事实作不实陈述,或省略某些重要事实之陈述,以致在当时实际情形下产生引人误导之效果;

(三)就其所知,该财务报表及在报告中之其他财务信息,已适当地呈现该发行人在该段时间内之重要财务状况及营运结果;

---

〔12〕 这项法案系美国参议院、众议院两院版本之协商综合版,最后这项法案名称是以两院提案人——马里兰州民主党参议员保罗·沙班尼斯(Senator Paul Sarbanes)及俄亥俄州共和党众议员麦克·欧克斯利(Congressman Mike Oxley)为名,亦即正式名称为"2002 年沙班尼斯 – 欧克斯利法案"(The Sarbanes – Oxley Act of 2002)。

（四）该签署之人－：

（1）系负责建立及维持公司之内部控制者；

（2）已设计公司内部控制制度，以确保各个主体（entities）有人得向其报告有关该发行人及其合并财务表内之子公司的重要信息，特别是在这段定期性报表之时间内；

（3）已评估该发行人内部控制之有效性；且此项评估系在该财务报告作成前之九十日内所作成；以及

（4）已在该财务报告中，根据其在评估日之评估，提出有关公司内部控制有效性之结论；

（五）签署之职员，已对该发行人之稽核人员及董事会之稽核委员会（或履行相似功能之职务之人员）揭露下列事项：

（1）所有足以不利影响发行人之记录、处理、总结及报告公司财务资料之内部控制设计及运作的重要缺陷，以及已向该发行人之稽核人员，指出内部控制之重大缺失；以及

（2）任何涉及公司经营阶层或在该发行人内部控制上扮演重要角色之其他职员之欺诈行为，不论该欺诈行为是否为重大；以及

（六）该签署之职员在该财务报表中已指出，内部控制是否有重大改变，或其他因素足以重大影响"评估日"以后之内部控制制度，包括任何有关内部控制重大缺陷及重大缺失之更正措施。

按前述有关增进公司对财务报告之责任，其设计目的无非为增进投资大众对公司财务报表之信赖度，因为新制度要求公司执行长及财务长针对公司财务报表，必须签署保证一定之事项。吾人可推知，在新制之下，公司执行长及财务长，必定战战兢兢、如履薄冰地阅读财务报告，以确保其财报之真实性。从而，其结果必能一定程度保护投资大众之权益。一旦爆发财报不实之情形，公司执行长及财务长应无法像以往一样将公司财报不实的责任，一股脑儿地推给签证之会计师等他人，并推说其对财报不实并不知情。

当然,如有公司执行长及财务长胆敢拒绝签署保证,则该公司股票,投资人必定弃之如敝屣,公司股价一落千丈,乃必然之事。换言之,市场制裁力量必能发挥。[13]

再者,任何执行长或财务长知情地签署保证该公司向证管会所申报之不实财报者,最高得处一百万美元之罚金及最长十年之徒刑。如系故意违反前述情形,则最高得处五百万美元之罚金及最长二十年之徒刑。简言之,其处罚不可谓不重。

此外,"公司改革法"对故意修改、破坏、作废、隐匿、掩饰、伪造财务文件,以妨碍司法调查或破产程序者,将处以最重二十年之徒刑,此点亦是新制重罚不法行为之特色。

从上面之介绍可知,为重建投资人对财报之信心,并杜绝公司负责人勾结不法会计师粉饰决算或财报作假之情事继续发生,美国法已使出最严厉之手段,以制裁不法之行为人。吾人建议我证券交易法、商业会计法等相关规定宜参考美国立法加以增修。例如,证券交易法即可于第三十六条增列乙项规定,董事长(或总经理)及公司财务长,应签名表示就其所知该申报之财务报表已公允表达公司之情形,以鞭策公司负责人确实对财报负起最终责任。

三、日本商法特例法2002年5月之修正

依据2002年5月日本商法特例法之重要修正,[14]日本所谓之"大公司"(指资本额五亿日元以上,或最近之资产负债表之负

---

[13] 由于新法严格之规范(如公司执行长、财务长必须担保财报之真实性),亦可能适用于股票在美挂牌交易之外国公司,因此是否造成外国公司犹豫不愿前往美国挂牌,也引起普遍关切。See The Asian Wall Street Journal, Aug. 12, 2002, A4, Column 4.

[14] 参阅林国全教授译,设委员会公司——日本商法特例法(2002年修正)(本文作者感谢林教授惠赐最新之日本商法特例法译文,供作者撰文参考)。

债项下金额之合计额在二百亿日元以上之股份有限公司;商特一之二 I)及所谓之"视同大公司"(指大公司以外之资本额超过一亿日元之股份有限公司,而以章程规定适用大公司监查特例规定者;商特一之二Ⅲ),得选择在董事会下设置三个委员会(即稽核委员会、提名委员会、报酬委员会)及执行长(CEO),而成为"设置委员会之公司"(商特二一之五 I)。另依商法特例法第二十一条之五第二项规定,设置委员会之公司,不得设监察人。其立法目的,概系为避免设有稽核委员会后,如仍设有监察人,恐事权不分,导致无人负起公司监察之责任。此外,上述各委员会之过半数成员,须为非该公司执行人之外部董事组成(商特二十一之八)。当然,大公司及视同大公司,仍可依循旧制设置监察人,而不设置外部董事(独立董事)。对于此一改革,一般认为,日本之国际性大公司如 Sony 等,可能会选择采取所谓"设置委员会之公司"的方式,以重组其内部构造。至于其他大多数的日本公司,恐怕仍会不动如山,维持原来设置监察人的运作方式。

肆、我公司治理议题之结构特色与难题

一、散户投资人为主之资本市场

兹以 1992 年至 2002 年约十年间"集中交易成交金额市场投资人类别比例表"为例,说明我主要资本市场投资人之组成概况:

集中交易市场成交金额投资人类别比例表

年/月(约元月初)	本土法人(%)	侨外法人(%)	本土自然人(%)
1992	3.6	0.1	96.1
1993	5.4	0.5	94.1
1994	5.8	0.7	93.5
1995	6.7	1.4	91.9
1996	8.6	2.1	89.3
1997	7.6	1.7	90.7
1998	8.6	1.6	89.7
1999	9.4	2.4	88.2
2000	10.3	3.6	86.1
2001	9.7	5.9	84.4
2002	10.5	6.5	82.9

资料来源:台湾证券交易所。[15]

　　根据前述统计数字显示,我资本市场向来以散户投资人为主,机构投资法人之投资比重一向偏低。以2002年初之资料为例,我法人在集中交易市场之投资比例为百分之十点五,侨外法人之投资比例则为百分之六点五,本土自然人之投资比率则高达百分之八十二点九(虽然自然人投资有逐年降低之现象)。另外,依据"财团法人证券暨期货市场发展基金会"之研究,我法人机构于证券集中市场之投资情形,其以长期投资为持有目的者,并不多见,相反的,主要系进行短期进出以赚取价差。[16] 从而,希望藉由类

---

〔15〕 刊于证期会编印,"证券暨期货市场重要指标",2002年8月15日,页28。
〔16〕 证基会,我公司治理,2001年12月,页4。

似外国机构投资法人在外国所发挥之治理功能,[17] 在我恐怕无法期待过高。

按散户投资人为主之资本市场结构,其公司治理重点,应是如何?此一议题极为有趣且重要。笔者认为,团体诉讼之外部监控机制,应系此种环境下之公司治理机制的重要一环,本文稍后章节,将进一步探讨其相关法律问题。

二、多数公司董、监未能发挥功能

虽然目前我公司法对公司董、监之义务与责任,相较于其他国家之法令可谓有相当严密的规范(例如公二十三、一九二 IV、一九三、二一六Ⅲ、二二四等),惟由于法令未能确实落实执行,以致我公司董、监大部分并未能真正发挥功能。尤其是多数监察人接触公司业务之机会很少,在执行业务上,往往力不从心。[18] 当然,这其中的原因可能与其专业能力之欠缺有关,也可能与其独立性不足相涉。因之,如何加强公司董事会及监察人之内部机制,使其积极尽责,发挥效用,实为目前我补强公司治理之最重要议题。

三、家庭企业色彩仍浓

我大部分的企业家族色彩浓厚,由父子、兄弟姊妹或夫妻等家族成员担任创业公司之负责人或经营阶层者比比皆是。简言之,这些公司普遍具有所有权与经营权重叠之特性。即使在公开发行、上市(上柜)后,原先公司之创业家族一般情形仍会继续持有足以掌控公司经营权之股权。再加上家族经营观念之根深蒂固,

---

[17]　参阅拙著,超越企业所有与企业经营分离原则,收入"公司法理论与判决研究(一)",1995 年元月出版,页 18～21。

[18]　参阅证基会,同前揭注 16,页 5。

以至于我上市(上柜)公司由企业创始人及其家族成员担任负责人或经理人的情形,仍为相当普遍(尤其是传统产业)。董事长与总经理或董事与监察人之间的血缘、姻亲关系,可说十分密切。[19]

此种特色虽使得公司经营阶层在公司内部之权威更加强化,有助于公司命令之执行,但却容易造成负责人独裁,一意孤行,或容易集体舞弊,甚至容易发生利益输送掏空公司的弊端,严重侵害小股东权益。[20]

伍、我董、监制度之兴革与展望

对于如何改进我董、监制度之问题,迩来在台湾之学界与企业界引起热烈的讨论。各种主张杂陈,莫衷一是,兹分述各种见解如下,以供参考:

一、主张引进独立董事制度

持此一见解者认为:

(一)公司董事会,为公司股东与经理人之中介,负责确保经理人的确为股东之利益而经营,故身兼公司经营与公司监督之权限,在公司治理上拥有关键地位,而"独立董事"制度则是为使董

---

〔19〕 参阅"如何发挥监察人对公司业务与内部监控功能研讨会"纪实,会计研究月刊,第 161 期,页 24;黄日灿,公司治理与董事会的角色,经济日报,2002 年 8 月 26 日,第六版。惟值得注意的是,有人观察认为,这种现象在传统产业较为显著,在新兴之电子科技产业则大多由专业人士负责公司之经营。参阅柯承恩,我公司监理体系之问题与改进建议(上),会计研究月刊,第 173 期,页80~81。

〔20〕 证基会,同前揭注 16,页 3。

事会能发挥其监控功能的一种制度。[21]

（二）"公司法"第二〇六条第二项准用同法第一七八条之结果，董事对于会议之事项有自身利害关系，致有害于公司利益之虞时，不得加入表决，并不得代理其他董事行使表决权。此即董事利益冲突回避之原则。在我一般公司董事会之董事，多由大股东担任或由其派任（即由大股东所掌控），且公司许多业务之执行，皆与各该董事有直接或间接之利害关系。从而，如果真要落实前述利益冲突回避原则之规范，以避免有害于公司之关系人交易发生，在现行制度下，可能导致无任何董事可参与董事会决议之窘境。[22] 因此，应有必要积极引进独立董事制度，以兼顾利益回避制度的落实与董事会之效能运作，并有效保护公司之利益。

（三）在现有监察人制度外，引进独立董事制度，乃因两者之功能与任务并不相同。独立董事之任务在于评估公司经营者经营公司之效能，与对公司之基本政策及做法加以决定，而监察人则只针对公司业务与会计有监督权（公二一八、二一九参照），并无公司业务实质之决策权。[23]

（四）在各国产品市场与资本市场趋向全球化之今日，世界各国已有越来越多的国家采用独立董事制度，台湾地区为与世界各国接轨，当应不例外。

二、赞成引进外部监察人以强化监察人制度者

持此一见解者，以为

---

[21] 参阅余雪明，同前揭注6，页64。

[22] 参阅胡浩睿，股份有限公司内部机关之研究，台大法研所硕士论文，2002年6月，页292。

[23] 参阅余雪明教授于"投资人保护法研讨会——公益（或独立）董事制度"之发言内容，月旦法学，第42期，页88~89。

（一）在我公司制度设计上，股东会在选出董事，赋予业务执行权限时，亦应选出监察人，俾代替股东，经常性监督董事等之业务执行；且为避免监督与被监督者混为一体，违背规范本意，乃禁止监察人同时兼任公司董事、经理人或其他职员（公二二二）。换言之，监察人制度原本设计之目的，即在于促使居于第三人地位之监察人，能以客观、中立、公正之立场，行使监察权，监督经营者之业务执行。我们目前之问题，只要恢复监察人之独立性，即可实践制度原有之理念，取代独立董事之功能。[24]

（二）日本于平成五年（1993 年）修法时，仿独立董事精神，创设"外部监察人"制度，是以我们在改革监控制度时，应参考日本之经验，在法律继受上，较不会发生排斥现象，并可避免破坏现行监察人制度所可能衍生之风险。[25]

（三）如引进独立董事制度于我们，以至于使得董事会同时间具有业务执行与监督之功能，可能有球员兼裁判，角色冲突之嫌疑。[26]

（四）由于我公司之经营权往往操控于少数控制股东，故纵使设有独立董事，其仅能居于少数地位，在董事会采多数决之方式下，其所能发挥之制衡功能有限。[27]

（五）在我们原有监察人制度外，引进功能相似之独立董事制度，有可能造成内部监控机构叠床架屋之结果；另外，由于我们之监察人采取独任制（即可单独行使监察权；参照公二二一），故与

---

〔24〕 参阅黄铭杰，公开发行公司法制与公司监控，2001 年 11 月，页 38~50。

〔25〕 参阅林国全，监察人修正方向之检讨——以日本法修法经验为借镜，月旦法学杂志，第 73 期，页 48；王志诚，论公司员工参与经营之制度，政治大学法律研究所博士论文，1998 年，页 231。

〔26〕 参阅黄铭杰，前揭注 24 书，页 44；王志诚，前揭注 25 文，页 230。

〔27〕 参阅黄铭杰，前揭注 24 书，页 44。

个别董事相比,其执行业务时所受之羁绊可能较少,只要能适度地提供外部监察人独立行使职权之诱因及制度性保障,即可期待产生良好的监控效果。[28]

三、我主管机关之立场

我证券主管机关,截至目前为止,在态度上,似倾向于对上市、上柜公司推动独立董、监事制度。此点可从台湾证券交易所与柜台买卖中心,于2002年2月,分别修订其上市(上柜)审查准则及相关补充规定,要求申请上市(上柜)之公司必须符合"董事会成员五人以上并含独立董事二人以上,监察人三人以上并含独立监察人一人以上"[29]得以窥知。至于主管公司法之"经济部",目前则似正审慎地评估相关制度之利弊得失,以备下次修法之需。

四、实证研究之建议

根据一份最新的实证研究报告指出,董事的专业程度,与下面诸项目皆成正相关:(1)经理人尽义务程度;(2)董事重视公司治理;(3)监察人重视公司治理;(4)监察人之独立性;(5)内部稽核之独立性。更有甚者,前述研究之受访对象,对于董事等专业的问

---

[28] 参阅下面两位台北大学法律研究所研究生之硕士论文:朱日铨,论我公司内部监控模式之改造,2001年6月,页129;杨明佳,论我股份有限公司内部监控设计之改造——以公司监控理论为中心,2002年1月,页144。

[29] 2002年2月22日台证上字第003614号修正上市审查准则第九条第一项第十二款及上市审查准则补充规定第十七条之规定,规定所有申请上市之公司,必须设立独立董、监事。否则,证交所得不同意其股票上市。至于规范店头市场上柜之"财团法人证券柜台买卖中心证券商营业处所买卖有价证券审查准则"第十条第一项第十二款,以及第十条第一项各款不宜上柜规定之具体认定标准,于2002年2月25日亦作相同修正,规定不符前述标准者,柜买中心得不同意其股票于柜台买卖。

题,多数建议引进外部独立董事、监察人制度,以提升其专业性与客观性。[30] 由此可见,在实务操作上而言,同时引进独立董事与外部监察人似无实施上之困难。

五、本文之见解

拙见以为,大方向上,监察人制度不宜遽然废除,如其目前实施功能有限,宜从加强其功能上着眼,例如积极引进类似日本之外部监察人制度,即是可采取之方向之一。这种主张独立董事与外部监察人并采之制度,主要系考虑公司董事会和监察人是平行阶级的内部机关,此与在公司董事会下设稽核委员会是截然不同的设计。况且,独立董事在台湾之实施,亦属初步阶段,是否成功,仍未可知。换言之,独立董事和监察人(尤其是外部监察人)是不能画上等号,二者之间的功能并非全然相同。

实务上,目前世界知名之上市公司台积电设有二席之独立董事及一名外部监察人,公司董事会下并另设有稽核委员会,稽核委员会并由独立董事与外部监察人共同组成之,其功能主要是公司会计账务的审查、会计师聘用的决定等。对于此制,可能有人会质疑为何董事与监察人共组一个委员会,会不会因此有职能混淆之现象?关此,吾人赞同公司治理所强调者,系公司一切制度可以截长补短,公司可设计一套合乎自己公司需要之监控制度,并不一定需要完全遵照一套只适合于他公司之治理制度的说法。台积电稽核委员会之制度,似为强化公司治理之效用,将原系由经理人决定会计师人选的职权,移至稽核委员会决定而已,其重点应不是在于监察人与独立董事分享权利,而在针对我公司法所规定之内部机

〔30〕 黄昱之,台湾公司监理之研究,证券暨期货金橡奖研究发展论文,2002年1月,页43~44,49~50。

关组织,加以整合变化使用,如此而已,似不应过分质疑。不过,为使职责能够分明,外部监察人(或监察人)在稽核委员会似不宜有表决之权利,换言之,外部监察人应仅系列席董事会下之稽核委员会而已。

应予进一步说明者,独立董事制,确实是英美国家一元制(有称单轨制)公司治理构造下的产物,而我公司治理结构则可说是二元制(有称双轨制)的治理结构(除董事会外,另有监察人之设),因此,引进独立董事制度后,如何调和其与监察人间之功能,不使彼此之功能重叠,导致权责分不清,应是在我实施独立董事制度所面临不可回避之问题。前述日本 2002 年商法特例法之修正内容,即是适例。对此问题,有谓,在董事会设置独立董事,并要求设立各监督性委员会后,应考虑废除向来功能不彰之监察人制度;但也有认为监察人制度之存废,应由企业自行决定者。[31] 以上各说似各有见地,言之成理。对此,拙见认为,在独立董事制度确见其实施成效前,不宜遽然废除实施已久之监察人之制度。相反的,短期内可令其与独立董事制并存,惟其万万不可与独立董事混同于同一委员会共同表决行使职权。俟双轨实行一段时间后(我实施独立董事时间尚短,目前仍未见实施成效之实证研究问世),独立董事如在我确属可行,监察人制度当可考虑加以强制废除,以回归一元制之监理体制。

六、强制设置独立董监

(一)以法律作为强制手段

至于应否以法律强制公司设立独立董监,或以自愿设立为原

---

[31] 王文宇,从公司治理论董监事法制之改造,台湾本土法学,第 34 期,页 109。

则？拙见以为,如政策上决定实施独立董监制度,则应以立法强制设置独立董监较为妥适(惟应加强宣导以及设置缓冲期为宜)。盖目前上市、上柜公司所实施之独立董监制度,系以上市、上柜公司与台湾证券交易所、柜台买卖中心间之上市、上柜"契约"为依据,而于上市、上柜审查准则中予以明定必须有独立董事二人以上,独立监察人一人以上,否则应不同意其股票上市、上柜。简言之,证券主管机关系以当事人(上市公司、上柜公司与交易所、柜台买卖中心)间之契约关系为根据,据以实施独立董监制度。

惟1998年度台上字第299号,就欣凯企业股份有限公司与台湾证券交易所间有关上市争议曾为如下之判决:"……按有价证券之上市及终止上市,不仅涉及发行有价证券之公司之权益而已,尚且与社会大众之公共利益相关,'证券交易法'第一四一条规定证券交易所应与上市有价证券之公司订定有价证券上市契约,其内容不得抵触上市契约准则之规定,并应申报主管机关核准;第一四二条规定发行人发行之有价证券,非于其上市契约经前条之核准,不得于证券交易所之有价证券集中交易市场为买卖;第一四四条规定证券交易所得依法令或上市契约之规定,报经主管机关核准,终止有价证券上市;第一四五条第一项规定于证券交易所上市之有价证券,其发行人得依上市契约申请终止上市,同条第二项规定证券交易所对于前项申请之处理,应经主管机关核准。可见有价证券之上市及终止上市,依法应由有价证券之主管机关以公权力介入。查两造于1995年4月27日所签订之本件上市契约经上诉人(即证交所)之董事监察人联席会议决议终止,并报请证管会准予备查,为原审所确认之事实,可见本件上市契约之存续已有公权力之介入。本件上市契约虽为私法上之契约,属商业上之法律关系,但其是否存续既因公权力之介入,嗣后得否再为仲裁之标的,仲裁机关予以仲裁是否于法有违,首应澄清……"

简言之,"最高法院"认为上市或终止上市,具有政府公权力行使之性质。从而,可否单以上市公司与证券交易所为契约关系,而以"上市审查准规范"要求申请上市之公司必须设置独立董监?不无疑义。再者,上市、终止上市与否,既然具有政府公权力行使之介入,则交易所(及柜台买卖中心)与证券主管机关之关系是否为受委托行政之法律关系(行程法二Ⅲ、十六参照[32]),从而,证券交易所(或柜台买卖中心)与上市(上柜)公司间即非单纯之私法契约关系?此外,独立董监制度对拟担任者设有多项积极资格与消极资格之规定,因此事涉宪法所保障之基本人权中之生存权、工作权、营业自由与结社权("宪法"十四、十五参照),从而,自应以法律加以明定为妥,否则,实施上恐会有违宪之虞。再者,如法律规定任由公司自行决定设置独立董监,则实施成效不彰,步上日本后尘,恐可预料。

(二)哪些公司应强制设独立董监制度

对于哪些公司应强制设置独立董监?众说纷纭。极端论者,谓每一公司均应设立,甚至一人公司,亦复如是。因为一人公司之董事会亦应有不同之声音,否则董事会将成为一言堂,这并不是公司设立董事会之本意。另有谓应以公开发行公司为强制设置独立董监之对象,盖公开发行公司股权较为分散,股东人数较多,故其公司经营良窳涉及公益,应有强制设置独立董监之必要。另有一说谓应以上市、上柜公司作为强制设立独立董监之对象。盖独立董监制度实施之初,宜限制其适用范围,嗣后视其实施成效,再作

---

[32] "行政程序法"第二条第三项规定:"受托行使公权力之个人或团体,于委托范围内,视为行政机关"。同法第十六条第一项规定:"行政机关得依法规将其权限之一部分,委托民间团体或个人办理"。

调整。

对于上面的问题,拙见以为,应以公开发行公司作为实施之对象,理由是公开发行公司股权较分散,且目前现行公司法规定公开发行公司,并不以其资本额,作为强制公开发行之依据,[33]而系公司自行依其需要,依董事会之决议向证券管理机关办理(公一五六Ⅳ)。因此,既系自愿办理公开发行,且又有众多之投资大众成为其公司股东,自应基于公益理由受到较严密之监控,以免侵害投资人之权益。

(三)以公司法或以证券交易法规范之问题

有认为制定设置独立董监之法源,宜于证券交易法内规定为妥,因为公司法之适用对象多为一般公司(不仅是上市、上柜公司),且甚至包括一人股东之公司在内,可能欠缺规范之正当性。对此,拙见以为,仍宜于公司法规定较为妥适。盖证券交易法理论上系有关证券发行及交易事项的规范,不宜含有关于公司内部机关设置独立董监之规定。而且,如上所述,吾人认为公开发行公司基于考虑其股权分散之程度,应属最适合以法律强制其设置独立董监制度,以保护多数投资人及相关利害关系人之利益。当然,因为现行体制下,公开发行公司其业务、财务之管理多委诸证券主管

---

〔33〕 "公司法"2001年11月第十一次修正案,修正第一五六条第四项原以资本额为依据,强制公司成为公开发行公司(按2000年"经济部"改以公司实收资本额达新台币五亿元以上,代替自1981年实施之新台币二亿元以上的标准,其股票须强制公开发行),改为公司股票是否公开发行,属企业自治事项,故修正同条项本文使公司得依董事会之决议办理公开发行之程序。有关旧法规定之检讨,请参阅刘连煜,强制公开发行股份之政策与公开发行公司之界定,收入"公司法理论与判决研究(二)"。有关新法之说明,则请参阅刘连煜,新修正公司法之重要内容及其评论,收入"公司法理论与判决研究(三)",2002年5月,页10。

机关,故亦可斟酌此种情形,于公司法内明定有关独立董监之席次(或一定比例)由证券主管机关另定之,以适应整体环境变迁之弹性需求。如此之体例安排,似较能切合公司法之规范目的,避免证券交易法有过多之违章建筑的弊端。

七、独立董监应占多少席次之问题

究竟应有多少席次之独立董事,始称适当?依英国 1998 年 6 月伦敦股票交易所之"公司治理委员会综合法案"(The Combined Code, Committee on Corporate Governance)要求,外部董事至少必须系整个董事会的三分之一席次。[34] 美国目前亦复如此,并且有外部董事比例增加的趋势,一般预料,将来要求会超过二分之一。以大陆为例,其证监会所发布之"关于在上市公司建立独立董事制度的指导意见"[35] 中规定:"在 2002 年 6 月 30 日前,董事会成员中应当至少包括二名独立董事;在 2003 年 6 月 30 日前,上市公司董事会成员中应当至少包括三分之一独立董事。"台湾目前之情形,则如上所述,初次申请上市、上柜公司应设置二席独立董事,一席独立监察人。当然,独立董监事人数过少,恐难发挥应有之监控功能,沦为论者所称之"圣诞树上之装饰品"或顶多作个"诤友"而已。[36] 然而,应予注意者,公司治理是系于企业领导人特质的一种文化,需要经过长期之试练,无法一蹴可及,故如短期间要求太多席次之独立董监席次,恐企业无法立即适应。拙见以为,独立董监席次之增加应逐步推行,并应以立法授权证券主管机关订定之方式较妥,以适时反应企业环境改变之需求。

---

〔34〕 The Combined Code, Committee on Corporate Governance, June 1998, at 14.

〔35〕 2001 年 8 月 16 日证监发 102 号。

〔36〕 参阅黄日灿,公司治理与董事会的角色,经济日报,2002 年 8 月 26 日,第六版。

八、独立董监之选举方式与独立董监之义务、责任

按独立董监事如何选举产生？在现行法下，公司可否区分独立董、监事与非独立董、监事而分开进行选举？关此，"经济部"新近函释谓："按'公司法'第一九八条规定：'股东会选任董事时，除公司章程另有规定外，每一股份有与应选出董事人数相同之选举权，得集中选举一人，或分配选举数人，由所得选票代表选举权较多者，当选为董事'，准此，公司股东常会或临时会选举董、监事时，自应依前揭规定办理，尚不得区分独立董、监事与非独立董、监事而分开进行选举"。[37] 换言之，依"经济部"之见解，独立董监事与非独立董监事应同时进行选举。这样之见解，或许有助于独立董监之"独立性"的强化，也是现行法下不得之必然解释。盖如可分开选举，则独立董监可能更需要大股东之支持，始能当选，导致其独立性更受质疑。

至于独立董监事之义务与责任，和一般之非独立董监事有何不同？对此，目前有权解释之机关尚未有任何相关解释可稽。拙见以为，独立董监事与一般董事相同，均负有对公司之注意义务及忠实义务，如有违反相关义务致公司受损害，则应负损害赔偿责任（公二十三Ⅰ、一九三参照）。

此外，应予判别者，独立董监事并非一般所谓之"公益董监事"（证交一二六Ⅱ、期交三十六参照），[38] 从而，并不致产生独立董、监事忠实义务如何界定之问题。盖董事、监察人与公司间之关

---

[37]　2002 年 3 月 11 日经商字第 09102039620 号函。

[38]　"证交法"第一二六条第二项规定："公司制证券交易所之董事、监察人至少应有三分之一，由主管机关指派非股东之有关专家任之……"。"期货交易法"第三十六条规定："公司制期货交易所之董事、监察人至少四分之一由非股东之相关专家担任之……"。

系,基本上为委任关系(公一九二Ⅳ、二一六Ⅱ),董事、监察人为受任人,公司为委任人。换言之,董事、监察人(含独立董监)之行为应以公司之营利利益为首要目标(公一参照),董监之应负责对象仍是公司。至于公益董监,因身负公益性目的,如其决策偏向公益性而影响公司及股东之利益时,是否不应被认为违反对委托人(公司)之忠实义务,则是另一值得探讨问题。[39] 反观独立董监事,则应无此一问题之存在。

九、人才来源的问题

独立董监制度成功与否的关键,当然是人才的问题。以现行要求初次上市(上柜)公司必须设置二席董事、一席监察人来估算,若推行至全部已上市、上柜公司(目前约七八百家上市、上柜公司),则约需要二千五百人之独立董监。为建立独立董监人才资料,证基会已设置人才数据库,目前为止,已有五百余人之律师、会计师及教授登记。两相比较,乍看之下,人才来源似成问题。而且一人如果兼任太多家公司之独立董监,又非此制之本意。加上,公私立大学教授本是最佳之独立董监之人才来源,只不过目前政府法令对公立大学部分是否有足够之弹性以应付此一制度之实施,恐成问题。[40] 对此,“教育部”及各公立大专学校似有必要尽速检讨相关法令,以利社会人才成为企业之中坚,扮演广大投资人

---

[39] 有关公益董监之忠实义务如何界定问题的相关讨论,请参阅赖英照教授著,证券交易法逐条释义－第四册,1992年8月版,页473～476。

[40] 查2001年7月23日第2050069号函转“考试院”会议决议,暨同日期文号令规定,公务员得依法代表官股兼任公营事业机关或公司之董事或监察人。复查“行政院”1995年4月13日台人政力字第10887号通函补充规定,除法令(含章程)所明定之当然兼职者外,公务员兼任公、民营事业及财团法人董监事,以不超过两个为限。

之代言人角色。

十、独立董事之资格

综观世界各国实施独立董事制度之经验,可以发现独立董事之要求资格,主要包括能力(competence)与独立性(independence)二者。

以美国密西根州 1989 年公司法之修正为例,所谓"独立董事"(independent director)指符合下列所有条件者:

(a)由股东会所选任;

(b)由董事会或股东会指定为独立董事;

(c)有至少五年以上之商务、法律或财务经验或其他相当之经验。就依 1934 年"证券交易法"第十二条注册证券之公司(即公开发行公司)而言,指曾在依法向证管会注册之公开发行公司担任高阶经理人、董事或律师或其他相当之经验而言。

(d)在被指定为独立董事之过去三年内,不得有下列情形:

(i)为该公司或其关系企业之重要职员或员工;

(ii)与该公司或其关系企业,进行包括金融、法律、或咨询服务之业务往来交易,而涉及金额在美金一万元以上者;

(iii)为前二项之主体的关系人、经理人、普通合伙人(general partner)或近亲者。

(e)不准备有前述(d)(i)至(d)(iii)之关系或交易。

(f)并无总计超过三年担任该公司董事之经历(不论是否为独立董事)。[41]

至于香港之实施经验,董事是否有独立性之考量因素则为:持

---

[41] 1989 Mich. Pub. Acts 121, effective Oct. 1, 1989; See Moscow, Lesser and Schulman, 46 Business Lawyer 57 (1990).

股低于百分之五；与该公司及关系人在过去及现在均无业务上之牵连；在该公司或其子公司均未担任经营者身份。[42]

此外，我们于2002年2月22日起，通过修改"上市审查准则及补充规定"、"证券商营业处所有价证券审查准则"（本准则系2002年2月25日修订）正式实施独立董监制度。以上市为例，有价证券上市审查准则第九条规定："申请公司之董事会成员少于五人，或独立董事人数少于二人；监察人少于三人，或独立监察人人数少于一人；或最近一年内其董事会、监察人有无法独立执行其职务者。（且所选任独立董事及独立监察人，其中各至少一人须为会计或财务专业人士）"，台湾证券交易所得不同意其上市。再者，"有价证券上市审查准则补充规定"第十七条复规定独立董监之消极资格，其文字为："本准则第九条第一项第十二款所规定'董事会、监察人有无法独立执行其职务'，系指有下列情事之一者：

（一）担任申请公司独立董事或独立监察人者有下列各目违反独立性之情形之一：

（1）申请公司之受雇人或其关系企业之董事、监察人或受雇人。

（2）直接或间接持有申请公司已发行股份总额百分之一以上或持股前十名之自然人股东。

（3）前二目所列人员之配偶及二亲等以内直系亲属。

（4）直接或间接持有申请公司已发行股份总额百分之五以上法人股东之董事、监察人、受雇人或持股前五名法人股东之董事、监察人、受雇人。

（5）与申请公司有财务业务往来之特定公司或机构之董事、

---

[42]　参阅余雪明，同前揭注6，页71。

监察人、经理人或持股百分之五以上股东。

(6)为申请公司或关系企业提供财务、商务、法律等服务、咨询之专业人士、独资、合伙、公司或机构团体之企业主、合伙人、董事(理事)、监察人(监事)、经理人及其配偶。

(7)兼任其他公司之董事或监察人超过五家以上。

(二)担任申请公司独立董事或独立监察人者,未具有五年以上之商务、财务、法律或公司业务所需之工作经验。

(三)担任申请公司独立董事或独立监察人者,未于该公司辅导期间进修法律、财务或会计专业知识每年达三小时以上且取得相关证明文件。

(四)申请公司有超过董事总数三分之二之董事,其彼此间具有下列各目关系之一;或其全数监察人彼此间或与董事会任一成员间,具有下列各目关系之一者:

(1)配偶。

(2)二亲等以内之直系亲属。

(3)三亲等以内之旁系亲属。

(4)同一法人之代表人。

(5)关系人。

第一项第四款之规定,对于政府或法人为股东,以政府或法人身份当选为董事、监察人,而指派代表行使职务之自然人;暨由其代表人当选为董事、监察人之代表人,亦适用之。"

细观前上述有价证券上市审查准则及其补充规定,有关独立董监之资格规定可谓已甚具体,颇值赞同。惟有如前述,由于其法源为上市(柜)"契约",容易受到质疑,且只适用于初次上市(上柜)公司,缺乏事后规范约束效力(例如,公司上市后,于下届董监改选时,即无适用之可能),且对原已上市(上柜)公司并无规范效力,在实施上并无普遍性是其缺点。有鉴于此,拙见以为,应于公

司法中设其基本规定,以取得法源基础。兹试拟条文于后,用供参考:

独立董事、监察人。

公开发行公司之董事、监察人,应有一定比例由具备专业知识之人士担任,由董事会提名并经股东会选任之。

前项所谓具备专业知识,指有五年以上商务、法律或财务之经验,包括曾任公营事业或公开发行公司董事、监察人、经理人或公私立大专学校助理教授以上、法官、检察官、律师、会计师或其他为该公司所需要经验之专业人员。

于过去三年内有下列情事之一者,不得充任第一项所称之董事、监察人职务:

(一)该发行公司之受雇人或其关系企业之董事、监察人或受雇人。

(二)直接或间接控制该发行公司之人事、财务或业务经营者。

(三)涉及与该发行公司或其关系企业营业往来超过证券主管机关所定之数额或比例者。

(四)直接或间接持有该发行公司已发行股份总额百分之一以上或持股前十名之自然人股东。

(五)与前三款之人有配偶或二等亲以上之关系者。

(六)直接或间接持有该发行公司已发行股份总额百分之五以上法人股东之董事、监察人、受雇人或持股前五名法人股东之董事、监察人、受雇人。

第一项之一定比例由证券主管机关依上市、上柜、公开发行股票公司分别定之。

投信之独立董事、监察人

证券投资信托公司之董事、监察人,至少应有二分之一由具备专业知识之人士担任之。其中董事不少于二人,监察人不少于一人,由董事会提名并经股东会选任之。

前条第二项、第三项之规定,于前项情形准用之。

十一、董监责任保险制度之推展

在 1996 年 10 月 9 日,"财政部"以台财保第 851834672 号函核准美国环球产物保险公司所推出之第一张"董事及重要职员责任保险"(Directors' and Officers' Liability Insurance)保单后,迄今我公司之董监责任保险风气似仍不普遍。有鉴于独立董监之责任,基本上与一般董监相同,因此,其所负之责任不可谓不重。拙见认为,为成功推行独立董、监制度,有必要将董监责任保险制度之配套制度加以再次提倡,甚至应于公司法内明文加以规范。

其实,在美国法上,所有州公司法均有详细之条文规范公司应如何对其公司之董事及重要职员,因其职位被诉所因而产生之费用为"补偿"(indemnification)。当然,各州公司法的补偿规定,内容上稍有不同,但其精神则一(即鼓励董事及重要职员对不实指控予以还击)。[43] 尤有进者,有些州公司法更明文授权公司得购买(及维持;maintain)董事及重要职员之责任保险单。[44] 这些保单包括:承保公司对董事及重要职员之补偿责任险,及承保因董事等担任公司职位所招致之责任及诉讼费用险。应予注意者,对于董事及重要职员之过失行为的责任予以投保应无疑义,但如对于其故意不诚实之行为(如掏空公司)亦加以投保,则为公共政策

---

[43] 参阅刘连煜译,美国模范商业公司法(1984 年版),五南出版,页 67~73;See Del. Gen. Corp. Law §145, N. Y. Bus. Corp. Law §721; Cal. Corp. Code §317.

[44] E. g. , Del. Gen. Corp. Law §145 (g); Cal. Corp. Code §317 (i).

（public policy）所不许可,该保险契约之效力将有疑问。[45] 准此,本文认为台湾地区公司法似得参照美国州公司法之精神,[46]明文公司得对公司董事及经理人之职务过失行为投保责任险。其条文文字可为如下:"为支应因职务所产生之损害赔偿责任及相关费用,公司得为公司董事、监察人、经理人或受雇人之职务过失行为购买及维持保险契约"。

十二、报酬之问题

依据英国伦敦股票交易所之"公司治理委员会综合法案"（The Combined Code, Committee on Corporate Governance）,有关董事之报酬部分,其规范如下:[47]

（一）报酬等级应足以吸引及留住董事,以成功经营公司业务,公司并应避免支付超过必要范围之报酬。执行董事（兼任经理人者）报酬多寡之设计,应以公司及其个人经营绩效而定。

（二）公司应建立一个正式且透明之程序,以形成执行董事报酬之政策以及确定每个个别董事报酬的计算方式。董事于决定自

---

[45] See Cox, Hazen and O'Neal, Corporations, Aspen Law & Business, 1997 Ed. , at 449~455.

[46] 例如,美国德拉威尔州一般公司法（General Corporation Law of the State of Delaware）第145条g项规定如下:"A corporation shall have to purchase and maintain insurance on behalf of any person who is or was a director, officer, employee or agent of the corporation, or is or was serving at the request of the corporation as a director, officer, employee or agent of another corporation, partnership, joint venture, trust or other enterprise against any liability asserted against him and incurred by him in any such capacity, or arising out of his status as such, whether or not the corporation would have the power to indemnify him against such liability under this section. "

[47] See Gee The Combined Code, Committee on Corporate Governance, Gee Publishing Ltd. , June 1998. at 10.

己之报酬会议进行时,应回避之。

(三)公司之年报,应包括有关报酬政策之说明及每一董事报酬之详细叙述。

至于外部董事之报酬,外国有以股份或现金给予,亦有给予股票选择权(stock option)者。[48] 根据统计,2001 年美国发行公司董事会之报酬平均概况为:股票选择权占百分之四十一;现金酬金占百分之二十二;股票给予占百分之二十一;出席费占百分之十六,退休金价值则低于百分之一。[49] 有研究谓,若报酬之方式得以增加其与股东利益连接者,例如,股票选择权、强制购买一定数量之股份,则较得到支持;至于退休给付则备受批评。另外,根据新近之研究,独立董事所持股权之价值,确与尽职之程度具有相当大之关联性。[50] 不论上面之研究结论,是否得到普遍之认同,吾人认为独立董事之报酬应与其投入工作的时间成正比。换言之,独立董事除参与董事会外,如另参加稽核委员会则耗时更长,[51] 理应得到更高之报酬,以求其平。惟董事报酬多寡,事涉公司自治领域(给予独立董监太多报酬,有人担心会失去其独立性;给予太少报酬则好的人才不愿就任),宜由公司依公平、比例原则,并斟酌独立董事所肩负之法律责任,加以调整,法律自不应强行规范。

〔48〕 参阅余雪明,同前揭注 6,页 67~70;陈嫦芬,由外部董事制度谈企业治理,工商时报,2002 年 2 月 21 日,第四版。

〔49〕 See The Asian Wall Street Journal, Sept. 2, 2002, at M1. (Source: Pearl Meyer & Partners)

〔50〕 余雪明,同前揭注 6,页 68。

〔51〕 有谓,独立董事一年需投入一百~一百五十小时于董事会,如另参与稽核委员会则应规划更长时间。参阅余雪明,同前揭注 6,页 67;台积电董事长张忠谋先生则认为,董事成员应与执行长一样是专职的,每一季至少花一周的时间,一年至少需要二十天。参阅经济日报,2002 年 8 月 31 日,第五版。

陆、公开发行公司，其董事之配偶、直系血亲或与董事具有同一生计关系之人，公司法应明文不得充任监察人

监察人与董事如具特定之关系，适足以影响监察人执行监督职务之独立性，故自应加以限制。此揆诸我公司实务上，颇多先生充任董事长，妻子却担任监察人，此种安排有违监察人设立乃在监督董事不法及不当行为之目的。因此，宜仿照日本昭和六十一年商法、有限公司法改正试案，增设公开发行股票之公司，其董事之配偶、直系血亲或董事具有同一生计关系之人，因不具执行职务独立性之立场，不得充任监察人。

柒、公司之法人股东，关于其代表人，公司法应明文禁止其不得同时当选为董事及监察人，或删去现行"公司法"第二十七条第二项之规定

按"公司法"第二十七条为我独特之立法，其法理基础本甚勉强，其中尤以该条第二项更违反法人单一性原则，故颇受论者所批评。盖自然人股东持股再多，亦无法指定复数代表人，当选复数董监席次，故现行规定违反股东平等原则，至为明显。且该条第二项如适用于法人股东之代表人同时选任为董事及监察人的情形，更有值得商榷之处。盖实务上颇多法人股东之代表数人，有些当选为董事，同时有些则当选为监察人，如此结果，实有悖于监察人之设置，旨在监视董事之不法及不当行为的原意。因为同属一法律

人格者,却可同时分派数人从事具有监督者与被监督者的工作,其不当性显而易见。此外,此举亦违反"公司法"第二二二条监察人不得兼任公司董事、经理人或其他职员之精神。因之,公司法似宜考虑明文禁止同一法人之代表人同时充任董事与监察人二职,或根本删去"公司法"第二十七条第二项之规定。

捌、其他公司治理的机制——外部监控的方法

一、投信、QFII、[52]证券商与表决权之行使

(一)基本之规范架构

公司召集股东会,股东如不亲自出席,而委托他人代理出席时,所出具之授权文件,称为"委托书"(proxy)。为管理委托书,"公司法"第一七七条规定:"股东得于每次股东会,出具公司印发之委托书,载明授权范围,委托代理人,出席股东会(第一项)。除信托事业或经证券主管机关核准之股务代理机构外,一人同时受二人以上股东委托时,其代理之表决权不得超过已发行股份总数表决权之百分之三,超过时其超过之表决权,不予计算(第二项)。一股东以出具一委托书,并以委托一人为限,应于股东会开会五日前送达公司。委托书有重复时,以最先送达者为准。但声明撤销前委托者,不在此限(第三项)"。除了此一基本规范外,证券交易法为有效管理公开发行股票公司出席股东会使用之委托书,特于同法第二十五条之一规定:"公开发行股票公司出席股东会使用

---

〔52〕 QFII,系指合格的外国机构投资者。

委托书应予限制、取缔或管理;其规则由主管机关定之(第一项)。使用委托书违反前项所定规则者,其代理之表决权不予计算(第二项)"。

根据证交法之此项授权,证期会已订颁"公开发行公司出席股东会使用委托书规则"[53](以下简称"委托书规则")以为规范。

(二)委托书的积极功能

股东会委托书,究竟具有何种功能? 吾人从"委托书规则"中不难发现,主管机关所重者,殆为公司稳定经营之维持或使股东会得以顺利召开为目的。以证券投资信托事业、外国专业投资机构及证券商行使所持有股票之表决权为例,委托书规则第十七条即规定:"证券投资信托事业对于证券投资信托基金持有公开发行公司股份达一万股以上者,其表决权之行使,应由证券投资信托事业指派代表人出席为之,除法令另有规定外,不得委托他人代理行使(第一项)。证券投资信托事业行使前项表决权,应基于受益凭证持有人之最大利益,支持持有股数符合本法第二十六条规定成数标准之公司董事会提出之议案或董事、监察人被选举人。但公开发行公司经营阶层有不健全经营而有损害公司或股东权益之虞者,应经该事业董事会之决议办理(第二项)。依"华侨及外国人投资证券管理办法"来台投资之外国专业投资机构持有公开发行公司股份达一万股以上或已行使股份转换权之海外可转换公司债达一万股以上者,其表决权之行使,均应指派依该办法指定之台内代表人或代理人出席并参与表决。外国专业投资机构指派代表人或代理人出席股东会对于各项议案之表决,如无明确之授权视为赞同公开发行公司提出之各项议案(第三项)。第一项之规定,于

──────────

[53] 2005 年 12 月 15 日金融监督管理委员会金管证三字第 0940005852 号修正发布。

证券商行使持有股票之表决权时准用之(第四项)"。

换言之,投信及证券商持股一万股以上者,原则上应自行行使表决权,不得以委托书或其他方式委托他人代理行使之。更有甚者,投信事业依委托书规则规定,原则上其必须支持在朝董事会所提出之各项议案或董事、监察人候选人;外国专业投资机构持股达一万股以上者(含已行使转换权之海外可转换公司债达一万股以上时),其表决权之行使,均应指派人员出席并参与表决,且所指派之人员,对于各项议案之表决,如无明确之授权,视为赞同发行公司提出之各项议案。

其实,现代西方公司法制早已赋予委托书积极功能——即监控在朝董事会之作为。详言之,在西方法律制度里,以"市场力量"达成"公司监控"(corporate governance;或译为公司治理)之目的的法律途径,一般均认为乃以"公开收购股权"(tender offers)或"征求委托书竞争"(proxy contests)的方法,驱逐不适任的公司现任经营者最为有效。换言之,"公开收购股权"与"征求委托书竞争"是西方国家目前用以"制裁"(discipline)、吓阻无效率或不负责任之经理人员或董事成员的两种重要机制(mechanisms),[54] 盖公开收购股权与公开征求出席股东会之委托书,均可收控制公司之效,有时并可更换旧有之经营人员。是以,为争取公司控制权,不满意公司表现之股东或他人,自得进行公开收购股权要约,或者展开征求委托书大战,或者两者同时进行以期双管齐下,俾制约"在朝之董事"。[55] 故从公司监控、治理的角度观察,委托书有其

[54]　See Joseph Grundfest, Just Vote No or Just Don't Vote, Minimalist Strategies for Dealing with Barbarians Inside the Gates, Presentation before the Fall Meeting of the Council of Institutional Investors, Nov. 7, 1990, at 1~5.

[55]　See e. g. , John J. Gavin, Proxy Contests Emerge: Supplant Tender Offers in Seeking Corporate Change, N. Y. L. J. , Oct. 9, 1990, at 7, col. 2.

积极正面的功能。申言之,股东可藉由委托书征求的制度,挑战表现不佳之公司现任董事,从而使股东能积极发挥监督公司经营人员的作用。[56]

委托书既有其积极之功能,委托书管理规则实宜提供征求委托书者公平竞逐董、监席次之机会,而不宜偏袒任何一方。换言之,委托书规则宜对竞逐经营权之在朝、在野双方保持中立色彩,否则无异放弃委托书在现代公司制度里所具有之监控、治理功能。从而,本文认为现行委托书规则第十七条至少有下述两点缺失:

其一,委托书规则第十七条之主旨在于督促法人持股者,应亲自出席股东会,就股权之行使则假设其既然购入该股份,应该也认同现在之经营阶层,其投票理应当然支持召集股东会之董事会所提各项议案(甚至应支持公司董事会所提出之董事、监察人候选人)。

然而,本文以为,以行政命令训令投信、外国专业投资机构等法人持股者应支持当权派所提出之议案,甚至支持其董、监候选人(惟该公司董事会全体董事之持股必须符合"证交法"第二十六条规定之成数标准),[57]并不符合现代公司监控(公司治理)之思潮,盖如此之设计,必使在朝董事有恃无恐,利益输送弊端或不认

---

[56] 赖英照教授亦指出,由于传统形态的股东会已无法发挥其功能(因股东人数众多,无法就议案作充分讨论,实务上常由司仪宣读议案,并稍经简短说明后,即鼓掌通过,即是著例。因此,召开股东会,可谓已流于形式),故"实际上委托书之征求过程,已成为实质意义之股东会。因此,如何借委托书制度的运作,使股东满足知的权利和选择的自由,进而使股东会重获其实质意义,发挥决策与监督功能,便应是妥善运用委托书制度的基本方向"。参阅赖英照,证券交易法逐条释义 – 第二册,1985 年 10 月初版,页 161。

[57] 根据"证交法"第二十六条之授权,证期会已订颁"公开发行公司董事、监察人股权成数及查核实施规则"以为规范(见 2002 年 11 月 15 日证券暨期货管理委员会台财证三字第 005773 号令修正发布)。

真经营公司之情形必然随之发生。虽然委托书规则第十七条第二项但书规定：“但公开发行公司经营阶层有不健全经营而有损害公司或股东权益之虞者，应经该事业（按指“投信”）董事会之决议办理”，惟应予指出者，此一例外不适用之情形，须先经投信董事会决议办理，一旦有此种程序上之限制，则对当权派董事、监察人即形成一道难于撼动的保护层，对我们建造健全之公司治理文化，难谓无不良影响。

事实上，对于公司营运健全之经营阶层给予继续稳定之支持，应系所有公司股东所乐见，无待法令加以强制，投信、外国专业投资机构及证券商等法人当亦复如是期待。换言之，投信等法人支持优良的经营团队系与其自身之利益相一致，实不待法令加以硬性规定。

总之，现行委托书规则要求投信等法人原则上必须支持公司当权派，其流于偏袒一方，实有不妥，宜早修正。本文以为，如欲规范投信事业行使持股表决权的方向，仅须明白揭示：“证券投资信托事业行使表决权，应基于受益凭证持有人之最大利益”，即为已足。否则，主管机关为稳定公司经营权而为之现行规定，恐将成为庇护无能经营者、贪婪利益输送者变成“万年董监”现象之温床，实不可不慎。

其二，投信、证券商等法人依现行委托书规则第十七条规定，不得委托他人代理行使。此项剥夺投信、证券商法人使用委托书之严厉禁止规定，有无超过“证交法”第二十五条之一之授权范围？不无值得探讨之余地。此外，委托书规则依其授权制定之目的，原在于规范股东会委托书之使用，然而，委托书规则却逾越委托书之范围，径对股东表决权之行使方向加以具体规定，如委托书规则第十七条第二项、第三项，即是一例。此种逾越母法授权的不当情况，应是明显而无可争辩的瑕疵。此一缺失，基于法律保留原则,实宜尽速修正。

二、投资人保护与团体诉讼

(一)前 言

多年来,对于证券暨期货争议之诉讼,基于诉讼经济、避免裁判歧异、增加少额且无能力与时间之个别受害人之获偿管道,以及集合众力制裁加害人不法行为等观点,证券法学界不断有呼吁建立集体或集团诉讼法制之声音。[58] 2002 年 7 月 17 日公布之"证券投资人及期货交易人保护法"(以下简称"投保法")终于有团体诉讼制度之设,此制对证券市场秩序之维护及证券投资人之保护,应可发挥一定之外部监控治理功效,诚属可喜。由于团体诉讼在证券市场上属于新创,以下将详细介绍新制之特点,以供各界参考。

(二)提起诉讼之当事人适格

依"投保法"第二十八条第一项规定:"保护机构为维护公益,于其章程所定目的范围内,对于造成多数证券投资人或期货交易人受损害之同一证券、期货事件,得由二十人以上证券投资人或期货交易人授予诉讼或仲裁实施权后,以自己之名义,起诉或提付仲裁。证券投资人或期货交易人得于言词辩论终结前或询问终结前,撤回诉讼或仲裁实施权之授予,并通知法院或仲裁庭"。由此规定可知,投保法拟由不具直接利害关系之公益团体(即保护机

---

[58] 例如,赖源河,证券交易法上之民事责任,收入"公司法问题研究(一)",1982 年 6 月,页 31;刘连煜,论证券交易法上之民事责任,1984 年 6 月,中兴大学法研所硕士论文,页 191。

构),经被授予诉讼实施权后,为投资人提起诉讼方式,达到一次解决纷争之效果。

精确而言,投保法此制与美国集体诉讼制度(class action)及德国之团体诉讼制度有别。[59] 然而,必须指出者,美国集团诉讼制度在理论及实务方面,最受质疑者,系为何始终未知他人进行诉讼之受害人,只因其未要求除名作为原告,即被剥夺诉讼之权利而受他人诉讼结果之拘束? 盖民事诉讼之确定判决,其既判力之主观范围,原则上应限于该诉讼之原告及被告,仅于有法律明文之例外情形,始能及于当事人以外之第三人。至于德国团体诉讼之原告(限于有权利能力之公益团体),仅得提起请求法院判命被告终止一定行为或撤回一定行为之诉讼,并不得请求被告为损害赔偿。[60] 因此,我投保法此制,可谓具有我法制特色之集团诉讼制度。

第一,授予诉讼实施权。

按"投保法"第二十八条(下称本条)之团体诉讼,实系参考"消费者保护法"第五十条及"行政诉讼法"第三十五条之立法例

---

〔59〕 有谓我此制适用范围偏重于证券事件,与公司治理的小股东保护亦有出入,其功效如何,仍待观察。参阅黄日灿,公司治理与小股东权利保障,经济日报,2002年8月19日,第六版。

〔60〕 有关美国集体诉讼与德国团体诉讼制度之详细比较分析,请参阅"证券暨期货争议案件诉讼进行之研究",(计划主持人:刘连煜;研究人员:陈美卿、陈茵琦),1998年12月,页54~67。

而设。[61] 与"消费者保护法"第五十条所不同者,[62] 本条并未规定保护机构必须"受让损害赔偿请求权",而系以受害投资人"授予诉讼实施权"为要件。何以如此? 盖消费者保护法前揭规定,曾引起消保团体以自己名义提起诉讼之法理基础何在之争议? 究系债权让与? 债权附条件让与? 任意诉讼担当? 法定诉讼担当? 收取权让与? 特别诉讼担当? 学者间争议不断。[63] 推缘其故,实系消费者保护法规定未臻明确所致。有鉴于此,并基于任意诉讼担当之法理,由保护机构提起团体诉讼,以授予诉讼实施权为已足,并不以让与实体法上之权利(如消费者保护法上所称之"受让损害赔偿请求权")为必要,故投保法改以受害投资人授予保护机构诉讼实施权为要件。[64] 至于此处所谓之保护机构,依"投保法"第五条规定系指:"依本法设立之财团法人"。

第二,二十人以上之要件。

至于是否宜以二十人以上之投资人授予保护机构诉讼实施权作为起诉要件? 曾有学者主张,为避免嗣后有投资人不愿由保护机构续行程序为其诉讼,撤回实施权之授予,导致保护机构受让之实施权未达二十人之要件时,系争诉讼是否仍具备起诉要件? 徒

---

[61] 本条原草案,原系由笔者等(含余雪明、林国全、杨光华等教授及盖华英律师)受"证基会"之委托所草拟而成。

[62] "消费者保护法"第五十条第一项规定:"消费者保护团体对于同一之原因事件,致使众多消费者受害时,得受让二十人以上消费者损害赔偿请求权后,以自己之名义,提起诉讼。消费者得于言词辩论终结前,终止让与损害赔偿请求权,并通知法院";另外,"行政诉讼法"第三十五条第一项规定:"以公益为目的之社团法人,于其章程所定目的之范围内,由多数有共同利益之社员,就一定之法律关系,授予诉讼实施权者,得为各该社员之利益提起诉讼"。

[63] 参阅杨建华、骆永家、曹鸿兰、雷万来等教授于"民事诉讼法研究会"第五十二次研讨会之发言,法学丛刊第 156 期,1994 年 10 月,页 108 以下。

[64] 参阅前揭注 60 研究报告,页 89。

增纷扰,建议删除二十人之要件。[65] 对此,"投保法"第二十九条规定:"证券投资人或期货交易人依前条第一项撤回诉讼或仲裁实施权之授予者,该部分诉讼或仲裁程序当然停止,该证券投资人或期货交易人应即声明承受诉讼或仲裁,法院或仲裁庭亦得依职权命该证券投资人或期货交易人承受诉讼或仲裁(第一项)。保护机构依前条规定起诉或提付仲裁后,因部分证券投资人或期货交易人撤回诉讼或仲裁实施权之授予,致其余部分不足二十人者,仍得就其余部分继续进行诉讼或仲裁(第二项)"。简言之,保护机构提起本条诉讼后,纵因部分投资人撤回诉讼实施权,致其人数不足二十人,仍得就其余部分继续进行诉讼。

第三,并案请求赔偿。

"投保法"第二十八条第二项复规定:"保护机构依前项规定起诉或提付仲裁后,得由其他因同一证券或期货事件受损害之证券投资人或期货交易人授予诉讼或仲裁实施权,于第一审言词辩论终结前或询问终结前,扩张应受判决或仲裁事项之声明"。换言之,保护机构依本条规定起诉后,为便利其他被害人并案请求赔偿及符合诉讼经济之要求,投保法爰明定保护机构得经其他因同一证券事件受害之投资人授予诉讼实施权,并由保护机构扩张应受判决事项之声明。笔者认为,保护机构于提起团体诉讼(或仲裁)后,应速公告晓示其他同一案件之被害人,得于第一审言词辩论终结前,以书面表明其原因事实、证据及应受判决事项之声明,并授予保护机构诉讼实施权(投保二十八Ⅲ参照),[66] 并案请求赔偿,以达诉讼经济之目的。

---

[65] 此系雷万来教授在 1998 年 12 月表示之见解。

[66] "投保法"第二十八条第三项规定:"前二项诉讼或仲裁实施权之授予,应以文书为之"。

应予注意者,由于各个证券投资人或期货交易人损害赔偿请求权之起算点不同,其时效利益,应单独个别计算,"投保法"第三十条爰规定:"各证券投资人或期货交易人于第二十八条第一项及第二项之损害赔偿请求权,其时效应个别计算"。

（三）证据开示发现、保全制度之明文

"投保法"第十七条第一项明文:"保护机构为提起第二十八条诉讼或仲裁,得请求发行人、证券商、证券服务事业、期货业或证券及期货市场相关机构协助或提出文件、相关资料"。按"举证责任之所在,败诉之所在",尤其是证券、期货案件投资人及交易人可能根本不知系争案件证据何在? 即使知晓,证据亦可能并非掌握在投资人、交易人手中,故有必要赋予保护机构在提起团体诉讼前,得请求相关机构提出文件及相关资料,以达开示发现（discover）、保全对造手中之证据目的,甚至有助于当事人研判纷争之实际状况,进而事先成立调解（调处）或和解之可能,以消弭诉讼于无形。

（四）裁判费之减免

按照民事诉讼费用法之规定,民事诉讼必须缴交诉讼费用,第一审为诉讼标的价额之百分之一,第二、三审则各为百分之一点五（民诉费用二、十八）。诉讼费用,并由败诉之当事人负担（民诉七十八）。保护机构以自己名义所提起损害赔偿诉讼之标的价格,一般均甚巨大,若令保护机构如数预缴巨额之裁判费,恐将不胜负荷。纵然将来如因诉讼结果胜诉获得赔偿,保护机构固得自收取之赔偿金中,扣除此等裁判费后,再行交给授予诉讼实施权之证券投资人或期货交易人(投保三十三参照[67])。惟如保护机构败诉,则需自行负担此等预缴之裁判费。投保法在衡量保护机构所具之公益性,以及为积极发挥团体诉讼所具之损害填补及吓阻违法功能之考量下,爰参考"消费者保护法"第五十二条规定,[68]明定保护机构依第二十八条规定提起诉讼或上诉,其标的金额或价额超过一亿元部分得免缴裁判费。

换言之,保护机构就提起投资人保护之团体诉讼的每一案件裁判费上限,第一审将不超过新台币一百万元。这种优惠措施,将大大提高保护机构提起团体诉讼之诱因,诚为良制。此外,如果在原审保护机构胜诉,他造当事人提起上诉且胜诉确定者(即保护机构败诉确定),他造当事人在上级审所预缴之裁判费,依"投保法"第三十五条后段规定,应扣除由他造负担之费用后(民诉八十至八十二参照),由法院发还之,且法院就其诉讼标的金额或价额逾新台币一亿元部分之裁判费,对保护机构免于追缴。

值得一提者,依刑事诉讼法规定,因犯罪而受损害之人,于刑事诉讼程序得附带提起民事诉讼,请求回复其损害(刑诉四八七以下参照)。换言之,刑事附带民事的案件可免缴裁判费。尤有进者,证券(及期货)案件之团体诉讼,颇大部分可能涉及刑事犯罪,如操纵股价(证交一七一)、内线交易等(证交一七一参照),因而,保护机构也可选择搭刑事诉讼的便车附带提起民事诉讼,毋需以自己名义另提民事赔偿之团体诉讼。当然,如是以单纯之民事诉讼案件提起,例如,因公开说明书主要内容虚伪,以"证交法"第

---

〔67〕 "投保法"第三十三条规定:"保护机构应将第二十八条诉讼或仲裁结果所得之赔偿,扣除诉讼或仲裁必要费用后,分别交付授予诉讼或仲裁实施权之证券投资人或期货交易人,并不得请求报酬"。

〔68〕 "消费者保护法"第五十二条规定:"消费者保护团体以自己之名义提起第五十条诉讼,其标的价额超过新台币六十万元者,超过部分免缴裁判费"。

三十二条作为请求权基础,保护机构即必须依法规定缴纳一些裁判费(参照前述投保三十五)。

(五)保全程序及假执行之特殊规范

现行民事诉讼制度,诉讼事件往往须经相当时间,方能判决确定。惟如加害人脱产,被害人即使最后胜诉判决确定,也只能取得一纸债权凭证,被害人之损失无从获得实质满足。此外,团体诉讼所求偿之金额一般均相当庞大,若依诉讼实务上之保全程序,必须缴纳诉讼标的金额的三分之一之担保金,恐仍是相当大之金额,且将来声请领回担保金,尚须经相当时日,恐亦造成保护机构运作上之困难。加上,保护机构所提起之团体诉讼,除填补损害外尚具有制裁不法的公益性功能,可说是一种使用诉讼作为一个吓阻舞弊的公司治理(监控)工具。[69] 因此,"投保法"第三十四条规定:"保护机构依第二十八条规定提起诉讼,声请假扣押、假处分时,应释明请求及假扣押、假处分之原因(第一项)。法院得就保护机构前项声请,为免供担保之裁定"。

此外,"投保法"第三十六条复规定:"保护机构依第二十八条规定提起诉讼或上诉,释明在判决确定前不为执行,恐受难以抵偿或难以计算之损害者,法院应依其声请宣告准予免供担保之假执行"。本条规范之目的,旨在使证券投资人等早日获得救济(因为假执行制度,系判决确定前暂时执行之制度),[70] 并考量一般实务

---

[69] 同说,请参阅刘绍梁,从职业股东到团体诉讼(五),经济日报,2002 年 8 月 16 日,第六版。

[70] "民事诉讼法"第三九〇条规定:"关于财产权之诉讼,原告释明在判决确定前不为执行,恐受难于抵偿或难于计算之损害者,法院应依其声请宣告假执行(第一项)。原告陈明在执行前可供担保而声请宣告假执行者,虽无前项释明,法院应定相当之担保额,宣告供担保后,得为假执行(第二项)"。

上声请假执行,必须缴纳约执行标的之三分之一的担保金,恐对保护机构造成运作上之负担,爰明定法院就保护机构已释明请求原因后,应宣告准予免供担保之假执行。

其实,笔者以为,就保护机构提起之团体诉讼而言,为防止加害人脱产,免供担保之假扣押、假处分机制,确有规定之必要,以发挥公益性团体诉讼之制裁违法功能,惟为缓和此一规定有违反当事人平等原则之质疑,似可增列:法院于裁定免供担保之假扣押、假处分前,应先征询投保法主管机关之意见,以为平衡。至于假执行制度,其实系真的执行判决结果。对于未最后终局确定之判决先为执行,衡平而言,拙见以为,宜回归民事诉讼法有关假执行之一般性规定(参照民诉三九○以下)即可,不必针对证券、期货等团体诉讼,作特殊不利于被告之规范,否则恐遭当事人不对等之责难。

(六)诉讼行为与上诉之权限

按保护机构提起第二十八条诉讼(或仲裁),系以自己名义为当事人,故原则上应有为一切诉讼(或仲裁)行为之权。惟保护机构虽经授予诉讼(或仲裁)实施权,但实际上之债权人仍为证券投资人(或期货交易人),故关于舍弃、认诺、[71]撤回或和解之重大行为,关系当事人之权益甚巨,实际之权利人(即受害之证券投资人)自得予以限制,故"投保法"第三十一条规定:"保护机构就证券投资人或期货交易人授予诉讼或仲裁实施权之事件,有为一切诉讼或仲裁行为之权。但证券投资人或期货交易人得限制其为舍弃、认诺、撤回或和解(第一项)。前项证券投资人或期货交易人

---

[71] "民事诉讼法"第三八四条规定:"当事人于言词辩论时为诉讼标的之舍弃或认诺者,应本其舍弃或认诺为该当事人败诉之判决"。

中一人所为之限制,其效力不及于其他证券投资人或期货交易人(第二项)。第一项之限制,应于第二十八条第三项之文书内表明,或以书状提出于法院或仲裁庭(第三项)"。

另外,对于上诉之特别规范,"投保法"第三十二条第二项规定:"保护机构于收受判决或判断书正本后,应即将其结果通知证券投资人或期货交易人,并应于七日内将是否提起上诉之意旨以书面通知证券投资人或期货交易人"。设此规定之目的,旨在使证券投资人或期货交易人及早对团体诉讼或仲裁结果采行因应措施,以保障其权益。

同条第一项另规定:"证券投资人或期货交易人对于第二十八条诉讼之判决不服者,得于保护机构上诉期间届满前,撤回诉讼实施权之授予,依法提起上诉",亦即本项明定证券投资人或期货交易人得撤回之前所授予之诉讼实施权,而自行提起上诉。

(七)小 结

证券投资人暨期货交易人保护法的制定,显现出我们对投资人权益的重视,倍增于以往。其立法精神不仅在于提供受诈害之投资人更便捷之追偿管道,在公司监控(公司治理)之意义上,更系使用有力的诉讼工具以吓阻资本市场、期货市场潜在的不法行为。吾人赞同此种多年来法学界所力倡之集合多数人力量以对抗不法行为之民事赔偿机制,希望这种机制能发挥公司监控的外部作用。吾人也希望行政体系尽速协调保护机构之设立(投保四十一参照),以使其尽快发挥应有之保护投资人功能。此外,司法体系对于如何进行团体诉讼案件,在投保法颁行之前,并没有相当多之经验,故也宜尽早擘划演练,让众所期待之良法美制得以落实。

玖、结　论

1997 年至 1998 年间发生了世界瞩目之亚洲金融风暴,台湾地区也因此产生了多起地雷股事件。为了挽救投资人对资本市场的信心,除了做好公司治理的工作外,实别无他途。虽然各国有公司治理的特色与疑难,但其他国家处理的经验,或多或少也可提供我们强化公司治理工作的参考。本研究除了探讨我们特有的公司治理议题之结构特色与难题外,也参考了其他主要国家实施独立董事制度之经验,并提出了一些建言,希望能对我们健全独立董监制度及公司治理工程有所贡献。

应予注意者,公司治理的完善,除需要强调实证研究之重要性外,它本身也是一项长期而持续的工作。再者,其使用的方法也应是渐进性的改革,逐步实施。例如,独立董监制度之推行,即是一例。推行太急,恐不易获得业者支持。我们对目前上市、上柜公司虽然尚未全面性强制实施独立董监制度,但已有不少上市、上柜公司自动响应,礼聘学有专长之外部董监担任相关工作。吾人希望众人所期待之独立董监等公司治理机制能够确实发挥它的作用,而非聊备一格的"花瓶"而已。最后,吾人更强调完美的公司治理机制,有待公司自治、外部监控及政府适度的规制加以配合,否则难克其功。

【后记】

本文曾发表于:月旦法学杂志,第 94 期,2003 年 3 月,页 131

~154。

※注 29 之上市审查准则第九条第一项第十二款,已修正为同条项第十款:"申请公司之董事会成员少于五人,或独立董事人数少于二人;监察人少于三人,或独立监察人人数少于一人;或其董事会、监察人有无法独立执行其职务者。另所选任独立董事及独立监察人以非为'公司法'第二十七条所定之法人或其代表人为限,且其中各至少一人须为会计或财务专业人士"(2004 年 12 月 13 日台湾证券交易所股份有限公司台证上字第 0930032147 号公告修正)。

※"柜台买卖中心证券商营业处所买卖有价证券审查准则"第十条第一项第十二款,已修正移至同条项第八款。(2004 年 12 月 10 日财团法人证券柜台买卖中心,证柜上字第 37057 号公告修正)。财团法人证券柜台买卖中心证券商营业处所买卖有价证券审查准则第十条第一项各款不宜上柜规定之具体认定标准,亦于2006 年 3 月 2 日财团法人证券柜台买卖中心证柜监字第0950004481 号公告修正。

※有价证券上市审查准则第九条第一项第十二款,已修正移至为同条项第十款(2004 年 12 月 13 日台湾证券交易所股份有限公司台证上字第 0930032147 号公告修正)。

※台湾证券交易所股份有限公司有价证券上市审查准则补充规定第十七条(2004 年 12 月 13 日修正):"本准则第九条第一项第十款所规定"董事会、监察人有无法独立执行其职务",系指有下列情事之一者:

一、担任申请公司独立董事或独立监察人者最近一年内有下列各目违反独立性之情形之一:

(一)申请公司之受雇人或其关系企业之董事、监察人或受雇人。但申请公司之独立董事、独立监察人为其母公司或子公司之独立董事、独立监察人兼任者,不在此限。

(二)直接或间接持有申请公司已发行股份总额百分之一以上或持股前十名之自然人股东。

(三)前二目所列人员之配偶及二亲等以内直系亲属。

(四)直接持有申请公司已发行股份总额百分之五以上法人股东之董事、监察人、受雇人或持股前五名法人股东之董事、监察人、受雇人。

(五)与申请公司有财务业务往来之特定公司或机构之董事、监察人、经理人或持股百分之五以上股东。

(六)为申请公司或其关系企业提供财务、商务、法律等服务、咨询之专业人士、独资、合伙、公司或机构团体之企业主、合伙人、董事(理事)、监察人(监事)、经理人及其配偶。

(七)兼任其他公司之独立董事或独立监察人合计超过五家以上。

二、担任申请公司独立董事或独立监察人者,未具有五年以上之商务、财务、法律或公司业务所需之工作经验。

三、担任申请公司独立董事或独立监察人者,未于该公司辅导期间进修法律、财务或会计专业知识每年达三小时以上且取得"上市上柜公司董事、监察人进修推行要点"参考范例叁、四(一)、(二)、(四)订定之进修体系所出具之相关证明文件。

四、申请公司有超过董事总数二分之一之董事,其彼此间具有一亲等之直系亲属关系;或申请公司有超过董事总数三分之二之董事,其彼此间具有下列各目关系之一;或其全数监察人彼此间或与董事会任一成员间,具有下列各目关系之一者:

(一)配偶。

(二)二亲等以内之直系亲属。

(三)三亲等以内之旁系亲属。

（四）同一法人之代表人。

（五）关系人。

第一项第四款之规定，对于政府或法人为股东，以政府或法人身份当选为董事、监察人，而指派代表行使职务之自然人；暨由其代表人当选为董事、监察人之代表人，亦适用之"。

※标题捌，第一段："公司法"第一七七条："……（新增）委托书送达公司后，股东欲亲自出席股东会者，至迟应于股东会开会前一日，以书面向公司为撤销委托之通知；逾期撤销者，以委托代理人出席行使之表决权为准（第四项）"。

※"证券交易法"第二十五条之一："公开发行股票公司出席股东会使用委托书，应予限制、取缔或管理；其征求人、受托代理人与代为处理征求事务者之资格条件、委托书之格式、取得、征求与受托方式、代理之股数、统计验证、使用委托书代理表决权不予计算之情事、应申报与备置之文件、数据提供及其他应遵行事项之规则，由主管机关定之"（2006 年 1 月 11 日华总一义字第09500002801 号令修正公布）。

※标题捌、一、（二）：公开发行公司出席股东会使用委托书规则第十七条已删除。（2004 年 1 月 20 日证券暨期货管理委员会台财证三字第 0930000323 号令修正发布）【相关内容移到"证券投资信托事业管理规则"第二十三条】。

※标题捌、二、（四）第一段：民事诉讼费用法已于 2003 年 9 月 10 日废止。移至"民事诉讼法"第七十七条之十三及第七十七之十六等条。

※2006 年 1 月修正之"证券交易法"第十四条之二至第十四条之五及第二十六条之三分别规定独立董事、审计委员会及其他强化公司治理之新制度，其内容如下：

第十四条之二：

"已依本法发行股票之公司，得依章程规定设置独立董事。但主管机关应视公司规模、股东结构、业务性质及其他必要情况，要求其设置独立董事，人数不得少于二人，且不得少于董事席次五分之一。

独立董事应具备专业知识，其持股及兼职应予限制，且于执行业务范围内应保持独立性，不得与公司有直接或间接之利害关系。独立董事之专业资格、持股与兼职限制、独立性之认定、提名方式及其他应遵行事项之办法，由主管机关定之。

有下列情事之一者，不得充任独立董事，其已充任者，当然解任：

一、有"公司法"第三十条各款情事之一。

二、依"公司法"第二十七条规定以政府、法人或其代表人当选。

三、违反依前项所定独立董事之资格。

独立董事持股转让，不适用"公司法"第一九七条第一项后段及第三项规定。

独立董事因故解任，致人数不足第一项或章程规定者，应于最近一次股东会补选之。独立董事均解任时，公司应自事实发生之日起六十日内，召开股东临时会补选之"。

第十四条之三：

"已依前条第一项规定选任独立董事之公司，除经主管机关核准者外，下列事项应提董事会决议通过；独立董事如有反对意见或保留意见，应于董事会议事录载明：

一、依第十四条之一规定订定或修正内部控制制度。

二、依第三十六条之一规定订定或修正取得或处分资产、从事衍生性商品交易、资金贷与他人、为他人背书或提供保证之重大财务业务行为之处理程序。

三、涉及董事或监察人自身利害关系之事项。

四、重大之资产或衍生性商品交易。

五、重大之资金贷与、背书或提供保证。

六、募集、发行或私募具有股权性质之有价证券。

七、签证会计师之委任、解任或报酬。

八、财务、会计或内部稽核主管之任免。

九、其他经主管机关规定之重大事项。"

第十四条之四：

"已依本法发行股票之公司，应择一设置审计委员会或监察人。但主管机关得视公司规模、业务性质及其他必要情况，命令设置审计委员会替代监察人；其办法，由主管机关定之。

审计委员会应由全体独立董事组成，其人数不得少于三人，其中一人为召集人，且至少一人应具备会计或财务专长。

公司设置审计委员会者，本法、公司法及其他法律对于监察人之规定，于审计委员会准用之。

"公司法"第二百条、第二一三条至第二一五条、第二一六条第一项、第三项、第四项、第二一八条第一项、第二项、第二一八条之一、第二一八条之二第二项、第二二〇条、第二二三条至第二二六条、第二二七条但书及第二四五条第二项规定，对审计委员会之独立董事成员准用之。

审计委员会及其独立董事成员对前二项所定职权之行使及相关事项之办法，由主管机关定之。

审计委员会之决议，应有审计委员会全体成员二分之一以上之同意"。

第十四条之五：

"已依本法发行股票之公司设置审计委员会者，下列事项应

经审计委员会全体成员二分之一以上同意,并提董事会决议,不适用第十四条之三规定:

一、依第十四条之一规定订定或修正内部控制制度。

二、内部控制制度有效性之考核。

三、依第三十六条之一规定订定或修正取得或处分资产、从事衍生性商品交易、资金贷与他人、为他人背书或提供保证之重大财务业务行为之处理程序。

四、涉及董事自身利害关系之事项。

五、重大之资产或衍生性商品交易。

六、重大之资金贷与、背书或提供保证。

七、募集、发行或私募具有股权性质之有价证券。

八、签证会计师之委任、解任或报酬。

九、财务、会计或内部稽核主管之任免。

十、年度财务报告及半年度财务报告。

十一、其他公司或主管机关规定之重大事项。

前项各款事项除第十款外,如未经审计委员会全体成员二分之一以上同意者,得由全体董事三分之二以上同意行之,不受前项规定之限制,并应于董事会议事录载明审计委员会之决议。

公司设置审计委员会者,不适用第三十六条第一项财务报告应经监察人承认之规定。

第一项及前条第六项所称审计委员会全体成员及第二项所称全体董事,以实际在任者计算之"。

第二十六条之三:

"已依本法发行股票之公司董事会,设置董事不得少于五人。

政府或法人为公开发行公司之股东时,除经主管机关核准者外,不得由其代表人同时当选或担任公司之董事及监察人,不适用"公司法"第二十七条第二项规定。

公司除经主管机关核准者外,董事间应有超过半数之席次,不得具有下列关系之一:

一、配偶。

二、二亲等以内之亲属。

公司除经主管机关核准者外,监察人间或监察人与董事间,应至少一席以上,不得具有前项各款关系之一。

公司召开股东会选任董事及监察人,原当选人不符前二项规定时,应依下列规定决定当选之董事或监察人:

一、董事间不符规定者,不符规定之董事中所得选票代表选举权较低者,其当选失其效力。

二、监察人间不符规定者,准用前款规定。

三、监察人与董事间不符规定者,不符规定之监察人中所得选票代表选举权较低者,其当选失其效力。

已充任董事或监察人违反第三项或第四项规定者,准用前项规定当然解任。

董事因故解任,致不足五人者,公司应于最近一次股东会补选之。但董事缺额达章程所定席次三分之一者,公司应自事实发生之日起六十日内,召开股东临时会补选之。

公司应订定董事会议事规范;其主要议事内容、作业程序、议事录应载明事项、公告及其他应遵行事项之办法,由主管机关定之"。

公开发行公司董事会、监察人之重大变革

——"证交法"新修规范引进独立董事与审计委员会之介绍与评论

壹、前　言

　　"证交法"修正条文已于 2006 年元月 11 日公布,我们之公开发行公司将纳入"独立董事"、"审计委员会"等新制(原则上自2007 年 1 月 1 日施行,并得自现行董、监任期届满,始适用之;证交一八三、一八一之二参照),未来公开发行公司的董事会,可分为三种型态:第一种是传统的董事会,不设独立董事,仅设董事会及监察人;第二种是设立独立董事,且同时设有监察人;第三种类型则是有董事会及审计委员会,但无监察人。这三种型态虽然公司可自行选择,但证交法同时又授权主管机关得视公司规模、股东结构、业务性质及其他必要情况,要求公司设置独立董事,人数不得少于二人,且不得少于董事席次五分之一,甚至得命令设置审计委员会替代监察人,使公司成为单轨制。

　　这样剧烈的变革,毫无疑问地,必将对我公司法制中的公司治理议题带来深刻的影响。本文将先介绍新制的相关法律问题,其次再从大的政策方向评论新制的优劣。

贰、独立董事与审计委员会制度的法制化

一、原则上自愿设置,例外强制设置

　　我们以往由于独立董、监之设置并无法律授权依据,致有关单

位以上市、上柜"契约",[1]要求新申请上市、上柜公司,必须承诺设置二席独立董事及一席独立监察人。[2] 因此,独立董事制度于台湾上市、上柜公司仍未普遍实行。为此,2006 年"证交法"修正增订第十四条之二明定:"已依本法发行股票之公司得依章程规定设置独立董事(第一项本文)"。因此,原则上,公开发行公司可自行决定设置独立董事与否,也可自行决定设置人数。但如欲设置,则应以章程规定为依据,且仅独立董事一种,并无独立监察人之制。如此做法,当系立法者,考虑我们目前企业环境仍不适宜强制独立董事之设立。惟在例外时,"主管机关应视公司规模、股东结构、业务性质及其他必要情况要求其设置独立董事,人数不得少于二人,且不得少于董事席次五分之一(第一项但书)"。例如,金融控股公司及一定规模之银行、证券、保险、证券投资信托及上市柜产业公司,极有可能被优先规划强制设立独立董事。

二、"独立董事"定义的问题

何谓独立董事? 按一般所称之"外部董事"(outside directors),系指未同时兼任公司经营团队职务之董事者,而与所谓"内部董事"(inside directors)恰好相反。但独立董事概念与外部董事概念稍有不同,依证交法规定:"独立董事应具备专业知识,其持股及兼职应予限制,且于执行业务范围内应保持独立性,不得与公司有直接或间接之利害关系(证交十四之二Ⅱ前段)"。至于何谓"专业"、"持股及兼职限制"、"独立性"? 依证交法,这些事项,以

---

[1] 按公司于上市、上柜时所签之合议,性质上仅属私法上之契约关系,或具公法上之意义,目前仍有争议。

[2] 例如,参阅"台湾证券交易所股份有限公司有价证券上市审查准则"第九条第一项第十款。

及独立董事提名方式(如由一定持股之股东提名或由原董事会提名)[3]及其他应遵行事项之办法,由主管机关定之(证交十四之二Ⅱ后段)。依前述证交所上市审查准则之规定,独立董事之"专业资格",指:

(一)具有五年以上之商务、财务、法律和公司业务所需之工作经验;

(二)持续进修(每年达三小时以上且取得相关证明文件)。

至于,"持股及兼职限制",则指:

(一)直接或间接持有公司已发行股份总额百分之一以上或持股前十名之自然人股东;

(二)兼任独立董事合计不超过五家。

至于"独立性"如何认定的问题,具下列情形者,被认为系违反"独立性"的要求:

(一)系公司之受雇人或其关系企业之董事、监察人或受雇人,但为其母公司或子公司之独立董事兼任者,不在此限。

(二)系直接持有申请公司已发行股份总额百分之五以上法人股东之董事、监察人、受雇人或持股前五名法人股东之董事、监察人、受雇人。

(三)与公司有财务、业务往来之特定公司或机构之董事、监察人、经理人或持股百分之五以上股东。

(四)为公司或其关系企业提供财务、商务、法律等服务、咨询之专业人士、独资、合伙、公司或机构团体之企业主、合伙人、董事(理事)、监察人(监事)、经理人及其配偶。

---

〔3〕 按"公司法"第一九二条之一,规定持股百分之一以上之股东与公司董事会,有董事候选人提名权利,主管机关是否会依照公司法设计独立董事提名制度,或另为设计,值得观察。

此外，本条之立法理由又谓，为避免独立董事有诚信问题或违反专业资格等情事，[4]乃于同条第三项规定：有下列情事之一者，不得充任独立董事，其已充任者，当然解任：(1)有"公司法"第三十条各款情事(即消极资格)之一。(2)依"公司法"第二十七条规定以政府、法人或其代表人当选。(3)违反依前项所定独立董事之资格。其中，不得有"公司法"第三十条各款消极资格及违反所定独立董事之资格者，固属于独立董事诚信和专业之问题，惟第二款所禁止者，系政府、法人或其代表人不得依"公司法"第二十七条当选为独立董事的问题。盖独立董事之选任，事涉独立性与专业认定问题，故不宜由法人充任或由其代表人担任，较能发挥应有之功能。因此，从本款反面解释，在现行法下只能由自然人充任独立董事。

三、独立董事不适用持股转让当然解任之规定

由于独立董事依规定持股偏低(现行规定不得超过百分之一)，且持股亦非其必要之资格条件，为免独立董事因小额持股转让而有"公司法"第一九七条第一项后段及第三项之当然解任情形，故"证交法"第十四条之二第四项明文排除其适用。

四、独立董事之补选

按独立董事因故解任(如辞职、死亡等)，以致实际在任人数低于证交法或公司章程规定人数时，如公司尚有其他独立董事可执行其职务，则尚无立即补选之必要，只需由公司在"最近一次股东会中补选之"(证交十四之二Ⅴ前段)即可，以节省召开股东会成本。惟如独立董事全体均解任时，因证交法规范特定之职权

〔4〕 参阅"立法院"第六届第二会期第十一次会议议案关系文书，页7~8。

（证交十四之三至证交十四之五）应由独立董事为之，为免公司营运受到影响，同条项后段特别要求公司应自事实发生之日起六十日内，召开股东临时会补选之。

五、独立董事之职责

按独立董事之职责何在？涉及为何法律要引进此制，以区别一般非独立董事的基本问题。依"证交法"第十四条之三规定："已依前条第一项规定选任独立董事之公司，除经主管机关核准者外，下列事项应提董事会决议通过；独立董事如有反对意见或保留意见，应于董事会议事录载明：

（一）依第十四条之一规定订定或修正内部控制制度。

（二）依第三十六条之一规定订定或修正取得或处分资产、从事衍生性商品交易、资金贷与他人、为他人背书或提供保证之重大财务业务行为之处理程序。

（三）涉及董事或监察人自身利害关系之事项。

（四）重大之资产或衍生性商品交易。

（五）重大之资金贷与、背书或提供保证。

（六）募集、发行或私募具有股权性质之有价证券。

（七）签证会计师之委任、解任或报酬。

（八）财务、会计或内部稽核主管之任免。

（九）其他经主管机关规定之重大事项"。

由以上规定可知，为强化独立董事之功能，证交法规定，对于公司财务业务有重大影响之事项（如"证交法"第十四条之一有关内部控制制度之订定或修正），明定除应提董事会决议外，并规定独立董事如有反对或保留意见者，应于董事会议事录载明。换言之，利用经由董事会决议方式及独立董事意见之表达，强化独立董事对重要议案之监督，以保障股东权益。

此外,为加强公司信息透明度(transparency)及外界之监督,依据本条之立法理由说明,前述独立董事之反对意见或保留意见者,除规定应于董事会会议记录载明外,主管机关将依同法第二十六条之三第八项授权订定之"董事会议事办法",要求公司须于指定之信息网站公开相关信息。另外,配合现行上市(柜)公司资讯公开机制,于证交所及柜买中心之重大讯息揭露亦将并同纳入规范。[5]

六、审计委员会之设置与职责

(一)设　置

公开发行公司依"证交法"第十四条之四第一项前段规定,"应择一设置审计委员会或监察人"。按我公司法制系采董事会及监察人双轨制,与美国采取董事会单轨制有所不同。因而,在台湾地区,如果允许由独立董事组成之审计委员会(audit committee)负起监督之职责,而同时又存在监察人,则论者所批评二者功能重叠之问题,将无法解决。有鉴于此,证交法本条爰规定,公开发行公司必须择一设置,采取现行之董事会、监察人双轨制,或改采董事会单轨制,即设置审计委员会者,毋庸再依公司法规定选任监察人。

此外,同条第一项后段,则赋予主管机关"得视公司规模、业务性质及其他必要情况,命令设置审计委员会替代监察人;其办法,由主管机关定之"。换言之,例外时,主管机关可以强制要求设置审计委员会替代监察人制度。而且,依同条第二项规定:"审计委员会应由全体独立董事组成,其人数不得少于三人,其中一人

〔5〕　前揭注4,页11。

为召集人,且至少一人应具备会计或财务专长"。至于公司如未
依规定设置审计委员会或设置不符规定(如独立董事人数不足),
则依同法第一七八条第一项第二款规定处新台币二十四万元以
上,二百四十万元以下罚款。

　　上述之规定,显示立法者十分强调审计委员会此一功能性委
员会之组织,希望借由其"专业之分工及独立超然之立场,协助董
事会决策"。[6] 对此,在技术上言,前述独立董事补选之机制,恐
怕难以完全合适。盖依第十四条之二第五项后段规定,只有独立
董事均解任时,始应于六十日内召开股东会补选;然前述审计委员
会组织,规定由人数不得少于三人之独立董事担任,其中一人为召
集人,且至少一人应具备会计或财务专长,如其中之一有不符时,
依法可于最近一次股东会补选即可,但如适巧遇到需要审计委员
会通过"半年度财务报告",[7]而审计委员会之委员又缺额之情
形(证交十四之五参照,详下述),则立刻补选独立董事已可能缓
不济急,更何况依法尚可于最近一次之股东会中补选。因此,此等
情况如何处理,恐待有权机关作补充解释。

　　至于审计委员会之职责又是如何?鉴于已设审计委员会之公
司不得再设立监察人,因此证交法明文:"公司设置审计委员会
者,本法、公司法及其他法律对于监察人之规定,于审计委员会准
用之(证交十四之四Ⅲ)"。然而,毕竟审计委员会系一合议制,故
同条第六项规定:"审计委员会之决议,应有审计委员会全体成员
二分之一以上之同意",但对于原涉及监察人之违法行为追究,例
如"公司法"第二〇〇条(监察人之裁判解任)、第二二四条(监察

----

[6]　前揭注4,页12。
[7]　依"证交法"第三十六条第一项规定,半年度财务报告一般应于每半营业年度终
　　了后两个月内申报及公告。

人对公司之赔偿责任）、第二二五条（股东会对监察人之起诉）、第二二六条（董监之连带责任）、及第二二七条但书（少数股东对监察人之诉讼请求对象）；以及对于公司法规定监察人为公司之代表者，例如，"公司法"第二一三条（公司与董事间诉讼之代表）、第二一四至二一五条（少数股东对董事之诉讼请求对象）、第二一八条第一、二项（监察人之检查业务权）、第二一八条之一（董事向监察人报告之义务）、第二一八条之二第二项（监察人对董事会或董事之违法行为停止请求权）、第二二〇条（监察人之召集股东会权）、第二二三条（董事为自己或他人与公司为交易时，监察人为公司代表）及第二四五条第二项（法院命监察人召集股东会）；以及公司法规定监察人之适任积极资格，例如"公司法"第二一六条第一、三、四项，凡此公司法规定，"证交法"第十四条之四第四项均明定准用于审计委员会之独立董事成员。举例以言，审计委员会之个别独立董事成员（审计委员），得依"公司法"第二一八条第一项规定，为监督公司业务之执行，随时调查公司业务及财务状况，查核簿册文件，并得请求董事会或经理人提出报告。

再者，证交法同条第五项也对审计委员会及其个别独立董事成员如何行使上述监察人职权及相关事项之办法，授权主管机关定之。

（二）职 权

按为有效发挥审计委员会之功能，除前述第十四条之三第一项属于独立董事之职权项目外，并增列考核内部控制制度之有效性的权利，作为审计委员会之职权，并排除第十四条之三之规定，期借审计委员会之专业及独立性，落实公司内部控制制度。而且，为明确贯彻董事会之责任，纵然前述事项已经审计委员会全体成员二分之一以上同意，惟仍应经董事会决议，以不架空董事会职权。

准此,"证交法"第十四条之五第一项规定:"已依本法发行股票之公司设置审计委员会者,下列事项应经审计委员会全体成员二分之一以上同意,并提董事会决议,不适用第十四条之三规定:

(一)依第十四条之一规定订定或修正内部控制制度。

(二)内部控制制度有效性之考核。

(三)依第三十六条之一规定订定或修正取得或处分资产、从事衍生性商品交易、资金贷与他人、为他人背书或提供保证之重大财务业务行为之处理程序。

(四)涉及董事自身利害关系之事项。

(五)重大之资产或衍生性商品交易。

(六)重大之资金贷与、背书或提供保证。

(七)募集、发行或私募具有股权性质之有价证券。

(八)签证会计师之委任、解任或报酬。

(九)财务、会计或内部稽核主管之任免。

(十)年度财务报告及半年度财务报告。

(十一)其他公司或主管机关规定之重大事项"。

应注意者,同条第二项复规定:"前项各款事项除第十款外,如未经审计委员会全体成员二分之一以上同意者,得由全体董事三分之二以上同意行之,不受前项规定之限制,并应于董事会议事录载明审计委员会之决议"。立法理由指出:"基于企业界实务运作之考量,及为免因审计委员会制度之推动,而影响公司营运之效率及弹性,于第二项订定第一项所列事项如未经审计委员会全体成员二分之一以上同意者,得以全体董事三分之二以上同意行之,另因第一项第十款原属监察人特有之职权,爰予排除"。[8] 姑且

---

〔8〕 前揭注4,页15～16。

不论"年度财务报告及半年度财务报告"以原属监察人特有之职权,排除于特别例外处理之情形是否妥当? 证交法既然赋予审计委员会有前述第十四条之五第一项之监察权,何以在未获审计委员会成员二分之一以上同意下,可由全体董事以三分之二以上同意通过系争议案? 此种结果,无异将监察权又交回经营决策者(即董事会),最后也等同于无监察权之设计。难道仅于董事会议事录载明先前审计委员会未通过系争议案之决议,即可让本属监察权权限的未通过事项合法通过? 当然,本项立法理由又指出:"未来依第二十六条之三授权订定之董事会议事办法……,将要求公司须于指定之资讯网站公开相关资讯,另配合现行上市(柜)公司资讯公开机制,于证交所及柜买中心之重大讯息揭露亦将并同规范之,……",〔9〕然而,无论如何,现行法本项之例外处理,仍不免于理论上矛盾的批评。

诚然,如同立法理由所指出,这是妥协下的产物,亦是政策的选择。惟对于"年度财务报告及半年度财务报告"以原属监察人特有之职权为由,特别挑出来并不适用前述特别例外处理情形,除了会造成前述审计委员会组织成员不合法律规定,难以处理的问题外,更会让人纳闷何谓"监察人特有之职权"? 监察权再区分为特有、非特有职权,有无意义? 凡此均待进一步思量。

至于同条第三项规定:"公司设置审计委员会者,不适用第三十六条第一项财务报告应经监察人承认之规定"。如此之规定更令人不解,盖前条第三项既曰:"公司设置审计委员会者,本法、公司法及其他法律对于监察人之规定,于审计委员会准用之",则"证交法"第三十六条第一项财务报告,在公司设有审计委员会时,解释上当然归由审计委员会承认之。为何重复规定,应系误植

〔9〕 前揭注4,页16。

所致,将来修法应删除之为宜。

此外,为明确规范第十四条之五第一项与前条第六项审计委员会全体成员及全体董事之意涵,"证交法"爱于第十四条第四项规定系以实际在任者计算之,以杜争议。

叁、其他强化董、监结构之措施

一、公开发行公司董事人数不得少于五席

为强化公开发行公司董事会之结构,2006 年"证交法"增订第二十六条之三第一项明定:"已依本法发行股票之公司董事会,设置董事不得少于五人"。按这样的规范,应亦为配合引进前述独立董事制度而设计,故不同于公司法要求董事不得少于三人(公一九二Ⅰ)之规定。

二、排除法人股东得同时指派代表人担任董、监职务

长久以来,我"公司法"第二十七条第二项允许同一法人股东得同时指派代表人担任董、监职务,导致该监察人职权不易有效发挥的问题。有鉴于此,"证交法"第二十六条之三第二项规定:"政府或法人为公开发行公司之股东时,除经主管机关核准者外,不得由其代表人同时当选或担任公司之董事及监察人,不适用"公司法"第二十七条第二项规定",以强化监察人之独立性。

三、公开发行公司家族企业色彩的淡化

由于台湾家族企业颇多,在考虑公司董事或监察人如均由同一家族担任,董事会执行决策或监察人行使监察权时,恐有弊端发

生。再加上,一般而言,公开发行公司其股权已相当分散,具有公众公司之性质,已非一般闭锁性公司可比,因此,第二十六条之三第三、四项明定:"公司除经主管机关核准者外,董事间应有超过半数之席次,不得具有下列关系之一:一、配偶。二、二亲等以内之亲属(第三项)。公司除经主管机关核准者外,监察人间或监察人与董事间,应至少一席以上,不得具有前项各款关系之一(第四项)"。

上述条项所称之"公司",应系公开发行公司之误;由于本条条文单写"公司"二字,可能会被误为泛指一般股份有限公司而言(证交四参照)。惟从本条第一、二项文字及本条之立法意旨观察,此条所称之公司应皆为公开发行公司无误,他日宜订正此项立法失误。

此外,为解决董、监选任时,有违反前述第三、四项之情事,如何决定何人当选,同条第五项规定:"公司召开股东会选任董事及监察人,原当选人不符前二项规定时,应依下列规定决定当选之董事或监察人:

(一)董事间不符规定者,不符规定之董事中所得选票代表选举权较低者,其当选失其效力。

(二)监察人间不符规定者,准用前款规定。

(三)监察人与董事间不符规定者,不符规定之监察人中所得选票代表选举权较低者,其当选失其效力"。

有疑义者,如就任后,始有前述第三、四项之情事,例如:某上柜公司有甲、乙、丙、丁、戊五席董事,其中甲、乙董事为父子,丙女董事后来于任期中嫁予甲,则此时应如何处理? 依同条第六项规定:"已充任董事或监察人违反第三项或第四项规定者,准用前项规定当然解任"。准此可知,应视甲、乙、丙三人当选时所得选票代表选举权较低者为何人? 假设丙最低,则其应当然解任。

四、董事解任之补选与不依规定补选之处罚

再者,前述同条第七项复进一步规定:"董事因故解任,致不足五人者,公司应于最近一次股东会补选之。但董事缺额达章程所定席次三分之一者,公司应自事实发生之日起六十日内,召开股东临时会补选之"。本项立法目的旨在避免董事因故解任致不足规定时,影响公司之经营。惟对此问题,"证交法"第十四条之二第五项及"公司法"第二〇一条已有规范,本即可适用,似不需重复规范(证交二参照)。但因"证交法"第一七八条第一项第二款欲对违反者处以行政罚锾,故仍于"证交法"第二十六条之三第七项加以明文,以利适用。

五、董事会议事规范

另外,证交法为落实董事会职能,爰于第二十六条之三第八项规定:"公司应订定董事会议事规范;其主要议事内容、作业程序、议事录应载明事项、公告及其他应遵行事项之办法,由主管机关定之"。公司如未依规定订定董事会议事规范者,依第一七八条第一项第七款规定处罚。

肆、新制立法政策之评论

从立法政策之大方向言,前述"证交法"第二十六条之三有关排除同一法人股东得同时指派代表人担任董、监职务,以及限制具家族色彩之公开发行公司一定亲属间董、监席次,对我一般企业及家族企业色彩浓厚之公司的公司治理,应可发挥一定之正面作用,其立法方向值得赞同。然而,对于独立董事以及审计委员会之引

进,则有下面几点观察:

其一,有关我们是否应引进独立董事,甚至引进由独立董事组成之审计委员会制度以替代监察人制度? 这个议题,是近年来公司法、证交法学界最为争议之问题之一,甚至是法学界、会计学、财务金融学、企业管理学界聚讼之所在。[10] 有认为引进独立董事系与国际接轨的必要制度,但亦有认为我们原系双轨制,董事会之外,另有监察人职司监察权之行使,因此若要强化公司监控,也宜从监察人制度的改善着手。学界一时之间似尚无共识出现。其实,"行政院"在研拟证交法修正草案的过程中,曾邀请学者专家讨论独立董事的制度,一度获有折中共识出现,那就是未来之独立董事仍执行原公司法的董事决策权,而不具监察人的职权。这样的设计,就是延续 2006 年采取独立董事法制化前的一般运作情形(2006 年修改证交法时,约有四百多家上市柜公司采行此制)。证交法如采此设计,其结果即是把目前实务所实行之制度,进一步法制化而已,变动尚不称巨大。这也是为何当时会获得与会专家学者初步共识之原因,且其结果也不至于造成独立董事与监察人职权之重叠。

然而,在博达案爆发后,有关单位则仍继续推动原证交法修正版本——独立董事组成审计委员会时,具有监察权之制度,推翻了前述"行政院"内部会议一度出现之共识。最后终成为前述"证交法"修正条文,亦即,依证交法之规定,由独立董事组成审计委员会时,独立董事具有监察权(证交十四之四Ⅲ、Ⅳ),此时公司也不可再设置监察人。换言之,成为董事会单轨制之制度(证交十四之四Ⅰ)。

---

[10] 按台湾近年来讨论独立董事与公司治理关系的论文,不管是正反两面的主张,均可谓倾巢而出、汗牛充栋,本文在此不一一论列。

其二,一旦独立董事组成审计委员会时,其便拥有了监察权,而独立董事既系董事,自然也系董事会的成员,故同时又兼有公司业务政策决定及执行之权。换言之,独立董事此时既决定及执行公司业务,又负有监督之职责,此种情况恐怕也有违制衡之设计。[11] 另外,如前所述,审计委员会未通过之议案,基本上可由董事会全体董事三分之二以上同意取代,如此妥协设计,恐怕也紊乱了原先制衡设计之本意,造成业务政策决定及执行者之董事会意志,凌驾于监督者——审计委员会之监督。这样奇特之设计,恐非三言两语所能言明而令人无惑矣!

其三,既然前述审计委员会之审计委员规定由独立董事充任,其既又是"业务执行机关",亦是"监督机关",在角色混淆不清之情况下,证交法又授权主管机关得以公权力强制企业设置审计委员会,在相关权责厘清前,主管机关在行使此项授权时宜否特别谨慎? 是否也可在独立董事法制化后推行之初,企业选择以监察人作为监督之机制时,主管机关多予尊重? 更何况,从证交法之修正设计中,也尚难看出审计委员会一定会比现行监察人制度更具独立性、更具监督效果。

其四,从证交法之修正观察,除独立董事之外,证交法特重审计委员会。其他董事会下之功能委员会,例如"提名委员会"、"报酬委员会"则只字未提。事实上,"提名委员会"之设计,在公司治理成败上亦扮演举足轻重的角色,盖"人"才是一切制度的根本,制度要发挥效用,人才是关键。这方面的问题,恐怕只能倚赖主管机关依"证交法"第十四条之二第二项后段之授权,以行政命令加以适度规范补充。

---

[11] 准此,公司董事或许应有:"独立非执行董事"、"执行董事"及"非执行董事"之区分的配套措施较佳。

伍、结 语

　　制度没有绝对的好坏,端看使用、适用者心存何种心态而定。独立董事与审计委员会之制度,公司之主要经营者如只是将之视为一种法令的要求而纯粹虚应故事,如此,则独立董事将只是一个可远观之"花瓶"而已。作为一家公开发行公司的主要经营者,实不应再将公司视为纯粹之个人私产,因为它既已公众化(going public),自不宜如此看待。展望未来,我们将有三种型态之公司经营结构,惟无论采用何者,公司主要经营者之"诚信"才是公司治理的基础,这点应无疑义。

【后记】

　　本文曾发表于:台湾本土法学杂志,第 79 期,2006 年 2 月,页 320~329。

　　※"经济部"对公开发行股票公司之独立董事提名、选举章程规定解释如下:

　　一、公开发行股票公司独立董事应采候选人提名制度者,其提名方式应比照"公司法"第一九二条之一之规定办理。

　　二、依"公司法"第一九二条之一第一项规定,公开发行股票公司董事选举,得采候选人提名制度;又依"证券交易法"第十四条之二第一项但书规定,经主管机关要求应设置独立董事者,其独立董事之选举,依同条第二项规定,应采候选人提名制度。至非独立董事部分是否亦采提名制度,则由公司股东会修正章程时自行决定。

三、公司如属法令强制设置独立董事者,由于系法令要求设置,法令之适用优于公司章程,公司须于2006年度召开股东会时,配合修正公司章程载明独立董事之名额与提名、选任方式,该条文应并列为原规范董事名额、选举条文之一并载明该条文系配合"证券交易法"第一八三条规定办理。公司如属自愿设置独立董事者,可比照办理。

四、公司董事任期如尚未届满而于章程增订独立董事者,应载明系配合"证券交易法"第一八三条规定办理,公司自2007年起,仅就独立董事名额部分进行补选,而不进行全面改选,允属可行。

五、依"证券交易法"第十四条之二第一项但书规定,于章程设置独立董事之公司,应于章程选择下列方式之一载明:(一)独立董事人数不得少于二人,且不得少于董事席次五分之一。(二)独立董事名额○人。(三)独立董事名额○人至○人。又依"证券交易法"第十四条之二第二项规定之提名方式公告独立董事应选名额时,其名额应予确定,不得仍依章程规定之"○人至○人"公告。

六、董事选举时,应依"公司法"第一九八条规定办理,独立董事与非独立董事一并进行选举,分别计算当选名额,由所得选票代表选举权较多者,当选为独立董事及非独立董事。

(二○○六、二、八经商字第09502011990号函)

※证券主管机关依"证券交易法"第十四条之二、第十四条之四及第二十六条之三之授权,订颁下列行政命令(二○○六、三、二十八金管证一字第0950001615、0950001616号函)—

【公开发行公司应设置独立董事适用范围】:依据"证券交易法"第十四条之二规定,已依本法发行股票之金融控股公司、银行、票券、保险及上市(柜)或金融控股公司子公司之综合证券商,暨实收资本额达新台币五百亿元以上非属金融业之上市(柜)公司,应于章程规定设置独立董事,其人数不得少于二人,且不得少于董事席次五分之一。

【公开发行公司独立董事设置及应遵循事项办法】:

第一条 依据"证券交易法"(以下简称本法)第十四条之二第二项规定订定之。

第二条 公开发行公司之独立董事,应取得下列专业资格条件之一,并具备五年以上工作经验:

一、商务、法务、财务、会计或公司业务所需相关科系之公私立大专院校讲师以上。

二、法官、检察官、律师、会计师或其他与公司业务所需之"国家考试"及格领有证书之专门职业及技术人员。

三、具有商务、法务、财务、会计或公司业务所需之工作经验。

有下列情事之一者,不得充任独立董事,其已充任者,当然解任:

一、有"公司法"第三十条各款情事之一。

二、依"公司法"第二十七条规定以政府、法人或其代表人当选。

三、违反本办法所定独立董事之资格。

第三条 公开发行公司之独立董事应于选任前二年及任职期间无下列情事之一:

一、公司或其关系企业之受雇人。

二、公司或其关系企业之董事、监察人。但如为公司或其母公司、公司直接及间接持有表决权之股份超过百分之五十之子公司之独立董事者,不在此限。

三、本人及其配偶、未成年子女或以他人名义持有公司已发行股份总额百分之一以上或持股前十名之自然人股东。

四、前三款所列人员之配偶、二亲等以内亲属或五亲等以内直系血亲亲属。

五、直接持有公司已发行股份总额百分之五以上法人股东之董事、监察人或受雇人,或持股前五名法人股东之董事、监察人或受雇人。

六、与公司有财务或业务往来之特定公司或机构之董事(理事)、监察人(监事)、经理人或持股百分之五以上股东。

七、为公司或关系企业提供商务、法务、财务、会计等服务或咨询之专业人士、独资、合伙、公司或机构之企业主、合伙人、董事(理事)、监察人(监事)、经理人及其配偶。

公开发行公司之独立董事曾任前项第二款或第六款之公司或其关系企业或与公司有财务或业务往来之特定公司或机构之独立董事而现已解任者,不适用前项于选任前二年之规定。

第一项第六款所称特定公司或机构,系指与公司具有下列情形之一者:

一、持有公司已发行股份总额百分二十以上,未超过百分之五十。

二、他公司及其董事、监察人及持有股份超过股份总额百分之十之股东总计持有该公司已发行股份总额百分之三十以上,且双方曾有财务或业务上之往来记录。前述人员持有之股票,包括其配偶、未成年子女及利用他人名义持有者在内。

三、公司之营业收入来自他公司及其联属公司达百分之三十以上。

四、公司之主要产品原料(指占总进货金额百分之三十以上者,且为制造产品所不可缺乏关键性原料)或主要商品(指占总营业收入百分之三十以上者),其数量或总进货金额来自他公司及其联属公司达百分之五十以上。

第一项及前项所称母公司及联属公司,应依财团法人会计研究发展基金会发布之财务会计准则公报第五号及第七号之规定认定之。

第四条　公开发行公司之独立董事兼任其他公开发行公司独立董事不得逾三家。

第五条　公开发行公司独立董事选举,应依"公司法"第一九二条之一规定采候选人提名制度,并载明于章程,股东应就独立董事候选人名单中选任之。

公开发行公司应于股东会召开前之停止股票过户日前,公告受理独立董事候选人提名之期间、独立董事应选名额、其受理处所及其他必要事项,受理期间不得少于十日。

公开发行公司得以下列方式提出独立董事候选人名单,经董事会评估其符合独立董事所应具备条件后,送请股东会选任之:

一、持有已发行股份总数百分之一以上股份之股东,得以书面向公司提出独立董事候选人名单,提名人数不得超过独立董事应选名额。

二、由董事会提出独立董事候选人名单,提名人数不得超过独立董事应选名额。

三、其他经主管机关规定之方式。

股东及董事会依前项提供推荐名单时,应检附被提名人姓名、学历、经历、当选后愿任独立董事之承诺书、无"公司法"第三十条规定情事之声明书及其他相关证明文件。

董事会或其他召集权人召集股东会者,对独立董事被提名人应予审查,除有下列情事之一者外,应将其列入独立董事候选人名单:

一、提名股东于公告受理期间外提出。

二、提名股东于公司依"公司法"第一六五条第二项或第三项停止股票过户时,持股未达百分之一。

三、提名人数超过独立董事应选名额。

四、未检附前项规定之相关证明文件。

公开发行公司之董事选举,应依"公司法"第一九八条规定办理,独立董事与非独立董事应一并进行选举,分别计算当选名额。依本法设置审计委员会之公开发行公司,其独立董事至少一人应具备会计或财务专长。

第六条　经股东会选任或依第七条由金融控股公司、政府或法人股东指派为独立董事者,于任期中如有违反本办法第二条或第三条之情形致应予解任时,不得变更其身份为非独立董事。经股东会选任或依本办法第七条由金融控股公司、政府或法人股东指派为非独立董事者,于任期中亦不得径行转任为独立董事。

第七条　金融控股公司持有发行全部股份之子公司、政府或法人股东一人所组织之公开发行公司,其独立董事得由金融控股公司、政府或法人股东指派之,不适用本办法第五条之规定,余仍应依本办法规定办理。

第八条　依本法设置独立董事之公司,董事会设有常务董事者,常务董事中独立董事人数不得少于一人,且不得少于常务董事席次五分之一。

第九条　公开发行公司依本法设置独立董事者,得自现任董事任期届满时,始适用之。

第十条　本办法自 2007 年 1 月 1 日起施行。

【公开发行公司审计委员会行使职权办法】:

第一条　本办法依"证券交易法"(以下简称本法)第十四条之四第五项规定订定之。

第二条　公开发行公司设置审计委员会者,应依本法及本办法规定办理。但其他法律另有规定者,从其规定。

第三条　公开发行公司依本法设置审计委员会者,应订定审计委员会组织规程,其内容应至少记载下列事项:

一、审计委员会之人数、任期。

二、审计委员会之职权事项。

三、审计委员会之议事规则。

四、审计委员会行使职权时公司应提供之资源。

前项组织规程之订定应经董事会决议通过,修正时亦同。

第四条　审计委员会应由全体独立董事组成,其人数不得少于三人,其中一人为召集人,且至少一人应具备会计或财务专长。

第五条　本法、公司法及其他法律规定应由监察人行使之职权事项,除本法第十四条之四第四项之职权事项外,由审计委员会行之,其决议应有审计委员会全体成员二分之一以上之同意;审计委员会之召集人对外代表审计委员会。

本法第十四条之四第四项关于公司法涉及监察人之行为或为公司代表之规定,于审计委员会之独立董事成员准用之。

本办法所称全体成员,以实际在任者计算之。

第六条　本法第十四条之五第一项各款事项应经审计委员会全体成员二分之一以上同意,并提董事会决议。

本法第十四条之五第一项各款事项除第十款外,如未经审计委员会全体成员二分之一以上同意者,得由全体董事三分之二以上同意行之。

第七条　审计委员会应至少每季召开一次,并于审计委员会组织规程中明定之。

审计委员会之召集,应载明召集事由,于七日前通知委员会各独立董事成员。但有紧急情事者,不在此限。

审计委员会应由全体成员互推一人担任召集人及会议主席,召集人请假或因故不能召集会议时,由其指定其他独立董事成员一人代理之;召集人未指定代理人者,由委员会之独立董事成员互推一人代理之。

审计委员会得决议请公司相关部门经理人员、内部稽核人员、会计师、法律顾问或其他人员提供相关必要之资讯。

第八条 召开审计委员会时,公司应设签名簿供出席独立董事成员签到,并供查考。

审计委员会之独立董事成员应亲自出席审计委员会,如不能亲自出席,得委托其他独立董事成员代理出席;如以视讯参与会议者,视为亲自出席。

审计委员会成员委托其他独立董事成员代理出席审计委员会时,应于每次出具委托书,且列举召集事由之授权范围。

审计委员会之决议,应有全体成员二分之一以上之同意。表决之结果,应当场报告,并作成记录。

如有正当理由致审计委员会无法召开时,应以董事会全体董事三分之二以上同意行之。但本法第十四条之五第一项第十款之事项仍应由独立董事成员出具是否同意之意见。

第二项代理人,以受一人之委托为限。

第九条 审计委员会之独立董事成员对于会议事项,与其自身有利害关系,致有害于公司利益之虞者,应予回避。

因前项规定,致委员会无法决议者,应向董事会报告,由董事会为决议。

第十条 审计委员会之议事,应作成议事录,议事录应翔实记载下列事项:

一、会议届次及时间地点。

二、主席之姓名。

三、独立董事成员出席状况,包括出席、请假及缺席者之姓名与人数。

四、列席者之姓名及职称。

五、记录之姓名。

六、报告事项。

七、讨论事项:各议案之决议方法与结果、委员会之独立董事成员、专家及其他人员发言摘要、反对或保留意见。

八、临时动议:提案人姓名、议案之决议方法与结果、委员会之独立董事成员、专家及其他人员发言摘要、反对或保留意见。

九、其他应记载事项。

审计委员会签到簿为议事录之一部分,应永久保存。

议事录须由会议主席及记录人员签名或盖章,于会后二十日内分送委员会各独立董事成员,并应列入公司重要档案,于公司存续期间永久妥善保存。

第一项议事录之制作及分发,得以电子方式为之。

第十一条 审计委员会或其独立董事成员得代表公司委任律师、会计师或其他专业人员,就行使职权有关之事项为必要之查核或提供咨询,其费用由公司负担之。

第十二条 公开发行公司依本法设置审计委员会者,得自现任董事或监察人任期届满时,始适用之。

第十三条 本办法自 2007 年 1 月 1 日起施行。

【公开发行公司董事会议事办法】:

第一条 本办法依"证券交易法"(以下简称本法)第二十六条之三第八项规定订定之。

第二条 公开发行公司应订定董事会议事规范;其主要议事内容、作业程序、议事录应载明事项、公告及其他应遵行事项,应依本办法规定办理。

第三条 董事会应至少每季召开一次,并于议事规范明定之。

董事会之召集,应载明召集事由,于七日前通知各董事及监察人。但有紧急情事时,得随时召集之。

第七条第一项各款之事项,除有突发紧急情事或正当理由外,应在召集事由中列举,不得以临时动议提出。

第四条　董事会召开之地点与时间,应于公司所在地及办公时间或便于董事出席且适合董事会召开之地点及时间为之。

第五条　公司董事会应指定议事单位,并于议事规范明定之。

议事单位应拟订董事会议事内容,并提供足够之会议数据,于召集通知时一并寄送。

董事如认为会议资料不充足,得向议事单位请求补足。董事如认为议案资料不充足,得经董事会决议后延期审议之。

第六条　定期性董事会之议事内容,至少包括下列事项:

一、报告事项:

(一)上次会议记录及执行情形。

(二)重要财务业务报告。

(三)内部稽核业务报告。

(四)其他重要报告事项。

二、讨论事项:

(一)上次会议保留之讨论事项。

(二)本次会议讨论事项。

三、临时动议。

第七条　公司对于下列事项应提董事会讨论:

一、公司之营运计划。

二、年度财务报告及半年度财务报告。

三、依本法第十四条之一规定订定或修正内部控制制度。

四、依本法第三十六条之一规定订定或修正取得或处分资产、从事衍生性商品交易、资金贷与他人、为他人背书或提供保证之重大财务业务行为之处理程序。

五、募集、发行或私募具有股权性质之有价证券。

六、财务、会计或内部稽核主管之任免。

七、依本法第十四条之三、其他依法令或章程规定应由股东会决议或提董事会之事项或主管机关规定之重大事项。

公司设有独立董事者,对于本法第十四条之三应提董事会之事项,独立董事应亲自出席,不得委由非独立董事代理。独立董事如有反对或保留意见,应于董事会议事录载明;如独立董事不能亲自出席董事会表达反对或保留意见者,除有正当理由外,应事先出具书面意见,并载明于董事会议事录。

第八条 除前条第一项应提董事会讨论事项外,在董事会休会期间,董事会依法令或公司章程规定,授权行使董事会职权者,其授权层级、内容或事项应具体明确,不得概括授权。

第九条 召开董事会时,应设签名簿供出席董事签到,并供查考。

董事应亲自出席董事会,如不能亲自出席,得依公司章程规定委托其他董事代理出席;如以视讯参与会议者,视为亲自出席。

董事委托其他董事代理出席董事会时,应于每次出具委托书,并列举召集事由之授权范围。

前二项代理人,以受一人之委托为限。

第十条 董事会应由董事长召集并担任主席。但每届第一次董事会,由股东会所得选票代表选举权最多之董事召集,会议主席由该召集权人担任之,召集权人有二人以上时,应互推一人担任之。

董事长请假或因故不能行使职权时,由副董事长代理之,无副董事长或副董事长亦请假或因故不能行使职权时,由董事长指定常务董事一人代理之;其未设常务董事者,指定董事一人代理之,董事长未指定代理人者,由常务董事或董事互推一人代理之。

第十一条 公司召开董事会,得视议案内容通知相关部门非担任董事之经理人列席。必要时,亦得邀请会计师、律师或其他专业人士列席会议。

第十二条 已届开会时间,如全体董事有半数未出席时,主席得宣布延后开会,其延后次数以二次为限,延后时间合计不得超过一小时。延后二次仍不足额者,主席应依第三条第二项规定之程序重行召集。

前项及第十七条第二项第二款所称全体董事,以实际在任者计算之。

第十三条 董事会应依会议通知所排定之议事内容进行。但经出席董事过半数同意者,得变更之。

前项排定之议事内容及临时动议,非经出席董事过半数同意者,主席不得径行宣布散会。

董事会议事进行中,若在席董事未达出席董事过半数者,经在席董事提议,主席应宣布暂停开会,并准用前条规定。

第十四条 主席对于董事会议案之讨论,认为已达可付表决之程度时,得宣布停止讨论,提付表决。

董事会议案表决时,经主席征询出席董事无异议者,视为通过,其效力与表决通过同。

董事会议案之表决方式应于议事规范明定之。除征询在席董事全体无异议通过者外,其监票及计票方式应并予载明。

第十五条 董事会议案之决议,除本法及公司法另有规定外,应有过半数董事之出席,出席董事过半数之同意行之。

第十六条 董事对于会议事项,与其自身或其代表之法人有利害关系,致有害于公司利益之虞者,不得加入讨论及表决,并不得代理其他董事行使其表决权。

董事会之决议,对依前项规定不得行使表决权之董事,依"公司法"第二〇六条第二项准用第一八〇条第二项规定办理。

第十七条　董事会之议事,应作成议事录,议事录应翔实记载下列事项:

一、会议届次(或年次)及时间地点。

二、主席之姓名。

三、董事出席状况,包括出席、请假及缺席者之姓名与人数。

四、列席者之姓名及职称。

五、纪录之姓名。

六、报告事项。

七、讨论事项:各议案之决议方法与结果、董事、监察人、专家及其他人员发言摘要、反对或保留意见且有纪录或书面声明暨独立董事依第七条第二项规定出具之书面意见。

八、临时动议:提案人姓名、议案之决议方法与结果、董事、监察人、专家及其他人员发言摘要、反对或保留意见且有纪录或书面声明。

九、其他应记载事项。

董事会之议决事项,如有下列情事之一者,除应于议事录载明外,并应于董事会之日起二日内于主管机关指定之资讯申报网站办理公告申报:

一、独立董事有反对或保留意见且有纪录或书面声明。

二、设置审计委员会之公司,未经审计委员会通过之事项,如经全体董事三分之二以上同意。

董事会签到簿为议事录之一部分,应永久保存。

议事录须由会议主席及记录人员签名或盖章,于会后二十日内分送各董事及监察人,并应列入公司重要档案,于公司存续期间永久妥善保存。

第一项议事录之制作及分发,得以电子方式为之。

第十八条　公司应将董事会之开会过程全程录音或录影存证，并至少保存五年，其保存得以电子方式为之。

前项保存期限未届满前，发生关于董事会相关议决事项之诉讼时，相关录音或录影存证资料应续予保存，不适用前项之规定。

以视讯会议召开董事会者，其会议录音、录影资料为议事录之一部分，应永久保存。

第十九条　董事会设有常务董事者，其常务董事会议事准用第二条、第三条第二项、第四条至第六条、第九条及第十一条至第十八条规定。

第二十条　本办法自2007年1月1日施行。

股东表决权之行使与公司治理

壹、前 言

因为 1997 年的亚洲金融风暴及美国在 2001 年至 2002 年间发生了安隆(Enron)等数十家公司重大弊案所造成的深远影响,公司治理(corporate governance)目前在国际间遂受到普遍之重视。为提供各国公司治理改革的参考,1999 年经济合作与发展组织(OECD)更提出了"公司治理原则"(Principles of Corporate Governance)。至于公司治理的概念与范围? 各家说法并不完全一致。[1] 惟一般而言,公司治理乃指一种指导及管理公司的机制,以落实公司经营者的责任,并保障股东的合法权益以及兼顾其他利害关系人(stakeholders)之利益。[2] 准此,公司治理的目标,乃是为追求企业经营之经济效率的最大化。[3]

吾人参考 OECD 等组织所建议之公司治理基本原则,认为公司治理应特别重视下列事项:[4]

---

〔1〕 See e. g. , Klaus Hopt & Gunther Teubner, Corporate Governance and Directors' Liabilities, Walter de Gruyter, 1985 Ed. ; Abbass Alkhafaji, A Stakeholder Approach to Corporate Governance, Quorum Books, 1989 Ed.

〔2〕 参阅"改革公司治理专案小组会议实录",经建会编印,2003 年 12 月,页 338。

〔3〕 See Kenneth Scott, The Role of Corporate Governance In South Korean Economic Reform, 10 Journal of Applied Corporate Finance 8, 9 (winter. 1998).

〔4〕 按 OECD 之公司治理原则包括:(1)保障股东权益(the right of shareholders);(2)确保股东受到公平对待(the equitable treatment of shareholders);(3)利害关系人之角色(the role of stakeholders);(4)资讯揭露及透明化(disclosure and transparency);(5)董事会等责任(the responsibilities of the boards)。另外,前述改革公司治理专案小组亦采类似基本原则,参阅前揭注 2 书,页 338 至 339。

（一）保障股东之权益；

（二）讲求公司民主，并确保小股东受到公平对待；

（三）重视利害关系人（包括股东、员工、客户、上下游厂商、银行、债权人）之角色；

（四）信息揭露及透明化；

（五）董事会等机关责任之强化。

从前揭公司治理的重点事项中可以查知，讲求"公司民主"（corporate democracy），[5]具有重要意义。而在公司内部组织里，落实公司民主理念之场所，最适宜者莫过于股东会。盖在理论与实际上，股东乃公司之实质所有者，而股东大会乃是决定公司意思之最高机关。[6] 至于公司意思之决定则系依股东之总意而定。甚且，股东总意之形成系取决于股东之多数决。因而股东表决权之行使与公司治理、监控的成败，关系至为密切，乃理所当然之事。

既然股东表决权之行使对公司治理具有正面而重要的关系，本文以下拟从各个层面检视我们现行股东表决权行使之法制及其实际面对的问题，以供关心公司治理者参考。吾人企盼本文之若干建议能有助于公司治理的实绩得以早日步入正轨。

---

〔5〕 按"公司法"第一九八条所采用之累积投票制（cumulative voting），其基本思想即系源自"公司民主"的理论。申言之，该制乃攫取政治上国会议员选举之比例代表制精神，使少数派股东也有当选董事之机会，以防止多数派股东利用所处之优势，把持董事选举。See Detlev Vagts, Basic Corporation Law, (1989, 3rd Ed.), at 374～375。

〔6〕 按股东会享有任免董监、解除董监责任、追究董监责任及决定公司重要事项之权限（例如，决定公司营业或财产之重大变更、变更章程、合并、分割及解散等事项），由此可以看出股东会系股份有限公司法定必备机关中居于最高者。参阅，柯芳枝，公司法论（上），2002年11月，页239。

贰、股东行动主义与公司治理的关系

诚如前面所述,股东为公司之实质所有者,因此在理论上,自得控制、监督公司的行为。职是,股东对公司,便有某些法律上之权利,以保障公司的财产确为股东最佳利益而使用。[7] 准此可知,股东在公司治理、监控的角色扮演上,有其立场,亦有其必要。

虽然股东为公司之真正实质所有人,但由于一般多数之股东,在大型企业之持股数相对较少,因此自然而然其在股东会表决权行使上,影响力自属有限。在此情形下,一般股东遂视自己为单纯"投资者"(investors),而非公司之所有者(owners of corporations)。职是之故,股东如不满意公司经营者的营运表现,他们宁愿出脱持股,也较不愿意积极另觅改变公司的方法。推缘其故,盖一般股东自认为其表决权对公司乃可有可无,影响力不大,故普遍采取出脱持股之消极策略。[8]

惟值得注意者,在1980年代,美国大型企业之股东对于公司事务之态度,已经改观。此一改变,大型机构投资人(large institutional investors)[9]更是扮演重要角色。机构投资人往往借由"委托书战争"(proxy fights)以及股东提案制度(shareholder proposals)

---

〔7〕 See Rogene A. Buchholz, Business Environment and Public Policy (Englewood Cliffs, N. J. : Prentice – Hall, 1986Ed.) at 239.

〔8〕 Abbass F. Alkhafaji, supra note 1, at 44.

〔9〕 此处所指之机构投资人,例如退休基金、共同基金及保险公司等即是例子。

积极介入公司管理与监控的问题。[10] 单以股东提案制度而言,在1942 年美国股东提案规则颁行之前,及其颁行之后的三十年左右期间,多数的股东提案皆集中于公司内部事务上,例如股利分派之多寡以及公司财务揭露的监督程序等。惟 1970 年至 1990 年的二十年期间,股东提案的焦点,更转移至公司外部的(社会的)问题。申言之,在美国,股东借由股东提案制度所关切者,近年来已转为注意公司与社会互动的问题了。[11]

综上可知,股东行动主义,一言以蔽之,乃是指公司股东,不论是机构投资人等之大型投资人或是一般小股东,均应积极参与公司之监控、治理,而非消极地、轻易地抛股求售,或只追求短期资本利得之价差。当然在美国,初期的股东行动主义,也许期待机构投资人的行动,可能多于期待一般小股东的积极投入。但在台湾今日,尤其是资本市场的投资人结构,仍以散户为主的情形下,[12] 股东行动主义的落实,恐仍须寄望一般之股东,而不只是机构投资人而已。否则,"股东"这一支柱,恐无法在公司治理上发挥正面效用。

---

〔10〕 See Neil Anderson & Geogia Bullitt, Institutional Activism: The Shareholder Proposal and the Role of the Institutional Shareholder In a Proxy Contest, Sullivan & Cromwell, Nov. 29 ~ 30, 1980, reprinted in ALI – ABA Course of Study, Takeovers: Operating in the New Environment, Vol. 1, at 171 ~ 174.

〔11〕 Sommer, Shareholders Proposals, Morgan, Lewis & Bockius, (June 18 ~ 22, 1990), at 15.

〔12〕 根据统计,截至 2005 年 2 月底,自然人(含本土自然人与外国自然人)占集中交易市场成交金额之百分之七十一点五。参阅"台湾地区证券暨期货市场主要指标",2004 年 2 月,页 27。

叁、股东表决权与股东会之功能

按股东会之决议乃股东会最重要之权限,而股东会得为决议之事项,除依章程规定之权限外,现行公司法明定者有:董监任免权、检查人任免权、会计表册查核权、会计表册承认权、董监责任解除权及董监责任追究权,并且对公司营业及财产之重大变更、章程之变更、公司解散、合并或分割等公司重要行为均有决定权(公二〇二参照),故学理上一般以股东会为股份有限公司之最高机关,[13]在公司治理上扮演重要之角色。

然而,证诸实务,吾人经常可见,台湾有些公开发行公司每年一度的股东常会约仅进行五分钟,即告结束。这种现象不免令人怀疑,这难道是作为最高机关之股东会的正常现象? 或这是股东会形式化的开始? 按"公司法"第五章"股份有限公司"的第三节"股东会",共计有二十余条(一七〇~一九一条)规范股东会的运作。二十余条缜密的规定,却换来实务仅约五分钟会议的结果。如此结局,恐非立法者之原意。吾人认为,改变此种情形,似需要公司管理当局与所有股东对股东会功能重新加以认识。换言之,公司管理当局应充分尊重作为法定必备最高机关之职权,不可敷衍了事(例如,实务上为逃避监督,多家公司故意选在同一天举行股东会,令股东疲于奔命),应将股东会视为一个经营者经营其与股东间关系之重要场合,以符合经营者应向股东会负责的公司治理精神。

此外,在股东部分,股东也应发挥股东行动主义积极的精神,

---

[13]　参阅柯芳枝,前揭注6书,页256。

借由参与股东会并以股东表决权之行使(直接或间接行使)制衡经营不善之经营者或汰换无能而没有绩效的公司经营者。

然而,根据报道,台湾"最高检察署"在 2005 年拟进行"股东会扫黑",首度计划对在股东会闹场之职业股东依现行犯逮捕,并对场外群众包围示威者,更将祭出集会游行法。另外,也可能对闹场之职业股东采取"治平专案"方式处理,借以确保股东会在无干扰下进行。[14] 对此作法,本文认为,固然其立意本系良善,但犹如刀之两刃,其运用如有不当,可能会产生"寒蝉效应"(chilling effect),影响股东积极参与股东会之意愿,最后导致股东会功能不彰,令人忧心。

肆、委托书的积极功能

无疑地,委托书(proxy)在股东表决权行使上,较属于间接行使之性质(尤其是股东全权委托他人行使的情形)。此点可从"公司法"第一七七条第一项规定,"股东得于每次股东会,出具公司印发之委托书,载明授权范围,委托代理人,出席股东会",代理股东行使表决权证实。然而,有疑问的是,委托书的真正功能何在?吾人从过去历次"公开发行公司出席股东会使用委托书规则"(下面简称"委托书规则")之订定或修正说明中可以发现,证券主管机关所重者,殆为公司稳定经营之维持或使股东会得以顺利召开为目的。其结果遂造成学者书中所描述台湾委托书制度的实际使用情形:"斯制乃成为少数之股东,尤其是自居为经营地位之董事

---

[14] 参阅经济日报,2005 年 4 月 9 日,页 A3,标题为:"股东会闹场,依现行犯逮捕"。

之流支配公司之最佳手段"。[15]

其实,现代西方公司法制早已赋予委托书积极的功能——即监控在朝公司董事会之作为。盖诚如早期英国一位学者所言:"只要公司不停止运作,则改换其董事会比改换政府的一个部会还困难"("It is easier to upset a Ministry than a Board of Directors, so long as a company remains a going concern.")。[16] 为终结不负责任但却又"自动延续生命的寡头政治"[17]的经营者永保权位,不满意公司经营者表现的人,当然可以诉诸公开收购股权要约(tender offer)及征求委托书(proxy solicitation)之方式,以取得公司经营权,驱逐、汰换不适任之经营者,彻底改造公司。[18] 故从公司治理的角度观察,委托书有其积极正面的功能。申言之,股东可借由委托书的征求制度,挑战表现不佳之公司现任董监,从而使股东会积极发挥监督公司经营者之作用。

赖英照教授亦早在1980年代初即指出,由于传统型态的股东会已无法发挥其功能(因公开发行公司股东人数众多,无法就议案作充分讨论,实务上常由司仪宣读议案,并稍经简短说明后,即鼓掌通过,即是著例。因此,召开股东会,可谓已流于形式),故"实际上委托书之征求过程,已成为实质意义之股东会。因此,如何借委托书制度的运作,使股东满足知的权利和选择的自由,进而

〔15〕 柯芳枝,前揭注6书,页251。

〔16〕 See H. Parkinson, Scientific Investment (1932), at 134,引自 Louis Loss, Fundamentals of Securities Regulation (1988), at 450.

〔17〕 按赖英照教授曾形容:经营者高枕无忧,既无须向股东负责,乃成为"自动延续生命的寡头政治"。参阅赖英照,证券交易法逐条释义第二册,1992年8月第六次印刷,页77~78。

〔18〕 有关探讨征求委托书、公开收购股权要约与公司治理的关系,请参阅拙著,公司监控与社会责任,1995年9月版,页21~27。

使股东会重获其实质意义,发挥决策与监督功能,便应是妥善运用委托书的基本方向”。[19]

赖大法官前段观察入微的评论,其实已指引了我们公开发行公司股东会应稳健步入西方学者在 1940 年代所描述的西方巨型企业的实态:“现代的股东会,其实就是委托书的征求”(Realistically the solicitation of proxies is today the stockholders' meeting);[20] 职是,委托书应成为落实公司民主的重要途径之一,已是不争的事实。

伍、委托书的法律问题

一、空白委托书的问题——台湾总合公司的角色

委托书制度实施以来,不论在禁止价购委托书之前后,[21] 均存在空白委托书的问题。由于股东只认金钱对价或公司股东会纪念品而将表彰股东重要权利之委托书空白地交予他人使用,致备受批评。按此处所指之空白委托书,不单指未记明何人得代理该股东行使表决权的情形,更重要的是,系包括涉及全权委托书的问题。就前者而言,现行“委托书规则”第十条规定:“委托书应由委

---

[19] 赖英照,前揭注 17 书,页 155～158。

[20] See Bernstein & Fisher , the Regulation of the Solicitation of Proxies: Some Reflections on Corporate Democracy, 7U. of Chi. L. Rev. 2276 (1940). 有关股东会与委托书征求的关系,请参阅赖英照,前揭注 17 书,页 73～84。

[21] 1996 年 12 月 17 日,以台财证(三)第 03988 号函修正“公开发行公司出席股东会使用委托书规则”第十条,明文禁止“以给付金钱或其他利益为条件”取得委托书,“但代为发放股东会纪念品不在此限”。

托人亲自填具征求人或受托代理人姓名。但信托事业受委托担任征求人,及股务代理机构受委任担任委托书之受托代理人者,得以盖章方式代替之(第一项)。征求人应于征求委托书上签名或盖章,并不得转让他人使用(第二项)"。换言之,在法令上,已对未记明代理人之空白委托书有所处理。

至于全权委托之空白委托书的问题,金融监督管理委员会近来所推动设立之"专业股务代理机构"[目前已成立"台湾总合股务数据处理股份有限公司"一家(下简称"台湾总合")],[22]"台湾总合"已在政策上宣示不收取全权委托之空白委托书。[23] 换言之,"台湾总合"此一专业平台不收取空白委托书,只收明确表达意向的委托书,用以鼓励股东积极表达对公司议题(甚且将来之董监事选举)的意见(包括赞成、反对,甚至弃权),真正落实股东行动主义之真谛。如能落实这样的理想,此点坚持也会是"台湾总合"这一专业平台与一般民间代收委托书业者,最大的不同。从而,有心参与股东会之股东,即得借由此一方式表达意见及监督公司经营者。而且,如落实此点不收取空白委托书的坚持,某种程度而言,也可取代后述"书面投票"之功能,可谓一举数得。

---

〔22〕 按台内第一家官方行政指导成立之股务资料公司——台湾总合,于 2004 年底成立,将在 2005 年初依序展开运作。其建置之目标系为提供公开发行公司一个"股东会委托书平台",以解决过去委托书征求作业,缺乏专责机构之参与,致无法提升股东付托意愿,及发挥公司治理效益。参阅台湾总合股务数据处理股份有限公司编印,股东会委托书实务业务人员篇,2005 年 3 月 6 日,页 4。

〔23〕 台湾总合公司宣示其业务上有五不政策:(一)不代发纪念品;(二)不接受空白委托书;(三)不将委托书转交他人使用;(四)不准价购委托书;(五)不代股东填写委托书内容。参阅前揭注 22 手册,封面内页。

二、机构投资人行使表决权的问题

(一)投信事业

按现行"证券投资信托事业管理规则"[24] (以下简称"投信事业管理规则")第二十三条规定:"证券投资信托事业行使证券投资信托基金持有股票之投票表决权,除法令另有规定外,应由证券投资信托事业指派该事业人员代表为之(第一项)。证券投资信托事业行使前项表决权,应基于受益凭证持有人之最大利益,支持持有股数符合"证券交易法"第二十六条规定成数标准之公司董事会提出之议案或董事、监察人候选人。但发行公司经营阶层有持股不符合"证券交易法"第二十六条规定成数标准或不健全经营而有损害公司或股东权益之虞者,应经该事业董事会之决议办理(第二项)。证券投资信托事业于出席基金所持有股票之发行公司股东会前,应将行使表决权之评估分析作业,作成说明;投票决议属前项但书情形者,并应于各该次股东会后,将行使表决权之书面记录,陈报证券投资信托事业董事会(第三项)。证券投资信托事业应将基金所持有股票发行公司之股东会通知书及出席证登记管理,并应就出席股东会行使表决权,表决权行使之评估分析作业、决策程序及执行结果作成书面记录,循序编号建档,至少保存五年(第四项)。证券投资信托事业出席证券投资信托基金所持有之受益人会议,应基于该证券投资信托基金受益人之最大利益行使表决权并准用前二项之规定(第五项)"。

由本条规定可知,证券投资信托事业原则上,应亲自出席其基金所持有股票之股东会,不可委托出席;而且原则上所持有之表决

---

[24] 2004 年 10 月 30 日金融监督管理委员会金管证四字第 0930005202 号令发布。

权行使方向,应支持公司派的提案或董监候选人。这样规定的内容,是否符合公司治理的精神? 实在令人纳闷。法令明白要求投信事业之基金的持股原则上要支持公司派的提案及董监候选人,此无异让公司派可高枕无忧,永保权位;此一法令规定无异侵害股东会的监督功能,破坏公司治理强调股东行动主义的精神,应从速检讨改进。[25] 当然,法令中要求应支持公司派的前提是公司派应符合"证券交易法"第二十六条规定成数标准之公司董事会。惟在公开发行公司"企业所有与企业经营分离之原则"下,诚如学者所论,现行"证券交易法"第二十六条规范之妥适性,仍值检讨。[26] 甚且,有何实证数据足证董监持股符合"证券交易法"第二十六条之成数标准,其经营绩效必佳,因此命令投信事业必须支持该公司派? 本文以为,证券主管机关似仍陷入持股较多则不会掏空公司、不会利益输送的迷思中。惟从过去掏空公司的地雷股案件中,不乏持股颇多之董监结构观之,证券主管机关如欲坚持此一法令规定,恐需进一步说明,何以目前根据"证券交易法"第二十六条授权所订颁之成数,即是最佳的指标? 其实证依据何在? 否则,应速删除之,以符合提倡机构投资人"股东行动主义"之本旨——让机构投资人积极制衡公司经营者的作为,发挥公司治理的效益。

(二)证券商、境外外国机构投资人

上述要求证券投信事业应亲自出席基金所持股票之股东会的

---

[25] "委托书规则"第十七条先有类似本条之规定,惟其后在2004年1月20日遭到删除,相关内容移到"证券投资信托事业管理规则"第二十三条。

[26] 赖英照,企业所有与企业经营,收录"公司法论文集",1988年5月,证基会编印,页85~109。

情形,也同样出现在证券商及境外外国机构投资人身上。依现行"证券商管理规则"[27]第二十条第二项规定:"证券商行使持有公开发行公司股票之表决权,除法令另有规定外,应由证券商指派人员代表出席为之"。又,现行"华侨及外国人投资证券管理办法"第十六条第四项规定:"境外外国机构投资人持有公开发行公司之股份者,其表决权之行使,除法令另有规定外,应指派台内代理人或代表人出席为之。"以"境外外国机构投资人"之实务为例,外资出席股东会,依前揭规定,率皆指定台内代理人参加(法令似有意排除以委托书方式委托代理人出席之情形)。而代理人大部分系由保管银行担任,一家保管银行经常代表上百个外资股东参加股东会。或谓由于实务上股东会大多采取讨论及鼓掌等方式进行议案,现行法令要求外资一定要亲自出席不得以委托书委托出席,并无实质效益。[28]

由上说明可知,法令要求证券商及外资等要亲自出席,不得以委托书委托他人出席,虽其目的可能系忧虑此等机构法人会"过度"介入委托书征求之大战而设此限制,但此一"忧虑"有无必要?此一限制有无副作用?盖除了此一限制有无坚强的法源依据问题外,不必要的限制,将有可能造成券商此类机构投资人无法发挥股东行动主义的功能。本文以为,为使此类机构投资人有灵活配合个别公司之需要,实宜充分提供机构投资人制衡公司经营者之工具。申言之,不论是亲自出席,或是借由委托书委托他人出席、抑或后述之书面投票、电子方式投票,均应该不加限制,俾机构投资人有充分参与公司治理之机会,得直接或间接表达其意见于股东

---

[27] 2005 年 2 月 14 日最新修正。

[28] 参阅前揭注 2 书,信托业商业同业公会之发言。惟据悉目前事实上,外资之保管银行更多委由其持股之发行公司的财务部代表代为出席,或甚至弃权不出席。

会,让股东会真正发挥监控经营者之功能。

值得注意者,2004年底及2005年初,金管会为缓和上述对证券投资信托事业、证券商及外资之限制,特别释示:依"公开发行公司出席股东会使用委托书规则"第十四条第四项委托务代理机构或指派符合"公开发行公司股务处理准则"第三条第二项规定条件之公司[29]行使者,即不受前揭规定之限制。惟这样的缓和规定,虽已放宽投信等机构投资人使用委托书,但仍以该次股东会并无选举董事或监察人之议案者为限(委托书规则一四II参照),并未全面恢复常态,似仍有不足。

(三)委托书送达公司后,股东欲亲自出席之问题

按2005年新修正"公司法"为处理股东委托代理人出席股东会后,复于开会当日亲自出席并撤销委托,造成股务作业不便与争议的问题,特增订同法第一七七条第四项:"委托书送达公司后,股东欲亲自出席股东会者,至迟应于股东会开会前一日,以书面向公司撤销委托之通知;逾期撤销者,以委托代理人出席行使之表决权为准。"当然,此项增订有其优点,即避免委托书征求人征得股数具有不确定性。惟如从法理观之,则此项增订便显得突兀,盖享有表决权之股东借由委托书委托他人出席股东会,一般认为系该

---

[29] "公开发行公司股务处理准则"第三条第二项规定:"为协助公司顺利召开股东会,符合下列条件之股份有限公司,亦得受托办理股东会相关事务:

一、实收资本额新台币二亿元以上。

二、依本法规定经营证券业务之股东,持有该公司股份合计超过其已发行股份总数百分之五十,且各证券商持有该公司股份未超过其已发行股份总数百分之十。

三、董事会至少有三分之一之席次,由独立董事担任。

四、人员及内部控制制度符合第四条及第六条规定之条件。"

股东将代理权授予他人。[30] 不论吾人认为于此情形,仅有代理权之授予,而无基本之内部委任关系存在,或认为因内部基本之委任关系而授予代理权(另请参照委托书规则八Ⅰ⑥),[31] 应均无碍于委托人得将代理权授与撤销或撤回(甚至撤销委任关系)。法律上委托人既可撤销(或撤回)代理权授与,则公司法岂可限制委托人至迟应于股东会开会前一日,以书面向公司撤销委托之通知,否则不生撤销效力,而以委托代理人出席行使之表决权为准。其结果恐有本人到场开会还不如代理人到场之奇异现象,予人"本尊不如分身"之讥。拙见以为,反倒应明定:"本人出席股东会并自行参与表决者,前所为之代理权授权视为撤回"。

陆、书面、电子方式行使表决权制度之引进——直接行使

除了前述以委托书方式"委托出席"股东会外,"亲自出席"依公司法是另一合法方式。此证诸"公司法"第一七四条规定:"股东会之决议,……应有代表已发行股份总数过半数股东出席,以出席股东表决权过半数之同意行之"之规定甚明。职是,股东不亲自出席股东会而仅向公司提出表示其意见之书面或以电子方式行使表决权,应为2005年修正前之公司法所不允许。[32]

惟为鼓励股东参与股东会之议决,提升公司治理之效益,并配合现代科技之发展,2005年公司法新修正条文特明文引进此两种直接行使股东会表决权之方法,并明定拟制此两种方式为"亲自"

---

〔30〕 参阅柯芳枝,前揭注6书,页256~260。

〔31〕 参阅王泽鉴,民法总则,2000年9月版,页496~499。

〔32〕 参阅柯芳枝,前揭注6书,页253。

出席股东会。兹分析其条文内容如下，用供参考：

一、第一七七条之一内容及分析

"公司召开股东会时，得采行以书面或电子方式行使其表决权；其以书面或电子方式行使表决权时，其行使方法应载明于股东会召集通知。

前项以书面或电子方式行使表决权之股东，视为亲自出席股东会。但就该次股东会之临时动议及原议案之修正，视为弃权。"

按从新法所引进之书面或电子方式表决的文字可知，实行此制度之公司仍应召开股东会，仅股东得以书面或电子方式表达其意见（即行使表决权）而已。盖条文内容既有"临时动议及原议案之修正"之情形，自然仍应有实质上股东会之召开，此点与美国制度上承认股东书面同意（written consent）不必实体召开股东会有所不同。[33] 是故，"无屋顶之股东会"（shareholder meetings without roof）尚非本次修正所欲引进之制度，此点不可不辨。

至于书面或电子方式行使表决权的意义及范围如何？按此之"书面方式"，条文文字意义上似指股东得以书面通讯投票；而以"电子方式"，依立法理由说明系指"依电子签章法规定之电子方式行使其表决权"，则从现行"电子签章法"第九、十条观之，以网际网络、语音电话或 touch tone 电话进行表决，应无疑问。但如以"视讯会议"进行表决，解释上似仍有争议。[34]

---

[33]　参阅林国全、刘连煜合著，股东会书面投票制度与证券集中保管，元照出版，1999年12月版，页8~10。

[34]　有关此一问题之相关讨论，请参阅冯震宇，利用网络行使股东权之基本问题与可能性之研究，证券市场发展，2001年10月；冯震宇，从美国电子交易法制论我电子签章法之立法，政大法学评论，2002年9月；冯震宇，从美国通讯投票制度与实务论我股东会采行通讯投票之可行性，证券暨期货月刊，2003年9月。

再者,新法以书面或电子方式行使表决权之股东,"就该次股东会之临时动议及原议案之修正,视为弃权"。如此之规定就书面投票言,尚可勉强称之为合理(按日本多数学说认为,对原议案之修正,应可拟制书面投票者之意思为反对修正案,而非弃权)。[35] 但就电子投票方式而言,技术上如可作到真实时间"同步进行",则何需拟制为弃权?应仍可允许其就临时动议及原议案之修正,表达意见。当然,新法之弃权说,也有使议事较为顺利之优点,此点自不待言也。其实,如不采弃权说或不采同步进行说,似仍可考虑在降低召开股东会成本及所需时间等配套措施下,采取"封箱式作业",即该次议案未能通过或须修正者,均留待下一次股东会电子投票;换言之,在股东会不提临时动议也不作原议案之修正。

二、第一七七条之二内容及分析

"股东以书面或电子方式行使表决权者,其意思表示应于股东会开会五日前送达公司,意思表示有重复时,以最先送达者为准。但声明撤销前意思表示者,不在此限。股东以书面或电子方式行使表决权后,欲亲自出席股东会者,至迟应于股东会开会前一日以与行使表决相同之方式撤销前项行使表决权之意思表示;逾期撤销者,以书面或电子方式行使之表决权为准。

股东以书面或电子方式行使表决权并以委托书委托代理人出席股东会者,以委托代理人出席行使之表决权为准"。

本条明定以书面或电子方式行使表决权之股东,其意思表示应于股东会开会五日前送达公司。然就电子方式而言,此一规范方法略嫌保守,似无法在技术可配合之情况下,发挥即时表决之功

〔35〕 林国全、刘连煜,前揭注35书,页100～103。

能。盖要求开会五日前送达的规定，在今日电子科技一日千里之情形，相形逊色。吾人认为，法律应可如外国实务般，只要在股东会结束前之最后时刻（如结束前之一个小时），其意思表示以电子方式即时送达公司（或中介机构）即可。

其次，如同委托书之委托出席一般（公一七七Ⅳ），本条第二项为避免股务作业之不便与争议，规定股东以书面或电子方式行使表决权后，欲亲自出席股东会者，至迟应于股东会开会前一日撤销前项行使表决权之意思表示；逾期撤销者，以书面或电子方式行使之表决权为准。但此项规定，同样令人有"拟制亲自出席"（即以书面或电子方式行使表决权）优于"真正亲自出席"之叹！立法者似可再加斟酌。盖真正亲自出席者，除可对已列入议案之提案加以表决外，尚可参与临时动议、程序动议，甚至对原议案之修正案参与讨论与表决，而不会如新法规定以书面或电子方式行使时，对临时动议等案，被视为弃权之不利情形。

此外，股东以书面或电子方式行使表决权并以委托书委托代理人出席股东会时，应以何者为准以发生效力？此一问题，首先牵涉到承认"书面及电子投票"制度后，是否仍应继续允许使用委托书之问题？本文以为，引进书面及电子投票制度后，仍应继续承认委托书制度，使直接行使与间接行使股东表决权之制度得以并存，以充分实现公司民主理论。关此问题，新修公司法显然采取此种见解，盖新法明文此时以委托代理人出席行使之表决权为准，自然承认此三种制度得以并存。至于三种中以委托书为最优先的见解，主要是受到"股东既已委托代理人出席，且亦可能涉及委托书征求人征得股数之计算"等理由之影响。[36] 惟果真"直接行使"的效力劣于"间接行使"的效力？法理上不无疑义。尤其在激烈

<hr/>

[36] 参阅2005年"公司法"草案本条之立法说明（四）。

公司经营权竞争之下,是否仅以"可能涉及委托书征求人征得股数之计算"为由,即足以否定本人在法律上原可任意撤回或撤销代理权之授予的原则,而反以委托书之间接行使表决权为优先?对此,立法者似应再慎思明察才是。

除了上述问题外,以下问题,于我们引进书面及电子方式投票时似仍须面对:(1)理论上,有心者可能利用议事技巧,操弄临时动议及对原议案之任意修正,使得书面或电子投票名存实亡。(2)收购此等表决权之行为是否可能比收购委托书更严重,立法者必须及早因应。(3)如何建构适当之公开原则,以配合书面及电子方式投票,让股东投票决定有所依循。

总之,引进书面及电子方式投票,确有可能影响我公司治理的成败与公司经营生态。从运用的方式而言,在公司经营权争夺上,委托书的征求是决战于千里,战线间接而较长;相对的,书面或电子投票则是决战于弹指之间,迅速而直接。特别是在电子投票,其特色更可能是决战在电脑荧幕或鼠标之间,令人胆颤心惊,可谓系新颖而现代的新产物。

三、董监候选人提名制度之配合引进

按欲实施书面或电子方式投票必须有其配合制度,否则难以运作。其中之一即是董监提名制度,否则书面或电子投票很难运用于有董监改选议案之股东会上。然我们以往公司法令及实务,并无提名董监候选人之制度。为使公开发行公司治理更上轨道,并配合书面及电子投票制度之引进。2005 年公司法增订第一九二条之一及第二一六条之一,以建立董监候选人提名制度,其规定内容及分析如下:

"第一九二条之一

公开发行股票之公司董事选举,采候选人提名制度者,应载明

于章程,股东应就董事候选人名单中选任之。

公司应于股东会召开前之停止股票过户日前,公告受理董事候选人提名之期间、董事应选名额、其受理处所及其他必要事项,受理期间不得少于十日。

持有已发行股份总数百分之一以上股份之股东,得以书面向公司提出董事候选人名单,提名人数不得超过董事应选名额;董事会提名董事候选人之人数,亦同。

前项提名股东应检附被提名人姓名、学历、经历、当选后愿任董事之承诺书、无第三十条规定情事之声明书及其他相关证明文件;被提名人为法人股东或其代表人者,并应检附该法人股东登记基本数据及持有股份数额证明文件。

董事会或其他召集权人召集股东会者,对董事被提名人应予审查,除有下列情事之一者外,应将其列入董事候选人名单:(1)提名股东于公告受理期间外提出。(2)提名股东于公司依第一百六十五条第二项或第三项停止股票过户时,持股未达百分之一。(3)提名人数超过董事应选名额。(4)未检附第四项规定之相关证明文件。

前项审查董事被提名人之作业过程应作成记录,其保存期限至少为一年。但经股东对董事选举提起诉讼者,应保存至诉讼终结为止。

公司应于股东常会开会四十日前或股东临时会开会二十五日前,将董事候选人名单及其学历、经历、持有股份数额与所代表之政府、法人名称及其他相关资料公告,并将审查结果通知提名股东,对于提名人选未列入董事候选人名单者,并应叙明未列入之理由。

公司负责人违反第二项或前两项规定者,处新台币一万元以上五万元以下罚锾"。

"第二一六条之一

公开发行股票之公司监察人选举,依章程规定采候选人提名制度者,准用第一九二条之一规定"。

由上面之规定内容可知,公开发行公司一经章程载明采取董监候选人提名制度者,股东应就候选人名单选任之,不得另外自填其他人或自己为候选人,此点系与目前实务最大之不同。其次,既采提名制度,则何人提名便是重要。就一般各国法制而言,不外乎由现有董事会提名、董事会之下设一提名委员会或由股东提名等三种。由上面的新法内容可知,我们采持股百分之一以上股东及原董事会双重提名制度。盖如仅由现有董事会提名,则易产生董事会自肥、永保权位(self‑perpetuation)之缺失,可能一再徇私,提名自己及同伙。因此,规定持股百分之一以上之股东亦可提名候选人,以落实公司民主精神。

兹有疑义者,新法第一九二条之一第五项规定董事会或其他召集权人(如监察人依"公司法"第二二〇条所为之召集)召集股东会者,对董事被提名人应予审查(screening),除有所列之四款情事外,应将其列入董事候选人名单。今如有股东(持股百分之一以上)原始提名名额超出董事应选名额,但审查后符合资格者(例如,未有"公司法"第三十条消极资格者)之人数并未超过董事应选名额,则应如何处理?解释上,对此问题,仍应将审查后未超过董事应选名额之提名候选人列入名单内。惟从新法文字观之,似未明确,将来适用上恐生争议,似应予以明文列入较妥。

再者,有权审查候选人者如果滥权坚持不列入合格者,则其法律效果如何?解释上,固应构成股东会召集程序之违反法令或章程事由,股东得自决议之日起三十日内,依"公司法"第一八九条诉请法院撤销其选举议案之决议。然而,撤销选举决议之诉本系事后之救济措施,对于违反之滥权者,可能产生不了制约、吓阻作用。本文以为,公司法可考虑明定违反义务者之民事赔偿责任,并拟制其损害赔偿额之计算方法及赔偿范围,以利运用。

此外,新法第二一六条之一明定监察人选举准用同法第一九二条之一规定。惟如何准用,语意并不清楚。盖如果准用之结果,监察人之候选人可由董事会提名,那恐怕违反公司治理之精神,因为此种情形容易造成监察人成为董事会之俘虏(capture),如此之设计不利监察人监督董事会之作为的精神,故宜再加斟酌调整,使之明确。

柒、股东提案权制度(shareholder proposals) 之引进与公司治理的关系

鉴于现代公司法之架构,公司之经营权与决策权多赋予董事会,且我公司法亦于二〇二条明定"公司业务之执行,除本法或章程规定应由股东会决议之事项外,均应由董事会之决议行之。"因此,若股东无提案权,则许多不得以临时动议提出之议案,除非由董事会于开会召集通知列入,否则股东难有置喙之余地。为便利股东积极参与公司之经营,2005年新修公司法特赋予股东提案权,[37] 其内容及分析如下:

"第一七二条之一

持有已发行股份总数百分之一以上股份之股东,得以书面向公司提出股东常会议案。但以一项为限,提案超过一项者,均不列入议案。

公司应于股东常会召开前之停止股票过户日前公告受理股东

---

[37] 参阅2005年"公司法"草案本条立法说明(二)。

之提案、受理处所及受理期间;其受理期间不得少于十日。

股东所提议案以三百字为限,超过三百字者,该提案不予列入议案;提案股东应亲自或委托他人出席股东常会,并参与该项议案讨论。

有下列情事之一,股东所提议案,董事会得不列为议案:(1)该议案非股东会所得决议者。(2)提案股东于公司依第一六五条第二项或第三项停止股票过户时,持股未达百分之一者。(3)该议案于公告受理期间外提出者。

公司应于股东会召集通知日前,将处理结果通知提案股东,并将合于本条规定之议案列于开会通知。对于未列入议案之股东提案,董事会应于股东会说明未列入之理由。

公司负责人违反第二项或前项规定者,处新台币一万元以上五万元以下罚锾"。

值得注意者,此次立法仅先就股东常会部分赋予股东提案权,股东临时会则暂不允许股东提案。其理由系我们初次引进此制,为免造成股东临时会召开过于费时,遂规定仅股东常会可以为之。此外,因为股东提案权所产生之费用(如寄送提案于股东之费用),一般法制系规定由公司负担,[38] 因而为避免提案过于浮滥,故限制以一项提案为限,且为防止提案过于冗长,特规定提案字数限于三百字以内。而所称三百字,尚且包括提案理由及标点符号在内。如所提字数超过三百字者,该议案则不予列入。由此显现,立法引进之初,主管机关对股东提案权制度之谨慎保守态度。[39]

---

〔38〕 有关外国股东提案制度之一般讨论,请参阅拙著,公司监控与公司社会责任,1995 年 9 月版,页 189～220。

〔39〕 以字数而言,美国委托书规则 14a－8(Rule14a－8)规定议案及相关说明合计不得超过五百字。股东提案字数如超过五百字,公司必须给予提案股东十四日之时间,削减提案字数,俾符合法令要求。参阅拙著,前揭注 40 书,页 192。

新法另一保守之态度,也可以在董事会得不将"议案非股东会所得决议者"列入议案,可以窥知。按如前所述,我现行"公司法"第二〇二条规定,除公司法或公司章程规定应由股东会决议之事项外,均应由董事会决议行之。因此,股东会所得决议者,仅限于公司法或章程有规定之事项而已(如解任董事、章程变更等),范围受到相当限制。此一限制如移植到股东提案制度上,除非从宽解释,否则类如美国实务上所经常发生之"无拘束力之建议性提案"(如公司应注意环保、污染问题、多雇用残障人士等),将可能会被排除。其结果股东无法借提案制度说服其他股东采纳有关公益性议题之相关想法,同样地也无法使我们的社会对公共性议题凝聚共识,更无法提供公司在追求营利性之余也能善尽公司社会责任之行动依据,导致减损股东提案制度之功能,[40]立法者岂可漠视不加闻问。

此外,新法规定对于未列入议案之股东提案,董事会应于股东会说明未列入之理由。固然此项规定显现对股东提案之重视,惟必须在股东会中说明未列入之理由,是否在提案踊跃、提案数太多之情形下,无法在股东会上一一说明,造成或拖延议程或敷衍了事之状况,亦恐需再加考虑。或许也可透过公司网站或其他公告方式达到说明未列入理由之目的即可。

至于违法不将合法股东提案列入议案之情事,立法上亦宜以董事会违反义务为由(参照公二三Ⅰ),明定董事会之民事赔偿责任及其损害赔偿计算方法及赔偿范围,以吓阻不法。否则,如不课予任何不利法律结果(新法亦无对此违反者课以行政罚之罚锾),恐将争议丛生,不利股东提案制度之推行。

---

[40] 关此详细的论述,请参阅拙著,前揭註40书,页214～217。

捌、结　语

目前公司治理的议题已在世界各地震天响地的展开讨论。笔者约在十年前(1995年)出版了一本名为"公司监控与公司社会责任"的公司治理专论,探讨公司治理上的相关问题。然而,十年后的今日,我们检视我们的资本市场,坦白的说,事实上仍频传掏空公司的事件,造成投资人损失惨重,实在令人扼腕。因此台湾公司治理的问题仍亟待各界的觉醒与面对,始能真正提升我们的公司治理境界与绩效。

可喜的是,公司法作为公司治理最基础的法律规范,近来也因应台湾情势与国际间的潮流,陆续提出了修正草案。其中2005年的修正版本,更是为强化股东表决权而增订了多项新制度,例如,引进股东书面及电子方式投票制度,以鼓励股东积极参与公司治理,并展现公司民主精神与落实股东行动主义。虽然制度引进之初,新法中犹有不少缺失,但毫无疑问的是,此项配合科技发展的修正案对于强化股东会的功能,必定有所帮助。吾人期待我们的公司治理能在落实股东行动主义相关制度立法通过后更上轨道,更加健全,因为毕竟股东须先自助而后才能人助。吾人更希望在强化公司治理后,我们的资本市场会更加健全,公司掏空事件不再发生,盖有健全的资本市场,始能保护及鼓励投资人进入资本市场。如此良性循环,资本市场始能发挥其汇聚四方游资的功能,以作为我们经济发展之用。

【后记】

本文曾发表于:现代公司法制之新课题—赖英照大法官六秩华诞祝贺论文集,元照出版,2005 年 8 月,页 259～278。

揭穿公司面纱原则及否认公司人格理论在我实务之运用

壹、前 言

揭穿公司面纱(piercing the corporate veil),在美国法上,乃指公司法"原则上"承认公司与其股东各为不同之法律主体,从而公司之权利与责任,通常与其股东分离。股东对公司之债务仅于其出资额之限度内负责,此即一般所谓之"股东有限责任原则"的具体体现,也是成立公司(类似我之股份有限公司)之最大利益。然而,这项最大利益在某些例外的情形,为保护更高的法益(如避免诈欺),而不得不将公司之法人格否认,亦即法院可揭穿公司面纱,否定公司与股东各为独立主体之原则。[1]

揭穿公司面纱原则的概念,学者自引进台湾后,约已二十余载。[2] 此一原则除1997年于公司法增订"关系企业专章"时,部分精神被落实外(参照"公司法"第三六九条之四),在司法实务上如何看待此一重要原则,实值得各界关切。2002年度台上字第792号判决牵涉乙件是否应承认一家新成立公司之人格的法律问

---

〔1〕 有关揭穿公司面纱原则之一般介绍,请参阅赖英照,关系企业法律问题及立法草案之研究,收录"公司法论文集",证基会1988年5月版,页122~136。外国文献汗牛充栋,较有体系介绍者,可参阅 Lewis Solomon & Alan Palmiter, Corporations , Little Brown , 1990 Ed. ,at 67~82.

〔2〕 按赖英照教授于1983年3月于"中兴法学"(现为"台北大学法学论丛")发表"关系企业法律问题及立法草案之研究"乙文,首度介绍揭穿公司面纱原则。同年8月,刘兴善教授也在"政大法学评论"发表"论公司人格之否认"乙文,另外,拙作"控制公司在关系企业中法律责任之研究——公司法修正草案第三六九条之四的检讨",中兴法学第35期,1993年3月,页275以下,收录"公司法理论与判决研究(一)",页55以下。以上三篇文章从各个角度详细介绍"揭穿公司面纱原则"的适用,请参阅之。

题。本件法律见解之正确与否,关系我们公司法制判决法理之发展,本文特剖析相关问题,以供学界与实务界参考。

贰、2002 年度台上字 第 792 号判决主要内容

"最高法院"在本案谓:"本件上诉人主张:诉外人华〇冷冻机械股份有限公司(下称华〇公司)于 1994 年 8 月间,邀同被上诉人为连带履约保证人,向花莲县政府承包该府花莲社会福利馆新建空调设备工程(下称系争工程),1996 年间,华〇公司因故无法完成,由被上诉人以保证人之地位接手系争工程,1997 年 12 月间,被上诉人将系争工程转委由伊承揽,约定应付伊系争工程尾款新台币(下同)一百五十万六千六百七十二元,伊已于约定期间完成,被上诉人已领取扣除保固款后之工程尾款一百三十七万九千六百七十二元,竟拒绝给付伊该工程款等情,爰依承揽之法律关系,求为命被上诉人给付一百三十七万九千六百七十二元并加计法定迟延利息之判决。

被上诉人则以:系争工程及另件花莲县政府残福馆空调工程(下称残福馆空调工程),分别由华〇公司与伊承包,并约定互相支援,即电机装设由华〇公司负责,管路由伊负责,工程押标金二百万元、一百万元由双方各负担一半,将工程费之二十分之一作为对方之毛利,并互为对方之连带保证人;系争工程由华〇公司完成后,未领得尾款前改组为上诉人公司,上诉人向花莲县政府表示承受华〇公司之权利义务,惟经拒绝,故由伊以保证人地位,出具发票领取系争工程款之尾款一百五十万六千六百七十二元,嗣并与华〇公司之代表结算清楚,伊应给付华〇公司三十三万九千一百

七十八元,但因契约之保固责任,华○公司无法觅得保证人,故同意三年保固责任期满,始由伊交还保固余款,系争工程尾款即结算清楚,且上诉人公司与华○公司组成之自然人,大致相同,名异实同,自不得就已会算之工程款另为请求;若华○公司与上诉人非属相同之权利主体,则两造间无承揽关系存在,上诉人即无权请求系争工程款等语,资为抗辩。

原审维持第一审所为上诉人败诉之判决,驳回其上诉,无非以:华○公司于 1994 年 8 月间,以被上诉人为连带履约保证人承包系争工程,1996 年间,工程停顿,空调工程亦因而停顿,1997 年间华○公司因周转困难,无法完成系争工程,由被上诉人以保证人地位接手并完成,除保固金一成外,工程尾款一百三十七万九千六百七十二元已由被上诉人具名领取,为两造不争之事实。又被上诉人虽接手系争工程,惟上诉人开具与系争工程项目相符之统一发票予被上诉人,被上诉人自承其并未施作系争工程,而系争工程领款手续系由被上诉人开具发票,交上诉人(原判决误缮为被上诉人)之承办人员向花莲县政府申领,证人陈○铭即花莲县政府建管课承办员证称:根据合约精神是祥○公司接收,但实际接收的是杨○义先生云云,证人杨○义证称:伊于 1998 年 3 月至 7 月间有承作系争工程,系上诉人公司林○治要我去承作的云云,证人林○治证称:伊前半段系帮华○公司,后半段系帮上诉人公司云云,相互参比,堪认系争工程系上诉人施作完成。

查郭○荣自承担任上诉人之总经理,妹婿王○正担任董事长,其余股东系二位妹妹、及儿子、亲友,但实际业务则由郭○荣负责,以华○公司注册商标授权上诉人使用二年,系争工程之后续工程系由郭○荣及林○治负责承作,上诉人系一家族公司,由郭○荣负经营之责,华○公司原即由郭○荣任董事长,并分由其妻、父、妹担任董、监事,同系家族公司,亦由郭○荣负实际责任,而其主要营业项目均为冷气冷冻、中央空调系统工程设备之承包、设计、安装及保养业务空调箱及室内送风机、热交换器、冷冻设备之制造买卖，至华〇公司章程上另载代理投标报价进出口转投资等业务，但实际上并无多大比例；上诉人营业所即系向台湾银行承租之原华〇公司之厂址，上诉人之产品型录、业务代表名片上亦仍有华〇公司之名称，甚且系争工程之主要现场负责人林〇治亦系原华〇公司之人员，就系争工程言，上诉人公司与华〇公司主要负责人、营业项目、营业场所、构成员、客户方面观察，系形异而实同，法律上两者人格虽不同，权利主体互异，惟后者乃前者逃避契约上责任而滥用公司型态，但依诚信原则言之，应将二者同视，在法律上应将二公司视为同一，在法律效果上即将旧公司（华〇公司）之一切债务，应由新公司继续负责，亦即在此情形，应否认新成立之公司之人格，不认其于本件情形有独立之人格，此即英美法所谓公司人格否认之理论（或称揭穿公司之面纱理论），被上诉人或称：华〇公司与上诉人公司系同一权利主体云云，或称：上诉人系由华〇公司改组云云，见解固非全属可采，惟法院依其所述事实，判断其法律上效果，不受其所述法律见解拘束，足认本件应有法人格否认之法理适用，形式上系争后续工程系由上诉人承作完工，但法律上应解释为系由华〇公司完成。上诉人主张：伊与被上诉人间就系争工程有承揽关系云云，自不足采。

倘不采认法人格否认之理论，或不认本件有此项理论之适用，系争后续工程确系由林〇治等在现场处理，并由其委请杨〇义等实际施作，惟系争工程及残福馆空调工程，由华〇公司及被上诉人分别承揽，华〇公司与被上诉人双方同意互相支援，电机装设由华〇公司负责，管路则由被上诉人负责，工程押标金二百万元、一百万元分别由双方各负担一半，各将工程费之二十分之一作为对方之毛利，互为对方之连带保证人，林〇治不否认计算表上伊之签名为真正,而林○治先后担保华○公司及上诉人之课长(工务主任),系争工程自始由其在现场指挥处理,就系争工程款之计算、领取、自属有权代理上诉人,其既已签名于上,显系承认系争计算表之内容,虽林○治称:伊未以电话向郭总确认,伊将计算表携回后交郭○荣看,他说不对云云,惟被上诉人之副总经理邱○华(被上诉人于原审之诉讼代理人)系直接处理系争工程款之被上诉人方面代表,而林○治则系上诉人之代表,林○治既系上诉人之工务课长,从事工程业务多年,对结算表之意义自系深知,若非已获授权,岂有贸然签名之理,若林○治对计算表有所疑义,依常情自当以电话向郭○荣总经理确认,被上诉人辩称:林○治要签系争计算表时不放心,还打电话给郭○荣,经其同意始签名云云,尚与事理相符,应堪采信。该计算表载上诉人尚有三十三万九千一百七十八元款项可资领取,则计算表之签认,可认上诉人已同意承受华○公司与被上诉人间因本件二项工程所生之一切权利义务,即发生契约承担之效果。因系争工程又尚有保固期间之问题,若三年保固期间内有任何损坏发生,被上诉人尚须负修护之责,故两造约定此项尾款于保固期满后再行发还,亦属常情,上诉人本于承揽之法律关系,请求被上诉人给付工程款本息,不应准许等词,为其判断之基础。

查被上诉人系争工程原承揽人华○公司之连带保证人,1997年间华○公司因周转困难,无法完成系争工程,由被上诉人以保证人之地位接手系争后续工程,惟被上诉人并未施作,而系由被上诉人交与上诉人施作完成,领款手续由被上诉人开具发票,交上诉人之承办人员向花莲县政府申领,上诉人并开具载与系争工程项目相符而以被上诉人为买受人之统一发票,被上诉人已领取系争工程尾款一百三十七万九千六百七十二元,为原审确定之事实,若此,系争工程被上诉人既未施作,而系由上诉人施工,上诉人开具以被上诉人为买受人之统一发票交被上诉人向花莲县政府领取工程款,则上诉人主张:华○公司于1997年5月6日申请停业,被上诉人将系争后续工程转由上诉人承揽云云,并提出台南县政府函为其证据方法(见一审卷第一○八页),似非全然无据,原审虑未及此,自属可议。又华○公司与上诉人公司,终究为不同之权利主体,乃原审谓在法律上应将华○公司、上诉人公司视为同一,在法律效果上即将华○公司之一切债务,由新公司继续负责云云,洵有未恰。

又民事诉讼采不干涉主义,凡当事人所未声明之利益,不得归之于当事人,此观"民事诉讼法"第三八八条之规定自明。上诉人主张:系争后续工程系由被上诉人委伊公司承揽施作完成云云;被上诉人则否认之,辩称:系华○公司所施作,上诉人与华○公司系同一权利主体,诉外人林○治代表华○公司签计算表云云,原审竟自为"计算表之签认,可认上诉人已同意承受华○公司与被上诉人间因本件二项工程所生之一切权利义务,即发生契约承担之效果。"之认定,而将被上诉人未声明之利益归之于被上诉人,于法自属有违。上诉论旨,指摘原判决不当,求予废弃,非无理由。"

叁、"最高法院"及高等法院判决内容之分析

按本案台湾高等法院台南分院在2000年度上字第47号判决谓:"上诉人营业系向台湾银行承租之原华○公司之厂址,上诉人之产品型录、业务代表名片上亦有华○公司之名称,甚且系争工程之主要现场负责人林○治亦系原华○公司之人员,就系争工程而言,上诉人与华○司主要负责人、营业项目、营业场所、构成员、客户方面观察,系形异而实同,法律上两者人格虽不同,权利主体互

异,惟后者乃前者逃避契约上责任而滥用公司型态,但依诚信原则言之,应将二者同视,即此时在法律上应将二公司视为同一,在法律效果上即将旧公司(华○公司)所负之一切债务,应由新公司继续负责,亦即在此情形,应否认新成立之公司之人格,不认其于本件情形有独立之人格,此即英美法所谓公司人格否认之理论(或称揭穿公司之面纱理论)。"

然 2002 年度台上字第 792 号判决不采此项见解,谓:"华○公司与上诉人公司,终究为不同之权利主体,乃原审谓在法律上应将华○公司、上诉人公司视为同一,在法律效果上即将华○公司之一切债务,由新公司继续负责云云,洵有未恰。"本案经"最高法院"发回台湾高等法院台南分院,该院 2002 年度上更字第 36 号判决,回避本案是否有公司人格否认理论适用之余地,另辟蹊径谓:"上诉人公司与华○公司两家公司之外观既有如上各项雷同之处,被上诉人因之而有上开误会,亦属人情之常;是则被上诉人既误认系争工程系由诉外人华○公司完工者,难认与上诉人已就系争后续工程之完工、报酬等承揽契约之主要之点已有意思表之合致,……即无成立之承揽契约可言。"换言之,台湾高等法院台南分院以两造契约不合致,上诉人不可依承揽契约请求报酬作结,本案最后并告确定。

从上面的实务判决中可以查知,台湾高等法院确有意引进公司人格否认理论,解决长期以来实务上滥用公司型态而逃避法律责任的弊端。惟高院这项见解,在"最高法院"眼中,也许是"法无明文",并无依据,而不加采用。此可从"最高法院"使用两家公司"终究为不同之权利主体"之字眼,并认为在法律效果上如将一家公司之一切债务,由新公司继续负责,并不适当云云,可谓表露无遗。有趣的是,高院受此影响,在更审判决里,竟弃守原先之法律见解,但也不改采"最高法院"见解,而改以两造间无契约合意最基本之"完工、报酬"等主要之点之意思合致,而驳回上诉人之请求。

肆、公司人格否认理论与揭穿公司面纱原则

按本案高等法院 2000 年度上字第 47 号判决,曾论及英美法上所谓公司人格否认理论,或称揭穿公司之面纱理论,并引为判决之基础。惟事实上二者在美国法之概念上稍有不同〔虽然美国法院时亦有混用之情形,如后述之 Walkovsky v. Carlton, 223N. E. 2d 6(N. Y. Ct. App. 1966)一案〕。盖美国法上,公司人格否认(disregard of corporate entity)适用的情形,一般有三:其一,公司债权人对公司股东所提起之诉讼,要求股东对公司之债务负起责任。此种情形,通常称公司债权人尝试去"揭穿公司之面纱"(piercing the corporate veil),以使公司股东对公司债务负起赔偿责任。其二,在关系企业之情形,揭穿公司的围墙(piercing corporate wall),使关系企业之兄弟姐妹公司,对分子公司之债务负责。其三,滥用公司型态以逃避"法令或契约上的债务"(statutory or contract obligations)者,法院否认其公司人格,使其不法目的不达。[3] 职是之故,第一、二种情形判决使用"揭穿公司之面纱"或"揭穿公司围墙"字眼似较为常见;第三种情形使用"否认公司人格"字眼较为贴切,因为此一类型所重者,并非是股东个人应否对公司债务负责之问题。[4]

应注意者,何时或何种情形应揭穿公司面纱(或揭穿公司围

---

〔3〕 See Jesse H. Choper & Melvin A. Eisenberg, Corporations, 1989 Ed. , at 5 ~ 8.
〔4〕 Id. at 7.

墙)或否认公司人格？美国法院之见解并不十分明确。一般而言,法院在公司人格主体被用于遂行诈欺、犯罪等不法行为之工具时,通常会被揭穿公司之面纱,否定公司与股东各为独立主体之原则。实务上,法院经常以系争之公司型态仅是其股东之"变装"(alter ego)、"工具"(instrumentality)而认定其股东应对公司债务负责。至于如何判断公司是股东之"变装"、"工具",法院认为考量之主要因素有三:(1)股东对公司之控制力(domination and control by shareholder);(2)股东与公司资产之混淆不清(commingling of assets);(3)公司型式之不遵守(lack of corporate formalities)。[5]此外,"公司资本严重不足"(undercapitalization)及"企业人格主体原则"(enterprise liability doctrine)等因素或理论亦是法院决定是否揭穿公司面纱的主要考虑基础。[6]以下为介绍美国法上揭穿公司面纱原则的由来,兹以发生在1966年,但迄今在美国仍非常著名之Walkovsky v. Carlton[7]一案,说明揭穿公司面纱原则的运用(尤其是如何考虑"企业人格主体原则"的因素),以供往后我司法实务运用时之参酌。

本案被告之一为Carlton先生,他一人设立十家股权完全拥有之计程车公司,而每家公司却巧妙安排仅拥有两台计程车之财产而已。其中一家公司的计程车司机,某日不慎辗过本案原告Walkovsky。原告遂控告该计程车司机所属之公司及其他九家关系公司请求赔偿。又本案之十家被告公司,其每家个别公司仅依当时法令所要求,投保了美金一万元之意外责任险。除此之外,并

---

[5]　例如,公司股票是否有发行？公司账簿是否被保持？是否有选任董事及经理人？董事会或股东会是否定期举行？凡此均与判定公司型式之遵守或不遵守有关。

[6]　See e. g. , Lewis D. Solomon & Alan R. Palmiter, Corporations, Little Brown, 1994 Ed. , at 71～76.

[7]　223 N. E. 2d 6(N. Y. Ct. App. 1966).

无其他任何资产可供作赔偿之用。

本案原告主张的两点理由是：（1）依据"企业人格主体责任"理论，[8] 被告 Carlton 的整个计程车企业应对此一意外事件负责，从而整个关系企业之资产，皆应是求偿之标的。（2）被告实际上是以个人之身份而非以公司型式经营业务。本案法院的判决是同意接受企业人格主体责任理论，因为系争每一家计程车公司是单一企业的一部分，只不过被告以人为手段将其拆解为数个个别公司而已。然而，法院拒绝以被告 Carlton 使用多个公司的型式营业或仅仅投保符合最低责任保险为由，[9] 而欲令被告 Carlton 负起个人责任的主张。因之，法院以原告之诉系有瑕疵之控诉（faulty complaint）而判决驳回（但可加以补正）。法院之判决理由中并指出，如原告能证明 Carlton 有不当受领股利等分派（distributions）之挪用公司资产行为，即足以证明被告 Carlton 系以个人之身份而经营业务，应使其个人对公司债务负责。

事实上，美国的法院通常在股东一人或少数人的闭锁性公司情形，才会揭穿公司面纱。较近的一项研究显示，美国现代的揭穿公司面纱案例并没有涉及公开上市交易的公司（publicly traded corporation）案例。[10] 这种结果，一般认为系闭锁性公司的股东通常有参与公司之经营，故当然须承担公司所带来的风险。再者，赋

---

[8] 学说所称之"企业人格主体责任"理论，指如股东成立数公司以经营同一企业者，此等公司实际上为同一企业之不同部门，从法律上之观点而言，虽系多数人格主体，惟从企业事实上着眼，此等公司应视为同一法律主体，对外负同一赔偿责任。See Berle, The Theory of Enterprise Entity, 47 Colum. L. Rev. 343, 344 (1947); Vagts, Basic Corporation Law, 1989 Ed., at 88.

[9] 本案法院认为，如果责任保险的保护不足够，应由立法单位加以救济，而不应以此作为"资本严重不足"的理由，要求揭穿公司面纱，令股东个人负责。

[10] Thompson, Piercing the Corporate Veil: An Empirical study, 76 Cornell L. Rev. 1936(1991).

予股东有限责任原则的两个主要理由:鼓励股东分散投资及建立股票交易市场;此二理由在闭锁性公司较不存在,故法院较勇于揭穿其公司面纱。[11]

此外,值得注意者,美国法院较倾向揭穿公司面纱判令一公司为其关系企业的债务负责,而较不愿判令自然人股东对公司债务负责。[12]

伍、我法制的检讨

从上面的介绍可知,我们于 1997 年所增订之关系企业专章第三六九条之四第一项规定:"控制公司直接或间接使从属公司为不合营业常规或其他不利益之经营,而未于会计年度终了时为适当补偿,致从属公司受有损害者,应负赔偿责任。"虽然本条项系参照德国 1965 年股份公司法对关系企业之规范(第三一七条第一项)而制定,[13]但在某些情形,令母公司对子公司负赔偿责任,其精神上亦类似前述美国法上之揭穿公司面纱原则,在母公司"过度控制"等情形下(在美国法院实务上原告尚须证明被告有不诚实或不当行为等),判令母公司对子公司之债务负责。[14] 因此,可谓我们在关系企业间之"揭穿公司面纱"已有基本之规范,只不过在我现行法下,从属公司之债权人,仅能代位请求控制公司对从属

[11] See Solomon & Palmiter, supra note 6 , at 71.

[12] Id. , at 72.

[13] 我公司法关系企业专章系参考赖英照教授 1982 年受"经济部"之委托所草拟之"关系企业立法草案条文"而成。参阅赖英照,公司法论文集(附录一),1988 年 5 月版,页 272~276。

[14] 参阅赖英照,前揭注 1 书,页 122~136;拙著,前揭注 2 书,页 67~71。

公司为给付而已。[15].

至于"否认公司人格"之情形,前述台湾高等法院台南分院
2000年度上字第47号判决,为解决实务上滥用公司型态以逃避
法律责任之弊端(极端之例,如闭锁性之A公司为逃避债务,其股
东乃另设一家业务项目、营业处所、主要负责人、构成员甚至客户
及员工均相同之公司,以逃避既有债务),将先后二家公司同视,
否认新成立公司的人格。当然,此一类型之特色,并非在于要求股
东个人对公司债务负责之问题,而应系着重防止公司以公司形式
逃避法令或契约上之责任,俾打击诈欺或其他不正行为。

应注意者,前述高院见解认为,应否认新公司人格之因素有:
当事人产品型录相似、业务代表之名片上仍有原公司之名称、两家
公司之主要负责人、营业场所、构成员、客户等相似。本案高院台
南分院更认为,原"股份有限公司"组织,嗣再成立之另一家新"有
限公司",新"有限公司"同样也有可能适用"否认公司人格理论"。
对于上述台湾高等法院台南分院之论点,本文认为基本上可资赞
同,如此可杜有心人士利用公司组织逃避法令或契约上责任。此
外,高院也在论理上,引述"诚信原则"作为应将二公司视为同一
之依据,在理由构成上颇具特色。以诚信原则补强否认公司人格
理论,与美国法院强调此一原则之运用,系在避免"诈欺"(fraud)、
"打压"(oppression)或"不法"(illegality)情事之发生,或"达致双
方之衡平"(achieve equity)目的,[16]可谓相映成趣。相反的,本案
"最高法院"的见解,强调系争两家公司,"终究为不同之权利主

---

[15] "公司法"第三六九条之四第三项规定:"控制公司未为第一项之赔偿,从属公司
　　　之债权人或继续一年以上持有从属公司已发行有表决权股份总数或资本总额百
　　　分之一以上之股东,得以自己名义行使前二项从属公司之权利,请求对从属公司
　　　为给付"。

[16] See Solomon & Palmiter, supra note 6, at 71.

体",自囿于公司各自有独立之法律人格之迷思,不见取巧者滥用公司型态之可能,似不足取。

再者,关于前述第一种类之揭穿公司面纱原则,在我法制上,不论公司法或判决,则均尚未出现。如上所述,在美国法上当公司之法律人格沦为投机者"正当化不正行为"(justify wrong),对法律施予诈欺时,法律会还原公司为一群股东之组合(an association of persons),不再具有法人格(legal entity)。[17] 这种更为传统、典型之揭穿公司面纱原则是否有必要引进? 如何引进台湾? 实在值得思考。按在"形式意义之一人公司"[18] 规划引进台湾时,为谋划引进一人公司之配套措施,主管机关本欲将揭穿公司面纱原则条文化以利适用,惟最后因立法技术困难重重而作罢。2003 年万国法律基金会受托提出之公司法制修正案曾再试图提出揭穿公司面纱原则条文化草案,以解决一人有限公司所带来的可能弊端。其条文草案内容为:"股东仅有一人,而该股东之财产、业务与公司之财产、业务混同,或公司之资本明显不足者,该股东应对公司债务与公司连带负无限清偿责任"。[19]

对于上述修正草案,除了其适用范围局限在一人之有限公司的情形外,最大的问题存在于草案认为需要揭穿公司面纱之要素有二:一为股东与公司之财产与业务之混同;二为公司资本明显不足。然而,诚如前面分析所述,美国法院考虑揭穿公司面纱之因素主要有:股东对公司之过度控制、股东与公司之资产混合、公司型式之不遵守、公司资本之严重不足等,不一而足。又根据美国法院

[17] United States v. Milwaukee Refrigerated Transit Co., 142 F. 247 (E. d. Wis, 1905).

[18] 按形式意义之一人公司,指无论形式上及实质上,具有股东名义者仅一人而已。

[19] 财团法人万国法律基金会,"公司法制全盘修正计划研究案",2003 年 2 月,页 3 ~ 19。

过去之经验,这些因素中并无某一因素具有决定性之关键,足以促使法院决定揭穿公司面纱。[20] 准此以观,如仅以某一或两个因素即认为足以左右揭穿公司面纱之决定,恐有未当。毕竟,诚如笔者当初在"经济部"研拟一人公司法制之座谈会上所表示之意见,必须综合各种理由也足以支持揭穿公司面纱,始能弃守股东有限责任原则而揭穿公司面纱,令背后股东个人负责。因为在闭锁性公司之组织〔含有限公司及股东人数较少(亲朋好友组成)之股份有限公司〕,仍是强调与鼓励资本之形成与合理之风险承担观念。[21]因此,本文认为在审查个案是否揭穿公司面纱,以令股东个人对公司债务负责之时,应参酌个案之一切因素;例如,股东对公司之控制力强度、有无股东与公司资产之混合不清情形、有无不遵守公司法上所规定之必要型式(例如,股东会及董事会之定期召开)及公司之资本相对于其所从事之业务,有无明显之不足等,而为妥适之决定。这样的一个方法,或许有人认为其标准不一,不足为训,但尽管有人批评,终究因为要否揭穿公司面纱,令股东负无限责任,考量的层面很多,因而美国法院仍倾向个案决定,各州公司法也未将之勉强条文化。换言之,并无所谓单一之决定性因素存在,尤其究竟系侵权行为(tort)案件之债权人或契约(contract)案例之债权人提起诉讼,其考虑因素亦可能有所不同,以致使得何时应揭穿公司面纱,更显复杂而无单一标准。[22]

〔20〕 See Solomon & Palmiter, supra note 6 , at 71.

〔21〕 Id.

〔22〕 Choper, Coffee & Gilson, Cases and Materials on Corporations, Aspen Law & Business, 2000 Ed. , at 253～282.

陆、结 论

股东有限责任原则既然是成立公司（在台湾包括有限公司及股份有限公司两种）最大的利益，也是人类之梦想——企业经营有限责任化之原则。因而，如为防止投机不法者之诈欺，或为维护衡平之目的，例外地否认公司之人格存在，自须谨慎。这个例外的原则，一般通称为公司人格之否认理论。

我法制对于公司人格之否认，在判（决）例上并不多见。台湾高等法院在2000年度的乙则判决中，尝试引进否认公司人格法理，不承认新成立之公司人格，惟最后功败垂成，不为"最高法院"所采。然为何不采，其理由何在？"最高法院"并未交代，影响我公司法之发展至极，实为公司法制上最大的憾事。此外，在母子公司或关系企业情形，我们目前已有公司法关系企业专章，以规范母公司或控制公司之控制责任；从而，大体上而言，相较外国法制，较无法制上的缺漏（虽然债权人仅有代位请求权利）。有疑义者，系我们是否应将要求股东对公司债务负责之"揭穿公司面纱原则"条文化，以利普遍适用？对此，本文认为，勉强将揭穿公司面纱原则条文化，恐弊多于利，不若将之作为一项法理，在我们法院实务审理时，适时援用，即为已足。或许，揭穿公司面纱原则模糊的判断基准，正是其不得不然的本质，也即是其必要之恶（从适用的基准明确性而言）。当然，我们更期待实务判决能依其实际情形，审酌各种情状，于适当时，令公司面纱后之股东，对公司债务负起责任，以防杜诈欺，庶得其平。"逝者如斯夫，不舍昼夜"，从过去法院的实务看来，我们学界及实务界仍须精进努力！

【后记】

本文曾发表于:比较民商法论文集—方文长教授九十华诞祝寿论文集,元照出版,2005年6月,页337~352。

关系人交易与控制股东之义务

壹、前　言

我现行公司法对于董事自我交易(self - dealing)之规范,大略言之,其直接相关者,仅有数条条文而已。其中之一为"公司法"第二二三条,该条规定:"董事为自己或他人与公司为买卖、借贷或其他法律行为时,由监察人为公司之代表"。另外,"公司法"第二十三条亦规定:"公司负责人应忠实执行业务……,如有违反致公司受有损害者,负损害赔偿责任"。至于公司负责人的概念则为"公司法"第八条所明定:"本法所称公司负责人:在无限公司、两合公司为执行业务或代表公司之股东;在有限公司、股份有限公司为董事(第一项)。公司之经理人或清算人,股份有限公司之发起人、监察人、检查人、重整人或重整监督人,在执行职务范围内,亦为公司负责人(第二项)"。易言之,负责人包括公司法本条第一项所称之当然负责人与第二项所称之职务负责人。

此外,证券交易法为打击掏空公司行径,建立市场信心,复于其第一七一条第一项规定:"有下列情事之一者,处三年以上十年以下有期徒刑,得并科新台币一千万元以上二亿元以下罚金:……二、已依本法发行有价证券公司之董事、监察人、经理人或受雇人,以直接或间接方式,使公司为不利益之交易,且不合营业常规,致公司遭受重大损害者。三、已依本法发行有价证券公司之董事、监察人或经理人,意图为自己或第三人之利益,而为违背其职务之行为或侵占公司资产"。[1] 这些法律之订定与修正,可谓立意至善,

---

[1] 同条第二项复规定:"犯前项之罪,其犯罪所得金额达新台币一亿元以上者,处七年以上有期徒刑,得并科新台币二千五百万元以上五亿元以下罚金"。

但由于或系行为主体的限制,或系构成要件过于简略,对于实务上
关系人交易利益输送的争议问题,仍未能有效处理,故未能彻底防
杜关系人交易利益输送的问题。以发生于 1990 年轰动当时之华
隆案为例,2004 年"最高法院"以无罪判决确定而收场。这个案
例,事实上牵涉两笔股票的买卖与两宗土地的交易,一般认为也涉
及公司利益输送之严肃公司治理(corporate governance)问题,值得
吾人重视。较特殊者,本案背后之控制股东实际上在各关系公司
并不担任负责人的职位,因此如何适用现行相关法律亦成问题。
本文以下将详细探讨华隆案所带给我们公司法、证券交易法上的
问题,希望有关机关能正视此一问题的发展,及早面对并提出对
策,以完善公司法制,再创经济发展。[2]

贰、华隆案的起诉事实

如前所述,华隆案涉及两笔股票及两宗土地交易买卖。依起
诉书所述,[3]前者为 1990 年 1 月 19 日,嘉畜公司董事长高德○
依董事会决议,将嘉畜公司所持二百八十万股国寿及九百九十九
万股国证售予翁大○;其中国寿每股仅售一百二十九点二二元,而
国证则是每股售十四点九一元。同年 12 月 3 日,华隆公司也将五
百万股国寿股票售给翁家两个人头。当时国寿及国证均未上市,
故无市价可资查对。然依检察官之调查,国寿每股市价应为一千

---

[2] 有关规范董事自我交易的程序及方法,笔者已于数年前为文探讨过,故不就此部
分再为赘述,请参阅拙文,公司利益输送之法律防制,收录于"公司法理论与判决
研究(三)",元照出版,2002 年 5 月,页 75 以下。
[3] 参阅台湾台北地方法院检察署检察官 1991 年度侦字第 5682 号起诉书。

零四十四点五元,国证亦高达二百二十七点五元,公司股票显遭贱卖,致生损害于公司,构成背信罪。

另外,两件土地交易买卖案,则分别为竹南土地及台中西屯区土地买卖的争议。依起诉书所述,[4]国泰塑胶竹南厂之土地及厂房,于 1990 年 2 月 27 日在新竹地方法院第三次拍卖仍然流标,国泰塑胶之债权人郑耀〇于同年 3 月 27 日向法院声请承受,总价格为十五亿一千三百二十七万余元,其中土地价格为八亿五千三百二十一万余元。四月 26 日法院核准承受,但郑耀〇无资力,价款全部由国华人寿支付。同年 5 月 7 日,国华人寿竟以二十五亿元高价向郑耀〇买回土地。虽然买卖价金名义上给付给郑耀〇,但其中除六千六百七十七万元由郑某兑领外,其余部分都进了翁某之账户。检察官也是以背信罪起诉本件。

另一件土地交易是台中西屯区土地买卖案。依据起诉意旨,[5]翁大〇在 1989 年 3 月 20 日以十亿八百零八万元购入台中市西屯区约四千坪土地,每坪二十五万二千零四十五元。翌年 1 月 20 日翁某委托某建设公司公告标售土地。嘉畜公司及华隆公司等于同年一月间以二十七亿三千九百七十二元万元购入,每坪高达六十八万元四千九百九十八元。翁大〇持有土地约仅十一个月,买卖价差竟高达十七亿三千万元。本案检察官也以背信罪起诉。

---

[4] 参阅台湾新竹地方法院检察署检察官 1991 年度侦字第 3329 号、第 3330 号、第 4318 号起诉书。本件竹南厂房土地案,后在 2004 年度台上字第 1603 号判决中述及:翁大〇在竹南购地涉连续犯背信罪嫌部分,因本件翁大〇被诉背信部分已为无罪之判决,二者即无所谓连续犯裁判上一罪关系,非起诉效力所及,不得加以审判。

[5] 参阅台湾台北地方法院检察署检察官 1990 年度侦字第 18971 号起诉书。

叁、2004 年度台上字
第 1603 号判决主要内容

"最高法院"在本判决谓:原判决以公诉人指被告翁大〇、李秀〇涉有背信罪嫌,系以彼二人与翁有〇共谋将华隆公司持有之价值在每股一千元以上之国华人寿股票,利用张家〇、游显〇名义,以每股一百二十元之低价买卖,为其论据。然讯据被告翁大〇、李秀〇固承认利用张家〇、游显〇名义以每股一百二十元之价格,买进华隆公司所持有之国华人寿股票五百万股,但矢口否认有背信之犯行,辩称:华隆公司出售股票一切交易均经翁有〇提交董事会决议通过,一切手续均合法,且当时之行情每股一百二十元已属偏高,并无背信行为等语。是以被告翁大〇、李秀〇是否成立背信,自应以当时以每股一百二十元之价格买卖国华人寿股票,是否显不相当之低价为论断。

按公诉人认国华人寿股票当时每股价值为一千元以上,系以该股票由国华证券公司辅导上市中,依"财政部"证管会(下称证管会)所颁"股票承销价格订定使用财务数据注意事项"(下称股票承销价格注意事项)计价应属合理,经以证管会之数据参酌该注意事项请证管会第一科科长杜惠〇计算,及参照"财政部"台北市"国税局"未上市股票转让证券查核要点之增值利率还原法,系争股票每股之价格应在一千元以上。又依系争股票交易日之公司资产实际价值,而非原始取得成本计算,其真正净值亦远高于一百二十元,为其论据。

然查案发当时国华人寿公司股票系未经核准公开上市、上柜或办理初次承销之公司股票,迭据证管会函复在卷。原判决综合

卷附证管会 1991 年 5 月 8 日台财证字第 55006 号函、1992 年 2 月
19 日台财证字第 50073 号函、1994 年 11 月 23 日台财证字第
46845 号函之意旨略谓:(一)股票承销价格注意事项通常适用于
其公司股票已核准上市或上柜而办理初次承销时,……国华人寿
公司尚未核准其上市、上柜或对外公开承销,与前述情形不同,且
影响股价因素甚多,实务上未上市或上柜公司股票之实际价格亦
应由买卖双方议价决定,且依现行法令尚无该会予以核算之规定,
甚者如必须适用前揭注意事项计算价格时,似亦宜请客观公正之
证券商及相关证券专家会同核计以表示意见。(二)如非属股票
公开销售,则其价格系由买卖双方经合理议价后而决定。(三)国
华人寿公司于 1990 年 11 月、十二月间,其股票尚未经核准上市、
上柜,其市场合理价格似宜参酌其相近时期之非关系人间买卖价
格而决定。如无客观合理之交易价格可资参考,似宜由法院洽请
客观公正、超然独立之证券分析专家、学者或证券专业机构为之等
情。并参酌证人杜惠○于侦查中证称:国华人寿股票未上市,未上
市就没有一定之交易价格。张丽○(证管会承办人员)于第一审
证称:未上市、未上柜公司之股价系由专家来议定,而买卖价格是
由双方决定,要说价格是否合理则不一定,实务上通常未上市、未
上柜价格由买卖双方决定各等语。因认未上市、未上柜公司股票
之交易价格,并无一定合理、客观标准可资判断,实际上仅系由买
卖双方自行衡量商议决定,至于"财政部"证管会颁布之"股票承
购价格注意事项",仅系供经核准上市、上柜之公司初次办理承销
时之参考计算标准,国华人寿股票既非经核准上市、上柜而欲初次
办理承销,并不能适用上开"股票承购价格注意事项"作为判断其
股票合理交易价格之依据。公诉人依据上开"股票承购价格注意
事项"等相关数据计算,认为国华人寿股票每股价值为一千元以
上一节,即属无据,要无可取。

第一审法院并依证管会提供之名单,向台湾证券交易所股份有限公司、台北市证券商业同业公会、及多家证券交易商及金融机构查询 1990 年 12 月 14 日国华人寿股票之合理买卖价格,据交通银行、中国信托投资股份有限公司、大华证券股份有限公司、台湾证券交易所股份有限公司、台北市证券商业同业公会、金鼎证券股份有限公司、华侨信托投资股份有限公司、台证综合证券股份有限公司,均因国华人寿股票未在集中交易市场买卖,亦无具体成交价格资料,及未上市股票价格之合理性无标准计算方式,而无法就国华人寿股票之合理买卖价格表示意见。虽建弘证券股份有限公司(下称建弘证券公司)函覆称:"理论价格依不同公式,不同采样,其结果差异甚大,其中以证管会所示试算承销价格参考公式经修正后所计算之承销参考价格每股一、三百五十七元及一、三百三十五元,与以国华人寿过去四年平均本益比打六折计算之还原股价每股一、四百〇五元较为相近,也较具参考价值。因国华人寿尚未申请上市,依日本习惯交易参考价格通常以承销参考价再打五折至七折。另 1990 年底国华人寿交易时,股市已大幅下跌,国华人寿在 1990 年底之实际本益比已降到五十左右,约仅其过去四年平均本益比之六折,故上述所计算之参考价宜打五折至七折较为合理"等情。统一综合证券股份有限公司(下称统一证券公司)于 1992 年 4 月 6 日统证管字第 0016 号函及所附之该公司经研部副理柯永〇出具之分析报告表示:依据市场惯用之股价评价参考公式,取样国寿、开发、高企、兴票四家上市公司股价为基准,据以评估国华人寿股票之合理价格约在六百五十七点一二元左右。

然查建弘证券公司已经表示系依照"财政部"证管会之试算承销价格公式计算,而统一证券公司该函亦同时说明:"(二)设取样标准或评价公式采用不同,所估算结果当有差异。(三)附表估算为'应属合理价格',非'市场买卖价格',因影响交易心理之价格因素无法透过参考数据予以客观评断。"故由建弘证券公司及统一证券公司关于估算方法之说明可知,该二家证券公司皆系以"财政部"证管会所颁"股票承销价格注意事项"作为计算准据所计算出之承销参考价格,再以国华人寿公司近年平均本益比打折之方式为准,并非以相近时期之非关系人间买卖价格而定,揆诸前揭说明,该二家公司所采用之计算方式,能否作为国华人寿股票合理交易价格之认定标准,已有疑义。

况建弘证券公司另以 1992 年 3 月 4 日建证承字第 045 号、1992 年 4 月 10 日建证研字第083 号函函复第一审法院补充说明,其要旨略以:(一)国华人寿公司尚未经证管会核准其上市、上柜或对外公开承销,因此相关资讯无法有效取得。再者,影响股价因素甚多,证诸实务上未上市或上柜股票之实际买卖价格实难以认定,而系由买卖双方议价决定之,且依现行法令尚无依"股票承销价格注意事项"核算之规定。(二)前函关于国华人寿公司之理论价格系由公司低层人员依"证管会所示计算承销价格参考公式"所计算之承销价格,并非由证券专家所为,其评估也不适用于非上市承销之国华人寿保险公司股价等情。统一证券公司亦于 1992 年 4 月 18 日以统证管字第 0025 号函检附柯永〇之说明表示:前函所附分析报告有如附件说明之疏失,……特此具文说明并撤销前函及附件之分析报告等语。

原审法院前审再将前开建弘证券公司及统一证券公司核算股价之情形分函该二公司查询结果,据建弘证券公司以 1994 年 9 月 16 日建证债字第 281 号函覆:"所用计算因素系迁就资料取得方便,并未做市场调查,而权值更动原因或为承办人员之主观判断,亦无法理依据。按影响股价因素甚多,证诸实务上未上市或未上柜股票之实际价格实难以认定,而系由买卖双方基于意愿与价值研判,并透过议价方式决定之。"统一证券公司亦以 1994 年 10 月

6 日统证企字第 035 号函覆:"未在集中交易市场公开买卖之未上市、上柜股票,并无每天公定之收盘价格,故所谓合理市价,应指该段期间在市场上买卖实际成交之价格,而其方式则由买卖双方自由议价为之,该议价价格在国华人寿之股务代理机构或国税局证券交易税完税资料均有记录可稽,建议直接洽询该两机构自当更为明了。"有各该函及所附资料在卷足凭。足见建弘及统一两家证券公司原先之计算方式既均系参照"财政部"证管会所颁"股票承销价格注意事项"计算之承销价格,不能适用于本件情形,且该两家证券公司之核算结果亦未尽详尽、客观,不能资为国华人寿股票合理交易价格之认定标准,而为被告翁大○、李秀○有背信犯行之不利资料。

又国华人寿公司之股票买卖过户手续,系委由股务代理机构中华证券投资股份有限公司承办,据卷附该公司 1992 年 2 月 15 日华证字第 12 号函及所附资料,1990 年 7 月 1 日至同年 12 月 31 日间,国华人寿股票共有十四笔交易记录,其中除本件二笔交易外,其余与本件无利害关系之案外人李永○于 1990 年 7 月 12 日出售予周家○成交价格为每股(下同)一百元,林荣○于 1990 年 7 月 23 日出售予邱洪彩○之成交价格为一百一十五点三八元,李永○于同年 7 月 30 日出售予蔡正○之成交价格为五十元,黄福○于同年 11 月 9 日出售予黄培○、黄光○、黄培○、黄雅○之成交价格均为二十元,杨恭○于同年 11 月 13 日出售予杨丕○之成交价格为四十元,宋政○于同年 12 月 7 日出售予刘国○之成交价格为一百五十元,陈盛○于同年 12 月 13 日出售予叶友○之成交价格为二百元,罗克○于同年 12 月 13 日出售予彭春○之成交价格为二百元,何运○于同年 12 月 19 日出售予庄凤○之成交价格为一百元。

另华隆公司董事长翁有○于 1990 年 10 月至同年 11 月间,曾

以每股一百二十元至一百五十元之价格(含股息二十一元)出售
国华人寿股票,因巨量出售,买方均嫌价格太高而无法成交,亦经
证人吴荣○、范学○、黄任○分别证述属实。参酌国华人寿公司至
1990 年 12 月 31 日之股东权益,合计为三十四亿七千五百四十五
万六千三百九十一元,以全部股份数四千二百万股换算,每股净值
为八十二点七五元。1990 年 12 月 16 日联合晚报所载未上市股
票一周行情表(1990 年 12 月 9 日至 12 月 14 日),国华人寿股票
为一百二十元至一百四十元,有众信联合会计师事务所查账签证
之国华人寿公司资产负债表及损益表、该联合晚报影本足凭。亦
难认翁大○、李秀○用张家○、游显○名义以每股一百二十元买进
国华人寿股票,有以显不相当之低价买进之情事。

再华隆公司系于 1990 年 12 月 3 日由常务董事会决议出售国
华人寿股票,并于同年月 14 日完成买卖。而国华人寿公司系于
1991 年 3 月份股东大会提案是否发放现金股利,议决后始定案,
有该公司股东会议记录在卷可按。其股票之买卖远在股东会决议
发放股利之前三个月,是公诉人指称翁大○于 1990 年 11 月底,因
见国华人寿股票 1990 年度将每股配息七十元,有三亿五千万元股
利可图,亟欲将华隆公司所有之国华人寿股票移至其名下等情,与
卷内资料不合,要属推测之词,亦无足取。

原判决综合上情,因认公诉人所指国华人寿股票每股值一千
元,查无事证,建弘及统一两家证券公司函复第一审法院有关核算
国华人寿股票之价格,不足采为判断该公司股价合理交易价格之
准据。参酌相近时期关系人以外第三人之实际交易价格及洽谈之
交易价格,亦不能证明本件之成交价一百二十元系属显不相当之
低价,尚不足证明翁大○、李秀○有背信之犯行。

被告翁大○、李秀○对于在筹设兰阳银行中,曾以张家○、游
显○、张纮○等人名义买卖公债、国华人寿股票、义新公司股票等

事实,均坦白承认,但否认有伪造私文书之犯行,辩称:上开买卖公债及股票事宜均系经张家○、张纮○、游显○之同意及概括授权,并无伪造文书之犯行等语。查依卷附兰阳国际商业银行股份有限公司筹备处名单所载,该银行筹备处之人员为主任委员刘师○、副主任委员张家○、委员张纮○、周新○、庄武○、简文○、黄复○、黄清○、黄永○,总干事张纮○,副总干事周新○,庄武○兼负责事务组、出纳组,游显○负责工程规划组。而该筹备处主任委员、副主任委员、总干事、副总干事及各组之负责人,均为淡江大学人士,亦经周新○于原审法院证述在卷。原判决基此并参酌证人张纮○、庄武○、周新○于调查局、黄永○及黄清○于第一审有关兰阳银行初期筹设经过情形之供述,因认该银行之筹设系因张建○受宜兰地区人士之请托而倡议主导,并指示淡江大学人员负责规划筹备作业,被告翁大○所辩其仅系协助提供资金等情,尚属有据。

次查兰阳银行之发起人计有周新○等十二人,其中周新○认股三亿一千万元、庄武○认股三亿五千万元、李德○认股二亿二千万元(实际认股二十万元)、林光○认股二亿五千万元(实际认股一百万元)、陈淼○认股一亿五千万元(实际认股二十万元)、游显○认股三亿五千万元(实际认股一百万元)、曾振○认股一亿七千万元、张纮○认股四亿五千万元、何德○认股一亿六千万元、黄志○认股二亿六千万元、王纪○认股一亿八千万元,另张家○认股四亿四千八百十四万元,有发起人资金来源说明表十二纸可稽,并经证人即淡江大学教授庄武○、周新○等十一人供认在卷。

而证人庄武○于调查局供称:"(发起人人选)据我所知系由周新○经当事人同意后提出"、"发起人必须填具声明书、认股书、资金来源说明书等表格并附上身份证影本、户籍誊本等,除张家○部分由周新○经手我不清楚外,其余均系由本人填具后提出"、于侦查中供称:"(翁大○事前有无说明,会设计这种买股票记录以便说明发起人财力?)在送件以前就有跟我们提过这种方式,送件以后叫我们在国华(证券公司)开户……",在第一审法院证称:"……十一名教授是周新○提供的,当时有跟他们说明保证都以公债,一切都合法,送件后告诉我说公债不足用股票,并要我们开户,我们研究后认为不妥,……后来翁先生请吃饭时说明第二期资金证明必须这么做,有些人同意,有些人不同意,所有发起人都授权筹备处代刻印章使用。"等语。周新○对于发起人名单系其交予黄复○,资金财务方面均由翁大○方面负责,以及同意翁大○以买卖公债及股票方式作为资金来源等情,亦证述在卷。

张纮○于侦审中亦先后证称:"我、周新○、庄武○提出十一人名单,交给黄复○以供作为兰阳银行发起人"、"我们只负责文书,财务不用我们管,我们分工"等语。庄武○曾将发起人名单及认股金额填写编列,经由周新○交由黄复○转交李秀○凭以办理,已据庄武○、黄复○证实,并有庄武○书写之字条及信封可稽。而有关兰阳银行各发起人,均由理律律师事务所之黄福○律师当面确认身份亲自签署、或系提出印鉴证明经核对与印鉴相符,始予签证,该等担任发起人之必要文件上均载有发起人之认股金额,关于张家○部分则系透过周新○联络,由黄福○在电话中直接与张家○联络,确认其身份资料、愿意担任兰阳银行之发起人、并授权在申请文件上代为签名盖章后,始予以签证等情,亦经黄福○证述綦详,复经周新○、张纮○证实。张家○对其曾在电话中与黄福○确认担任兰阳银行之发起人一节,亦供认在卷。

按张家○、张纮○、游显○均同意担任兰阳银行之发起人,且知悉须签署资金来源证明书等申请文件,张纮○、游显○并明知彼等担任发起人部分之认股金额,张家○部分虽未明确告知认股金额,然担任银行之发起人势必参加认股,亦为一般人所明知,以张家○当时担任淡江大学副校长之学经历背景犹不能诿称不知,而彼等实际或未出资，或仅认股一百万元（游显○），与认股之金额差距极为悬殊，则彼等于同意担任发起人时，显然均已同意由翁大○代为筹措资金，并概括授权以彼等名义买卖公债及股票，取得资金来源证明及制作相关证明文件。

另参诸第一期资金来源部分，系由翁大○指示李秀○以张纮○等人名义出售公债，张纮○部分二千五百万元、庄武○部分二千四百万元、周新○部分二千万元、陈森○部分一千万元、林光○部分一千七百万元、李德○部分一千五百万元、游显○部分二千四百万元、曾振○部分一千万元、何德○部分一千万元、王纪○部分一千二百万元、张家○部分二亿四千七百七十一万七千九百零二元，有发起人资金来源说明表、中华证券公司柜台买进报告书等可考，而张纮○、游显○、张家○对此部分并未争执。证人张建○于侦查中经检察官讯以："你说你同意张家○当发起人，他认股资金哪里来？"时，亦供称："我认为如果金额不大，他可以有能力出，周新○有告诉我，资金由华隆统一筹划。""我只知道他（指翁大○）去筹划，但我没有问他。我问周新○，他说最后认股所剩的归张家○名下。"及"兰阳银行二亿多元是用公债……"等语。可见张建○对于张家○担任兰阳银行之发起人，及以张家○名义购买公债筹措资金及资金来源证明等情，亦早已知情并同意。此外证人周新○在侦查中另称："他（张家○）一开始要筹设银行时，就被推出来当副董事长，张建○没有办法出来，由他代表。"等语更可证明张家○系以代表张建○之地位担任发起人。

由上述情节亦可资为张纮○、游显○、及张家○均曾授权被告翁大○以出售公债方式作为资金来源证明之论据。况且张家○该段期间均在外国，显然无法亲自配合办理相关手续，由此亦可见其应有授权被告翁大○等代为制作相关文件完成必要手续之意思。再周新○于 1990 年 11 月 16 日将兰阳银行申请案之费用及收支情形列表,并表明后续工作最急要事项为:(一)发起人资金来源合法性及其证明。(二)……连同发起人规划名单初稿,发起人人数、股数及缴纳金额统计表,请黄复○转交予翁大○,有周新○书写之便笺及统计表等资料足凭,亦足征担任发起人之淡江大学诸人士,包括张纮○、游显○在内,均有授权翁大○办理提供资金及取得资金来源证明之相关事宜,否则周新○何须要求翁大○处理发起人资金来源证明事宜。

次查翁大○在出售公债作为第一期资金来源证明后,拟改以买卖股票方式作为资金来源证明,并于1990年12月10日邀集淡江大学之发起人除张家○以外之周新○等十一人餐聚说明,其中除张纮○、游显○不愿购买公开上市股票曝光,李德○另因故未应允开户购买股票外,其余周新○等八人均同意以此方式作为资金来源证明,故改为规划张纮○、游显○及张家○三人均买卖未上市、上柜之国华人寿股票及义新公司股票,其余周新○等八人则在国华证券公司开户,并统一刻印章作为开户及办理股票买卖手续之用,之后并依据翁大之规划,相继以周新○名义买进嘉畜公司股票一百九十四万五千股、民兴纺织公司股票一百九十八万九千股、华隆公司股票九十四万一千股,以黄志○名义买进民兴纺织公司股票二百○六万五千股、嘉畜公司股票五十二万七千股,以曾振○名义买进民兴纺织公司股票一百四十万股等情,为庄武○、周新○、陈淼○、曾振○、林光○等人所不讳言,周新○在侦查中并曾明确供称:"我们提到张纮○、游显○、张家○、李德○四个人不要曝光,所以不要开户,要求他(指翁大○)另外规划,他答应,并保证我们其他的人只买进不卖出,额度到兰阳银行认股额度为止。"并有在周新○处扣押之规划表一纸,及相关之国华证券公司开户资料及股票买卖资料足凭。

由上开事实经过及证人周新○之证言可知,张纮○、游显○及张家○三人未购买上市股票,而改以购买未上市股票方式作为资金来源证明,实系出于淡江大学方面人士之要求,而张纮○、游显○仅系不同意以开户购买上市股票方式作为资金来源证明,并未拒绝以购买未上市股票等其他方式作为资金来源证明。张家○部分系因淡江大学参与规划人士基于其与张建○及淡江大学之密切关系,而一并商议规划以购买未上市股票方式作为资金来源证明,翁大○、李秀○始有将张纮○、游显○及张家○另行规划为购买国华人寿股票及义新公司股票之举。

况查游显○虽否认授权购买国华人寿股票,然其于调查局讯问时并未否认有购买国华人寿股票之事实,于第一审法院调查中讯问其是否同意买卖国华人寿股票时,仍陈称:"是看他面子才这样做"、"应该是勉为其难同意吧。"等语。是其纵有不愿再以购买股票方式制造资金来源证明,但既因碍于情面而勉强同意,则翁大○等以其名义购买国华人寿股票并制作相关文件完成交易手续,自系已获得游显○之授权,要不能以游显○事后反悔之词,作为不利于被告之证据。另张纮○、张家○或虽未明确表示同意购买上开股票,惟彼等原先既已同意并授权由翁大○提供资金及资金来源证明,复未明确指示买卖债券之种类、金额等具体方式,自系以设立兰阳银行为目的概括授权翁大○以彼等名义为相关之经济活动以取得资金来源证明,而翁大○、李秀○以张家○、游显○、张纮○名义买进公债及股票既然又系作为兰阳银行发起人之资金来源证明之用,纵未就购买何种股票、及购买金额等细节,个别告知或征求渠等之同意,惟就全部情节综合观察,仍应属以达成设立兰阳银行为目的之概括授权范围内之行为,则翁大○、李秀○二人所为,自无伪造文书及行使伪造文书等刑责可言。

至于游显○、张纮○、张家○及证人张建○嗣后否认上情,既均与前述之诸多事证不相吻合,难认与事实相符,自均不足资为翁大○、李秀○之不利论据。以张家○名义买卖公债及买进国华人寿股票所使用之印章,虽系张家○出境前已交付李秀○保管供其他买卖股票使用,但张家○既已知情并同意担任兰阳银行之发起人,显有授权翁大○、李秀○以其名义作财务规划以取得资金来源证明,有如前述,李秀○使用该印章于相关之文书上,自亦在其概括授权之范围内,难认有伪造文书之行为。

被告柯敏○坚决否认有背信之犯行,辩称:系争台中市何厝段土地共九笔系以公开竞标取得,并无不法。伊于1989年12月间经由华英建设股份有限公司董事长熊名○告知,系争土地将公开标卖,每坪底价四十五万元,即向华隆公司董事长报告,经指示实地查勘,并于同年月29日行文中央房屋中介股份有限公司(下称中央房屋公司)请求评估,经该公司评估建议以每坪六十五万元至七十五万元为合理价位。经翁有○指示以每坪六十九万元提交董事会决议以该价格参与投标,并标得其中九笔。华隆公司得标之系争九笔土地,次高标为家美建设股份有限公司(下称家美公司)以每坪六十八万元落标,另何厝段有二笔则由马秀○、刘炎○分别以每坪七十一万元及七十一万五千元得标,相邻之惠来厝段十一笔,则由家正建设股份有限公司以每坪六十八万元得标,而所有参与投标者,多以六十五万元至七十一万五千元不等之价位参与竞标,本件华隆公司得标之价格在合理价位范围内,伊无背信之犯行等语。

公诉人认柯敏○涉有背信罪嫌,系以翁大○于1988年间购入上揭土地每坪仅约二十一万四千元,且除三四○一○及三六二地号二笔土地外,其余公告现值折合每坪为三千○二十五元,于调查人员访查时当地地主赖惠○(三三七ㅣ二三地号)、何顺○(三三七地号)、何清○(三六二地号)分别依次陈称其土地每坪约四十万元、四十万元、二十万元左右,为其论据。经查虽于调查局讯问时证人何清○供称:"因台中市政府于 1990 年 7 月 1 日发布该地区土地禁止产权移转之命令,再加上房地产不景气所以上述三六二地号目前市价已逐渐下降,每坪单价应在二十万元以下";证人何顺○证称:"该地段在 1990 年间市价每坪最高约二十万元左右,因该地区已规划为台中市第七期重划区,1990 年间取得之土地经过规划后只能分配到约百分之五十左右,因此购得该地区一千坪在重划后只能分配至五百余坪,换言之,1990 年间以每坪二十万元购得台中市第七期重划区土地,实际成本为每坪四十万元";赖惠○证称:"我上述所持有之土地,每平方公尺公告地价为四千元市价,每坪多少,我并无定论,惟 1990 年 1、2 月时曾经有人向我购买,每坪四十万元左右,因当时土地在我父亲名下,所以我并无权处分该笔土地。"等语。

然查彼三人所言,并非依据当时实际土地买卖之成交价额,且亦无实际之买卖存在,自无法作为认定本件买卖当时土地实际市价之依据。故公诉人据此而认当时系争土地最高市价与标售底价四十五万元相当一节,尚嫌无据。又依卷附台中市中兴地政事务所函所示,系争土地(三四○一○、三六二地号除外)公告现值每坪为三千零二十五元,但市价与公告现值本有极大差距,为众所皆知之事,即此次标售之底价每坪四十五万元,亦远超过公告现值,是公告现值如何,不能作为柯敏○有无背信之证据。

系争土地系翁大○于 1989 年 2 月间以每坪二十一万四千元向"华隆投资股份有限公司"(非华隆股份有限公司)购买,惟股票指数于 1987 年 12 月 28 日自二千二百四十一点二五点暴涨至 1990 年 2 月 12 日为一万二千六百八十二点四一点,将近六倍之多,股市投资大众因股票买卖获利而转投资于房地产市场,带动地价之上扬,亦为众所周知之事,并有卷附 1993 年 4 月 26 日出版之市场与行情周刊所刊载之大台北地区 1986 至 1992 年度预售房屋变动一览表,以及台湾证券交易所1993年度证券统计资料所载之发行量加权股价指数,可供比较其变动之关联性,再参酌华英公司标售时所定底价每坪四十五万元,亦较翁大○购入时之价格提高两倍以上,故亦不能执翁大○购入时之价格资为柯敏○不利之认定。

又华英建设公司代理翁大○在报纸上刊登公告标售二十九笔土地,参加投标之公司及个人多达十一家,其中华隆公司标得系争九笔土地,其另拟标购之二笔土地即同地段三六○之二及三六○之七地号,分别由马秀○、刘炎○以高于华隆公司之出价即七十一万元及七十一万五千元得标,其余各笔土地由家正公司以每坪六十八万元标得十一笔,嘉新畜产股份有限公司以每坪六十八万四千九百九十八元标得七笔,亦即二十九笔土地全部标售,而华隆公司出价投标之该十一笔土地,次高标者家美公司以折合每坪六十八万元出价均未得标,此有大成报影本、华英公司标售土地开标记录及标单影本在卷可稽,足见柯敏○代表华隆公司在公开多人竞标之情形下,以每坪六十九万元标购系争土地,并非不相当之高价。况以该价格标购,系先经华隆公司董事会议决议后为之,亦有该公司第九届第二十次董事会议事录足凭,其过程亦无违法,要不能因翁大○与华隆公司董事长翁有○为兄弟,即臆测推断柯敏○本件行为系将华隆公司之盈余输送给翁大○而有背信行为。

"财政部"证管会1993年6月14日台财证字第01412号函虽表示:同时参与该次投标并标得台中市西屯区惠来段土地之家正建设公司、及投标价格较低之家美建设公司,似为华隆公司之关系企业;兴农股份有限公司及亚洲聚合股份有限公司于1990年7月及1991年6月,分别购入及出售台中市西屯区之土地时,每坪均为三十余万元;华隆公司所购入之台中市西屯区土地,系属台中市第七期市地重划区范围,已于1991年进行重划工作,重划后虽可提高土地开发价值,惟持有面积减少等情,就前开投标结果有所质疑。另华隆公司因转投资而持有参与该次投标并标得部分土地之嘉新畜产公司(下称嘉畜公司)股票,认嘉畜公司亦为华隆公司关系企业。惟原判决综合卷存家正公司持股变动明细表、家美建设公司之登记事项卡所载数据,认该二公司于1990年1月标售土地时,与华隆公司或翁大○并无关系企业关系,家正公司股东间于1991年10月有转让部分持股给集新投资公司,然此已在本件标售土地一年半以后之事,参酌当时亦参与投标且得标之马秀○、刘炎○,经查亦无从证明其与华隆公司或翁大○间有任何关系,证管会此部分质疑,要属无据。

兴农公司1991年公开说明书记载1990年7月购入台中市西屯区惠来厝段土地每坪三十三万元,然该笔交易事后于同年11月因故解约,另声请办理抵押登记,有该公开说明书影本可按,是该公司就该土地是否确有买卖行为,已存有疑义。且其中有部分土地在重划区外,与本件系争土地地点及交易时间、方式均不相同,其价格自难相提并论。亚洲聚合公司于1991年6月间出售台中市西区何厝段之土地,是否在台中市第七期重划区内不明,而台中市政府于1990年6月26日公告将第七期惠来市地重划区禁止土地移转、分割及设定抵押,华隆公司标购系争土地时台中市政府尚未公告禁止土地处分,二者之时空背景及土地坐落地段均不同,自不得据此而拟制推论柯敏○代表华隆公司标购系争土地之价格有何不法。

华隆公司于决定参加投标前,曾于1989年12月间委托中央房屋公司予以规划评估,该公司于1990年1月12日提出之卷附"华隆台中第七期重划区土地利用初步规划构想",系对土地重划前后之面积、预期合理利润、营建成本等因素加以评估后,据以反算出购地之合理成本。华隆公司董事会决议投标之价格即系参考此评估结果而来,亦有该评估报告、华隆公司投资处签呈、简便行文及第九届第二十次董事会议议事录足凭。可见重划前后土地面积之变动情形原已在该公司估算之内,尚不能因土地重划后持有面积减少,而认此次投标有何图利翁大○,致生损害于华隆公司。

再参酌卷附华隆公司1993年5月24日函及公告现值变动比率评估表、安侯协和会计师事务所函、"财政部"证管会1993年6月5日台财证字第01328号函所载之内容,亦足证华隆公司于1990年以每坪六十九万元承购系争土地,尚属合理。因认证管会上开函文所为质疑,尚不足资为柯敏○不利之证明。至华隆公司固曾因转投资而持有嘉畜公司之股票,然上市公司因转投资而相互持有公司股票,乃常有之事,且该二公司均系依公司法设立之法人,财务各自独立,当时之负责人分别为翁有○及高德○,二者并非同一人。而嘉畜公司因参与此次投标,负责人高德○曾经检察官依背信罪嫌起诉,但经台湾台北地方法院以1994年度诉字第2887号刑事判决谕知无罪,经原审法院1996年度上诉字第315号刑事判决驳回检察官之上诉,嗣于原审法院1998年度上更字第211号审理中,因高德○死亡而为不受理之判决,有各该刑事判决在卷可稽。是尚不能在无确切证据之下,仅因华隆公司持有嘉畜公司之股票,即臆测本件标购土地有何不法行为。

次查华隆公司在决定投标前,曾委托中央房屋公司规划评估,完成"华隆台中第七期重划土地利用初步规划构想",其规划之基地重划前为四千三百坪,重划后约二千五百坪,规划内容为如兴建国际观光旅馆自行营建,建议购地成本不可高于每坪七十五万零九百五十九元;如兴建办公大楼出售,如扣除百分之十五之利润及营建费,反求土地合理成本,重划前每坪单价约六十三点三三万元。华隆公司于标购土地后,另委托中联不动产鉴定股份有限公司鉴定系争土地价值,认当时价值每坪七十万元,有该公司出具之不动产时值勘估征信报告可参。

原判决据此并参酌台中市政府 2002 年 10 月 23 日府地划字第 0910156135 号函复原审法院有关查询系争土地之使用分区情形、重划后取得面积比例及重划确定后之使用限制等相关事项之内容，以及其所附之台中市副都市中区专用区细部计划土地使用管制要点、台中市新市政中心专用区细部计划第一次通盘检讨概要之土地使用分区管制要点等资料，因认该二公司之评估规划及鉴定，与华隆公司于重划后可分配之土地面积、使用区分限制等并无明显或重大扦格，其评估及鉴定价格亦无超越合理情形之巨大差距，自属可采。华隆公司以每坪六十九万元之价格参与系争土地投标，并未超过中央房屋公司建议之最高土地成本，事后经中联公司鉴定结果，系争土地之价值又略高于投标价格，自难谓有以不相当之高价标购土地，柯敏○依该公司董事会决议执行投标，亦难认有背信之行为。

华隆公司购买系争土地前，即先委托中央房屋公司评估规划，并依据其评估规划之土地成本决议投标，已如前述，是以柯敏○于调查局供称：系依据翁有○之指示，在签呈上书写以每坪六十九万元投标，并未事先搜集土地市价或公告地价云云，显与卷存资料不符，自无可取。而华隆公司于标得系争土地后，系因安侯协和会计师事务所之建议，始委托中联不动产征信公司鉴价，以供"财政部"证管会在审核盈余转增资时查核之用，业据柯敏○供明，证人即中联不动产鉴定公司之估价师张世○亦供称：该鉴价系办理增资时供"财政部"证管会审核用等语。该次鉴价显然与华隆公司参加标购土地之价格无关，不能执此而推测系在掩饰当初投标之价格有何不合理之情事。证人张世○于调查局虽供称：柯敏○委托徐振○将办理鉴价之相关资料提供与伊时，向伊表示购买本案九笔土地每坪单价六十九万元，希望鉴价时不要相差太多等语。

惟论其在该讯问中并未表示其有因此而制作不实之征信报告或其
鉴价结果系虚伪,有调查笔录可稽。且于原审法院前审更供称:调
查局之笔录,不是按伊之意思记载,与伊之意思不符,伊要鉴价有
问该土地位置、环境、一坪多少钱得标等鉴价资料,伊是按专业知
识、相关鉴价规定及资料,去鉴定该土地之价格,柯敏○未向伊表
示希望伊鉴价时不要与购买时之单价相差太多等语。徐振○亦证
称:柯敏○没有委托伊转告如何鉴价,当时柯敏○没有提示说公司
已购九笔土地,每坪土地六十九万元,希望鉴价不要差太多等语。
足见张世○系依其专业知识而为鉴价,柯敏○并无要求其为如何
之鉴价,张世○于调查局之供述亦不足采为柯敏○不利之认定。

　　证人许芳○于调查局曾证称:"1990 年 6 月间台中市政府禁
止重划区土地产权移转,再加上该重划后之土地仅能分配计约五
成左右,所以在市场上很少听到有投资者欲买卖该区土地"、"三
六二之二二、三六○之三、三三七等地号因位于台中市第七期重划
区内,……到 1989 年底房地产受经济不景气影响已逐渐下降"等
语。然其为太平洋房屋中介公司中区专业处副理,并未就其业务
上知悉或该公司在 1990 年 1 月间,在邻近地段实际交易之情形,
举出案例以佐证其证言,则其所谓本于个人了解之行情所为证言,
已流于空泛而属个人意见。台中市第七期惠来市地重划区,系在
1990 年 6 月 26 日始经台中市政府公告禁止土地移转、分割及设
定抵押,已在本案土地标购后五个月,其所述情形亦与本件购地之
时间点不同,且投资人如预期重划区内之土地将遭到公告禁止移
转等处分行为,争先于公告前以高价购买,以便享受增值利益者,
亦为社会上所常见。土地重划后所有权人扣除公共设施用地分担
部分,其持有之面积虽减少,但因已规划完成,土地利用价值显然
提高,就本件之土地而言,重划后之土地地价上涨幅度高达九倍以
上,有土地誊本、台中市中兴地政事务所地价证明及台中市土地公

告现值变动倍数表可资佐证,如按重划后与重划前公告现值变动倍数计算亦有四点三倍以上。许芳○上开证言尚与实情不符,亦不得资为柯敏○不利之认定。

原判决综合上述情节,因认查无证据证明被告等有起诉书所指之背信罪嫌,翁大○、李秀○有伪造文书罪嫌,因而撤销第一审关于翁大○、李秀○背信科刑部分之判决,改判谕知翁大○、李秀○被诉伪造文书及购买国华人寿股票背信部分,均无罪,并维持第一审关于柯敏○被诉背信(本件台中购地案)无罪部分之判决,驳回此部分检察官在第二审之上诉,已详予说明其证据之取舍及论断之基础。复叙明并案移送审理之翁大○在竹南购地涉连续犯背信罪嫌部分(原由台湾新竹地方法院检察署检察官以 1991 年度侦字第 3329、3330、3435、4318 号起诉,经台湾新竹地方法院以 1991 年度诉字第 556 号裁定移送台湾台北地方法院合并审判,该院认此部分与本件翁大○涉犯背信部分有连续犯之裁判上一罪关系,起诉在后而以 1991 年度诉字第 2885 号判决不受理后,移送并案审理),因本件翁大○被诉背信部分已为无罪之判决,二者即无所谓连续犯之裁判上一罪关系,非起诉效力所及,不得加以审判,检察官如认此部分仍涉有犯罪,应另行侦办。所为论述,均有卷存资料可资覆按,从形式上观察,并无所谓违背法令之情形。

按检察官就被告犯罪事实,应负举证责任,并指出证明之方法。因此,检察官对于起诉之犯罪事实,应负提出证据及说服之实质举证责任。倘其所提出之证据,不足为被告有罪之积极证明,或其举出证明之方法,无从说服法院以形成被告有罪之心证,基于无罪推定之原则,自应为被告无罪判决之谕知。原判决依据卷附"财政部"证管会、建弘证券公司、统一证券公司之多次复函、中华证券投资股份有限公司函附之股票过户转让声请书上所载国华人寿股票交易价格、联合晚报所载未上市股票一周行情表及证人范学〇等人之证言等相关资料，说明翁大〇、李秀〇用游显〇、张家〇名义，以每股一百二十元买进国华人寿股票，尚查无证据证明有与翁有〇共谋以高价低买之背信犯行，公诉人所谓该股票当时每股在一千元以上，尚非有据，建弘证券公司及统一证券公司对该股票所提供之参考价格，何以不足采信。

另综合卷内资料说明张纮〇、游显〇及张家〇均列名为兰阳银行之发起人，对其所认股份之资金，已同意并授权翁大〇用彼等名义出售公债及买卖股票方式作为筹措资金及资金来源证明，翁大〇指示李秀〇依彼等之概括授权，以其名义出售公债、买卖股票并制作相关文书，不成立伪造文书罪。张纮〇、游显〇虽不同意以开户购买上市股票方式作为资金来源证明，但并未拒绝以购买未上市股票等方式作为资金来源证明。游显〇更坦承以其名义购买国华人寿股票，伊"勉为其难同意"等情，而李秀〇使用张家〇原寄存之印章于相关文书，在其概括授权范围，亦不构成伪造文书罪。游显〇、张纮〇、张家〇、张建〇等事后否认知情并授权翁大〇等为上述行为，与事实不符，不足采为被告不利之证据。

复说明柯敏〇依华隆公司董事会之决议，以每坪六十九万元标购系争土地，参酌参与该次投标各公司及私人，其得标及未得标之次高标者所出之价格、中央房屋公司及中联不动产鉴定公司之评估、鉴价等相关资料，尚属合理之价格，查无证据证明系以显不相当之价格标购之背信行为，柯敏〇及证人张世〇（上诉意旨误为徐振〇）、何清〇、何顺〇、赖惠〇、许芳〇等于调查局之供述及翁大〇购入系争土地之价格，何以不足为柯敏〇不利之认定。对公诉人所提出之证据，何以不足为被告等有罪之积极证明，其所举出之证明方法，何以无从说服法院以形成被告有罪之心证，已于理由内逐一剖析，详予论述，因而为被告等无罪之判决，于法难认有违。

上诉意旨对原判决如此论断,究竟有何违背法令之情形,未依据卷内资料具体指摘,复未提出适合证明犯罪事实之积极证据,并说明其证据方法与待证事实之关系,仍执原判决所不采之证据,或凭己见以臆测之词,就原判决已有调查说明之事项,或原审证据取舍及判断证据证明力之职权行使,泛指原判决此部分违法,难认系适法上诉第三审之理由。此部分之上诉为违背法律上之程序,应予驳回。又被告等涉犯背信罪部分,虽属"刑事诉讼法"第三七六条第五款所列之案件,惟于修正刑事诉讼法施行前,原得上诉于第三审法院,且已系属于法院,依"刑事诉讼法施行法"第五条第一项规定,仍应依施行前之法定程序终结之,附此叙明。

肆、"最高法院"判决的检讨

缠讼十余年的华隆案,"最高法院"在股票与土地价格认定争议方面,大抵以查无证据证明被告系以显不相当之价格购买之背信行为而三审定谳。但本案确实引起颇多公司法及证券交易法上的问题,值得吾人仔细探究。例如:未上市(柜)之股票的价格应如何估定?土地价值又应如何确认?股东会事后的承认,是否可作成掏空公司、利益输送行为的护身符?此外,与本案相关者乃系不担任任何公司职位之控制股东,其应否对公司乃至公司股东负注意与忠实义务,以确保公司及其股东之权益?值得进一步探究。兹就各问题分述如下,以供参考。

一、价格认定的争议

不论是股票买卖或土地买卖,华隆案的历审判决均涉及价格认定的争议。在股票买卖方面,一、二审均判决被告无罪,其所持

理由主要是：以截至 1989 年底加以计算，国寿及国证每股净值为
一百二十二点八六元及十三点三八元，而本案的卖价均高于此净
值；此外，依据"财政部"之税务法令，由于本案所牵涉的股票均为
未上市（柜）股票，故本来可得以净值计算其价值。

对于上述见解，"最高法院"则持不同看法，认为税务法令是
为课税目的，不能作为认定市场价格之标准，土地公告现值一般偏
低即是明显的例子。惟高等法院则持相反见解，认为两家公司之
股票在市场上并无具体交易价格，而未上市（柜）公司股票之价格
并无一定合理客观标准可资判断，实际上仅系由买卖双方自行衡
量商议决定。

至于土地价格的争议，在竹南厂房土地案，地方法院判决被告
有罪之理由主要有三：其一，该土地经新竹地院三次拍卖均告流
标，国华人寿当初不参与竞价应买，事后却以三倍之高价向人头买
进，岂有此理？其二，郑耀○承受土地后，仅十一天之时间，国华人
寿即和人头郑耀○签约买地，但国华人寿事先并没有任何评估
（按这部分法院似用在质疑被告买卖的真正目的，法院认为其真
正目的系在利益输送、掏空公司，即违反公司负责人对公司之忠实
义务）[6]。其三，本案三家鉴价公司之鉴定价格报告均系系争买
卖契约签订之后所作，且投标资金由国华人寿支付，大部分价款则
由翁大○取得并自其银行账户兑现。惟高等法院却采信被告的辩
词，认为系争土地交易既经股东会追认，并有鉴价公司之鉴价报告
支持，故不成立背信罪，对此"最高法院"也予以支持。

至于台中西屯区土地案，一、二审均判被告无罪。其理由主要
是：地价上涨，不动产鉴定公司评估的市价，每坪有六十五万至七

---

[6]　按公司董事会对一项重大资产交易，事先未为评估即径行交易，在公司法之评价
　　上，有可能会被认为系违反董事之注意义务。

十万元,而且参加竞标者更达十一人之多等。对此见解,"最高法院"并不能认同。因短短数个月土地价格大涨数倍的说法,并无事实根据;而且不动产鉴价是在成交后之五个月才做成,难被取信。另外,参与竞标者均属被告同一集团,在客观性上有所欠缺。更有甚者,依中介公司之证词,1990年初该土地每坪约仅二十余万元,而非本案之六十余万元,但本案几经更审最后仍以无罪收场。

(一)未上市(柜)股票价格的认定

关于未上市(柜)股票价格如何认定? 土地之价格又如何评估? 鉴价公司的鉴价报告应如何正确看待? 本文认为,在未上市(柜)股票方面,[7]既然尚未挂牌交易,并无客观之市价,如何决定该股票之真正合理价格并不容易。惟以"资产净值法"结算合理价格,一般系用在认定纳税义务人应缴之税捐上(例如,遗产及赠与税法施行细则第二十九条[8])。其认定股价之标准如同土地公告现值或公告地价之公布,与市价相较均属偏低,当不宜作为认定其为未上市(柜)股票价格合理之标准。

其次,本案台北地方法院曾以证券主管机关所制颁之"股票承销价格订定使用财务数据注意事项"之规定,试算承销价格参考公式所计算出之股票价格,再兼采证券公司之建议,另以同类上市公司股价过去四年平均本益比法打六折计算之还原股价,作为认定依据。此一方法,虽未必有学理上之坚强依据,但仍不失为一客观标准,往后类似实务案例,似仍可参考之,以作为未上市(柜)

---

〔7〕 此处所指未上市(柜)股票,兼含未在兴柜市场挂牌交易者而言。
〔8〕 该条第一项规定:"未上市或上柜之股份有限公司股票,除前条第二项规定情形外,应以继承开始日或赠与日该公司之资产净值估定之"。

股票价格之评定标准。

再者,本案"最高法院"曾谓:"未上市股票交易价格,仍有参考同一股票同时间他人之成交价格,高院对此并未加以调查,于法未合"。对此,本文认为此项见解基本上值得赞同,惟应注意参考同一股票同时间他人之成交价格时,应剔除数量不大之成交价格,否则容易有"作价"之情形发生,造成法院判断失真。

此外,本文认为,对于未挂牌交易,并无客观之市价,且最近年度之损益表显示该公司投入大量研发费用而仍呈现亏损状况之公司股票,因"市价法"或"本益比法"均无法作为系争股票之评价模型,故司法实务上似可采用市场类似公司之"股价净值比法"推估系争公司股票的价值。当然,除"股价净值比法"外,对于尚无盈余然却正处于市场快速成长之公司,亦可以市场类似公司之"股价营收比法"之方法予以评价;至于以智慧财产权为主的未上市(柜)科技公司股价,除净值外另加计其研发费用,以表彰其无形资产之价值,亦为实务上经常实行之评价模型,凡此均值得司法实务参酌。当然,法院可多征询证券分析师对未上市(柜)股票股价的意见,并斟酌其提出之评估意见,妥为裁量何一价格始为合理之股价。

至于公开发行公司取得或处分有价证券,依"公开发行公司取得或处分资产处理准则[9]"(以下简称"取得或处分资产处理准则")第十条规定之取得程序,应先取具标的公司最近期经会计师查核签发或核阅之财务报表作为评估交易价格之参考。此外,公开发行公司有下列情形之一,且交易金额达公司实收资本额百分之二十或新台币三亿元以上者,应洽会计师就交易价格之合理性表示意见:(1)取得或处分非于证券交易所或证券商营业处所

---

〔9〕 2002 年 12 月 10 日证期会台财政一字第 0910006105 号令。

买卖之有价证券。（2）取得或处分公司私募有价证券。凡此规定，公开发行公司应注意遵守，自不待言。

（二）土地的价格争议

对于土地价格的争议，本案一、二审法院判决的理由主要是：地价上涨。然而，短短数个月的时间，土地价格飙涨数倍的说法，是否有事实根据，颇值推敲。

事实上，对于不动产或其他固定资产价格合理性之问题，2002年12月公布之"取得或处分资产处理准则"已有部分对策。其规定之主要对策内容是：公开发行公司取得或处分不动产或其他固定资产，原则上交易金额达公司实收资本额百分之二十或新台币三亿元以上者，应先取得专业估价者出具之估价报告（第九条）。按此处所指之"专业估价者"：系指不动产估价师或其他依法律得从事不动产、其他固定资产估价业务者（第四条第五款）。尤其值得注意者，为处理关系人鉴价公司所出具之不动产鉴价报告有多少证据能力的问题，"取得或处分资产处理准则"第五条明白规定：公开发行公司取得之估价报告或会计师……之意见书，该专业估价者及其估价人员、会计师……与交易当事人不得为关系人。[10]

综上所述，本文以为，土地等不动产价格合理性之判断，法院应尽量仰赖专业估价者（如不动产估价师）与会计师之合理性评估意见。如专家意见间相距颇大，则宜再委请第三家客观公正之专业估价者提出评估意见，以作最佳裁夺。

---

〔10〕 此处所指关系人：指依财团法人会计研究基金会所发布之财务会计准则公报第6号所规定者（第四条第三款）。

二、利益输送行为可经股东会追认而变为合法

利益输送行为不论是透过股票交易或土地等资产交易,纵事后经公司股东会追认,仍无碍于违法行为之成立。惟"最高法院"似认为公司控制者之"利益输送"可疑行为,可借由事后之股东大会之追认而不具违法性或可因此免责。"最高法院"此项见解之法理依据何在? 颇令人费解。本文以为,股东会之决议内容,违反法令者(如"刑法"三四二背信罪、"证交法"一七一②)应为无效(公一九一),行为人之违法利益输送行为既已成立,自不能事后透过股东会之同意或追认而解免责任。更有甚者,在法理上而言,虚掷浪费(waste)公司资产以图利特定人之行为,自不能因事后股东会受大股东(或特定股东)所操控而可有效追认图利行为,否则如何维系公司制度于不坠?

三、控制股东之忠实、注意义务

为解决我人头文化的问题,"取得或处分资产处理准则"第十三条第一项除规定:"公开发行公司向关系人购买或交换而取得不动产,应依前节(资产之取得或处分)及本节(向关系人取得不动产)规定办理相关决议程序及评估交易条件合理性等事项",复进一步于第二项规定:"判断交易对象是否为关系人时,除注意其法律形式,并应考虑实质关系。"诚然,这是对付公司关系人(如董事长)利用人头与公司进行交易(如土地交易)中一项必须正视的问题,惟如何"考虑实质关系",该处理准则并未进一步规范。管见以为:应可从何人"直接或间接提供资金(或资产)",与"该交易所得之利益全部或一部的最后归属",加以判断有无利用人头之情事。

然而,必须指出者,实务上有些关系人交易,公司交易对象之

主体,为避开关系人之认定而回避不亲自担任董事、监察人及经理人等职务,但实际上公司董事会决策却仍由其掌控。这种情形,前述"取得或处分资产处理准则"的相关规定似难加以适用。

其实,在美国法制上,控制股东(controlling shareholders)如充任董事或经理人(officers),则在职位上应对公司负起受任人义务(fiduciary obligations)(即主要为注意义务及忠实义务);惟即使控制股东并不担任公司董事或经理人,但如其对公司行使控制力(control)时,则该控制股东必须对少数股东负起类似董事之受任人义务。换言之,控制股东必须节制其控制力以攫取特别之私利或侵害少数股东之利益,否则应负法律责任。[11]

当然,在美国法制上,并非谓控制股东不可与公司签订有效之交易合约,但控制股东有义务不得剥削公司而牺牲少数股东利益。因之,假如当公司与控制股东之交易条件不公平时(即非常规交易;non arm's – length bargain),则控制股东对少数股东已违反其受任人义务,可被少数股东所提起之代表诉讼加以追诉。[12]

此外,美国法院也认为,当公司与其控制股东之间的交易公平、合理性受到挑战时,则举证系争交易的公平、合理性应落在控制股东的肩上。[13] 至于所谓控制股东之定义,一般认为无须持有公司过半数股权才是控制股东,持有百分之四十、百分之三十、百分之二十或更低者,如搭配例如委托书之工具等,加上如属于大型公司股权分散的因素,亦有可能成为此处所谓之控制股东。[14] 惟

---

[11] See Pepper v. Litton, 308 U. S. 295(1939). See also Cox, Hazen& O'Neal, Corporations, Aspen Law&Business, 1997 Ed. , at 250~258.

[12] See Jesse H. Chopper & Melvin A. Eisenberg, Corporations, 1989 Ed. at 109.

[13] See e. g. , Sinclair Oil Corp. v. Levien, 280 A. 2d 717(Del. 1971).

[14] See Detlev F. Vagts, Basic Corporation Law, 3rd Ed. , 1988, Foundation Press, at 444.

必须指出者,依美国法,单纯持有较多之股权,并不会因此使该股东对其他股东负受任人义务中之忠实义务与注意义务;唯有该股东行使其控制力时,忠实与注意义务始告产生。[15]

综上美国有关控制股东法制之说明,本文以为,我公司法制应及早对控制股东之法律地位与责任予以确立,[16]否则必然留下公司法制之漏洞。如同华隆案中,"最高法院"含糊地认为,公司董、监及经理人始为"刑法"第三四二条背信罪之犯罪主体,对于公司具有实质影响力之控制股东,对公司及股东似不负任何背信法律责任。当然,从罪刑法定主义之观点而论,此项见解,尚称妥适,[17]惟从立法论之观点出发,则现行公司法不无缺漏之处,亟待补正此一法律漏洞。

值得注意者,为处理实务上人头傀儡董事盛行,而幕后董事(shadow director)却逍遥法外之情形,近来有学术委托研究报告建议仿照英国法及韩国公司法,就利用对公司影响力而控制公司经营之支配股东,将其拟制为董事,以使其适用董事责任的相关条文(例如我"公司法"第二十三、一九三、二一四条等)。[18] 拙见以

---

[15] See e. g. , Southern Pacific Co. v. Bogert, 250 U. S. 483(1919). Comments, Fiduciary Duties of Majority or Controlling Shareholders, 44 Iowa L. Rev. 734(1959).

[16] 早在约二十年前,赖英照教授在"中国公司立法之回顾与前瞻"乙文中,即呼吁对大股东之法律地位与责任明确定位。参阅赖教授著,公司法论文集,1986 年 9 月证基会出版,页 46~47。

[17] 其实"刑法"第三十一条规定有关共犯与身份的关系,似可解决部分问题。刑法第三十一条第一项规定:"因身份或其他特定关系成立之罪,其共同实施或教唆帮助者,虽无特定关系,仍以共犯论"。

[18] 参阅徐小波、刘绍梁、王文宇、刘连煜、林国全等教授受经建会所委托研究提出之"公司法制全盘研究与修订建议"第三册,2000 年 3 月 31 日,页 126。其建议条文第一九二条之一文字如下:"非董事而可直接或间接控制公司之人事、财务或业务经营者,对公司应与董事负同一之责任"。

为,不论采用美国法制上之控制股东受任人义务的理念或其他国家之幕后董事法理,均值得台湾地区公司法加以学习,但规范上必须明定实质上控制公司经营者,应对何人负有受任人义务(忠实及注意义务),亦即系对公司? 或对其他股东? 或对两者均负忠实及注意义务? 因为事关何者可对违反者提起民事赔偿之直接诉权(即直接请求权,而非代位诉权),不可不慎。当然,本文以为,以对公司及股东均负忠实及注意义务,较能强化公司治理之作用,遏止利益输送之不法行为。

四、民事赔偿责任与刑事责任之脱钩

本文所探讨之华隆案,由于证据认定之问题,"最高法院"以查无证据证明被告有背信之罪责而判决被告无罪确定。对于刑事责任,法院以较为严格之角度检视证据,基于保障人权之观点,吾人并不忍苛责,但对于相关民事赔偿责任之追诉,是否法院亦应用同一标准检视民事案件之证据,本人则持否定看法。盖一般民事赔偿案件只需要证明行为人之加害行为与受害人之损害间具有相当因果关系即为已足,不必然需要如同刑事案件般高标准之证据力。换言之,公司法制下之民事赔偿制度不必与违反义务者之刑事责任亦步亦趋挂钩在一起,而可分别判定,采取不同之认定标准,如此始能发挥民事责任应有之填补损害甚至阻吓违法功能。华隆案未见民事责任之追究,诚属遗憾,其原因或系如上所述证据的问题所限,或系公司法制民事责任追偿制度之缺失使然(如现行"公司法"第二一四、二一五条代表诉讼之缺漏[19])。惟无论如何,健全公司法制下之民事赔偿责任,尚须公司法学界、"司法院"

---

〔19〕 有关代表诉讼制度之问题,请参阅拙著,股东代表诉讼,台湾本土法学杂志,第64期,2004年11月号,页156～161。

及各界共同之努力,始能完善。此点自属不言可喻。

伍、结　语

公司控制者利用关系人交易利益输送之行为,时有所闻,也是时下公司治理论议题中值得重视的防制课题。本文以华隆案之判决为出发点,检讨公司法实务所面对之棘手问题:举凡未上市(柜)股票、土地价格的问题、股东会事后之追认交易是否可使不法行为成为合法行为,乃至于控制股东之义务等问题,希望借由所提出之建议【例如:(1)建议法院多仰赖客观公正之非关系者的证券分析师、会计师及专业估价者所提出之估价报告,作为合理价格认定之依据;(2)股东会事后之追认交易行为不得作为违法交易行为之阻却违法或责任事由;(3)立法课予控制股东类似董事之义务与责任等】,以弥补现行法制下所造成之漏洞及缺失,俾健全公司法制。

吾人衷心盼望当年名噪一时之许阿桂检察官起诉华隆案的精神,能真正在各级法院的判决中得到回响,让公司利益输送的行为受到应有的制裁,让我们的公司治理方向得以回到正轨。

【后记】

本文曾发表于:月旦法学杂志,第116期,2005年1月,页223～237。

公司合并态样与不同意
股东股份收买请求权

壹、前 言

　　企业并购属于"公司重组"（corporate structural changes）概念之一环,公司重组之概念非常广,态样繁多,包括公司合并、分割、股份交换、营业让与（公一八五）、公开收购（tender offer；证交四十三之一Ⅱ～四三之五）等皆包括在内。

　　合并[1]之规范,在我现行法制下,以企业并购法（以下简称"企并法"）为优先。公司法关于合并之规定则为基本原则,目前可谓大部分情形系处于备而不用之地位。[2] 亦即,关于合并事项,企并法有规定者,应优先适用企并法。企并法未规定者,始依公司法、证券交易法等加以补充适用。至于金融机构之合并,则优先适用金融机构合并法及金融控股公司法之规定,该二法未规定者,依企并法之规定。（企并法二[3]）

　　本文以下拟就公司合并类型与不同意合并之股东股份收买请求权规范,加以探究,希望能进一步探讨相关制度之积极功能,以供我公司立法及司法实务参考。

---

〔1〕　合并尚会牵涉公平交易法上结合之规范,参照该法第六条第一项第一款、第十一条之规定。

〔2〕　论者亦观察企并法与公司法重复规定的情形谓:"两个法律之间是否有叠床架屋的问题,哪些条文宜在哪个法律规定,有待日后修法时进一步检讨。"参阅黄日灿,法律决胜负－企业并购与技术授权,天下杂志出版,2004 年 5 月,页 89。

〔3〕　"企并法"第二条规定:"公司之并购,依本法之规定;本法未规定者,依公司法、证券交易法、促进产业升级条例、公平交易法、劳动基准法、外国人投资条例及其他法律之规定（第一项）。金融机构之并购,依金融机构合并法及金融控股公司法之规定;该二法未规定者,依本法之规定（第二项）"。

贰、公司合并概述

一、合并之效力

研究公司合并类型前,应先了解公司合并之效力。公司合并之最主要效力为,权利义务由存续公司概括承受。[4] 亦即,因合并而消灭之公司,其权利义务,应由合并后存续或新设之公司承受;消灭公司继续中之诉讼、非讼、商务仲裁及其他程序,由存续公司或新设公司承受消灭公司之当事人地位。(公七五、一一三、一一五、三一九;企并二十四)。此种承受为概括之承受,因此学者谓不得就其中一部分权利或义务以特约除外,且其承受原则上毋庸个别为之,亦无须为移转行为。惟如其权利之移转或义务之承担以登记为生效或对抗要件者,则仍需履践其登记程序。[5] 关此,企并法更明定:"存续公司或新设公司取得消灭公司之财产,其权利义务事项之移转,自合并基准日起生效。但依其他法律规定其权利之取得、设定、丧失或变更应经登记者,非经登记,不得处分"(企并二十五)。

---

〔4〕 "公司法"第一八五条"营业让与"与合并不同,营业让与之情形不牵涉权利义务的概括承受。
〔5〕 参柯芳枝,公司法论(上),2005 年 5 月,三民书局,页71。

二、合并之态样

(一)传统公司法之合并分类

(一)吸收合并。

两家或两家以上之公司合并,其中一公司存续,其余归于消灭者,称之。

【图示如下】:

(二)新设合并(又称"另设合并")(consolidation)

两家或两家以上之公司合并,参与合并之公司全归消灭,另成立一家新公司,谓之新设合并。

【图示如下】:

(二)学界与实务界另有之分类

(一)法定合并(statutory merger,或称"制式合并")。

系指依照法律规定之程序所进行的合并,例如:依公司法、金融机构合并法、企并法所进行的合并。

(二)事实合并(de facto merger)。

此概念是从美国判例法中所产生,[6]系指公司转让全部或主要部分之营业或资产给他公司,以换取他公司之股份,属于资产收购之方式。此方式之并合,资产转让的对价是由受让公司发行新股给转让公司,以代替现金(cash)之给付,亦即用"以股换资产"之方式进行并合,故有称之为"有合并之实,无合并之名"。[7]

(三)其他衍生之合并态样

(一)简易合并(short – form merger,亦有称为"简式合并")。

"公司法"第三一六条之二第一项规定:[8]"控制公司持有从属公司百分之九十以上已发行股份者,得经控制公司及从属公司之董事会以董事三分之二以上出席,及出席董事过半数之决议,与其从属公司合并。其合并之决议,不适用第三一六条第一项至第三项有关股东会决议之规定。"依此,简易合并不必经过一般繁琐之股东会程序,[9]只须经控制公司及从属公司董事会特别决议即可行之,因此得名"简易合并"。

---

[6]　See e. g. , Lewis Solomon & Alan Palmiter, Corporations, Little, Brown & Co. , 1990 Ed. , at 515 ~ 517.

[7]　刘绍梁、叶秋英、苏鸿霞等,企业并购与金融改组,金融研训院,2002年10月,页54。

[8]　"企业并购法"第十九条亦有简易合并之相同规定,该条第一项规定:"公司合并其持有百分之九十以上已发行股份之子公司时,得作成合并契约,经各公司董事会以三分之二以上董事出席及出席董事过半数之决议行之。"

[9]　依"公司法"第三一六条第一项之规定:"股东会对于公司解散、合并或分割之决议,应有代表已发行股份总数三分之二以上股东之出席,以出席股东表决权过半数之同意行之。"故合并原则上须经过股东会之特别决议。

【图示如下】：

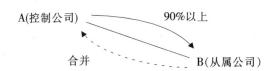

图示情形,仅须经 A 公司及 B 公司董事会特别决议通过即可合并。

（二）非对称合并。

系指并购公司(存续公司)很大,被并购公司(消灭公司)很小,亦即大鲸鱼与小虾米合并之情形。依"企并法"第十八条第六项之规定:"存续公司为合并发行之新股,未超过存续公司已发行有表决权股份总数之百分之二十,且交付消灭公司股东之现金或财产价值总额未超过存续公司净值之百分之二者,得作成合并契约,经存续公司董事会以三分之二以上董事出席及出席董事过半数之决议行之,不适用第一项至第四项有关股东会决议之规定。但与存续公司合并后消灭之公司,其资产有不足抵偿负债之虞者,不适用之。"此种情形,由于相对地对存续公司及其股东经济上影响较小,故不必经存续公司股东会特别决议,仅须董事会特别决议即可,合并之程序上因此会加速,即为此制度之优点。

（三）三角合并(triangular merger)。

为因应企业实务上之需求,三角合并为多数先进国家实务所承认或立法允许。关于此种态样之合并,我现行法仍无明文规定,仅于"企并法"第二十二条立法理由中提及。[10] 该合并形态涉及

---

[10] 按有主张我法律应明文承认三角合并类型,以利实务运用。但亦有主张现行股份转换之机制即足敷实务使用,不需明文三角合并类型,否则即有重复规范之嫌。

三家公司:母公司、子公司及标的公司;由母公司为并购目的所出
资设立之子公司与标的公司合并,但由母公司发行新股或提供现
金或其他财产于标的公司之原股东,作为合并对价。

三角合并,又可依合并后子公司为存续公司或消灭公司,分为
正三角合并(forward triangular merger,子公司为存续公司)或逆三
角合并(reverse triangular merger,子公司为消灭公司,[11]又称"反
三角合并")。

按实务上采取三角合并之主要目的有三,其一为,并购公司
(母公司)无须承担消灭公司之可能债务,因目标公司(被并购公
司)可能有很多"或有债务";其二为,并购公司(母公司)可借此回
避并购公司之股东行使表决权及反对股东之股份收买请求权;其
三为,或恐合并后企业文化不融合,此一安排可使消灭公司之业
务,甚至员工,独立而完整地继续存在。[12] 当然,三角合并之另一
优点是,如时机适当,母公司也可进一步利用简易合并(short -
form mergers)将子公司并入母公司内(公三一六之二、企并十九参
照)。综上可知,三角合并有可进可退之长处。

〔11〕 See James Cox & Thomas Hazen, Corporations, 2nd Ed. , at 612 ~ 614.
〔12〕 相关介绍,请参阅王文宇,我公司法购并法制之检讨与建议——兼论金融机构合
并法,月旦法学杂志第 68 期,2001 年 1 月,页 30 ~ 31。外国文献可参阅 Cox,
Hazen & O'Neal, Corporations, Aspen Law & Business, 1997 Ed. , at 589 ~ 590.

兹将其合并关系图示如下：
(1)正三角合并：

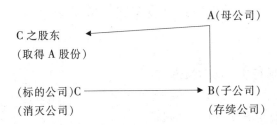

(2)逆三角合并(反三角合并)：

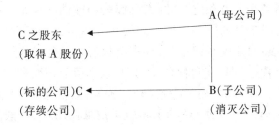

(四)现金逐出合并(cash out merger; squeeze – out merger)。

在美国,一些州的公司法规定,持有多数股权之控制股东,得以"现金"作为合并的对价,并得以此方式作为强制驱逐小股东的手段,取得公司之完全控制权;亦即,现金逐出合并系指公司以现金作为合并对价,并利用股份多数表决的强制性作法,令少数股东丧失其于合并后存续或新设公司之股东的地位。此种合并态样,对小股东之利弊得失须依情况而定,不可一概而论。此类型之合并,我现行法无确切明文规定,惟事实上可透过三角合并或(及)简易合并方式,并以现金为对价方式(详后述),达到以现金逐出小股东之结果(台湾慧智与致达合并案即是例子);因此,有主张将来企并法应修法明文引进此类型,以利其适用。

叁、不同意合并之股东股份收买请求权

一、我现行法之实践情形

(一)企并法与公司法之规范

股东得请求公司按当时公平价格,收买其持有之股份的情形有:"公司进行第十八条之合并时,存续公司或消灭公司之股东于决议合并之股东会前以书面形式向公司表示异议,或于股东会中以口头形式表示异议经记录,放弃表决权者。但公司依第十八条第六项进行合并(即'非对称合并')时,仅消灭公司股东得表示异议"(企并十二 I ②;公三一七参照)。换言之,除了在"非对称合并"类型,仅消灭公司股东享有股份收买请求权外,[13]一般之公司合并类型(含吸收合并及新设合并),不论存续公司或消灭公司股东均享有股份收买请求权。

此外,企并法另规定:"公司进行第十九条之简易合并时,其子公司股东于决议合并之董事会依第十九条第二项公告及通知所定期限内以书面向子公司表示异议者"(企并十二 I ③;公三一六之二 II 、 V 参照),亦即,简易合并时,仅子公司(从属公司)股东有收买请求权,盖此时对于母公司(控制公司)之财务状况并无重大影响,因此并无给予母公司(控制公司)股东收买请求权之必要。

---

[13] 在"非对称合并"之情形,由于对存续公司之股东权益影响轻微,故法律不给予存续公司异议股东收买请求权。

至于三角合并时,是否应给予母公司异议股东收买请求权(甚至须先经母公司股东会表决)？此项争议,可能有两种不同见解。[14] 肯定者认为,如不给予母公司不同意股东收买请求权,对母公司股东保护不周。反对者则认为,三角合并之决定属于经营者专业判断的领域,不适宜给予异议股东收买请求权。对此,理论上似以否定说为宜,本文采之。盖从法人格各自独立之观点,应否认三角合并时母公司异议股东有股份收买请求权。

此外,在"现金逐出合并"之类型,由于不满意现金合并对价之股东,依法可另行行使不同意股东收买请求权。因此,适用的结果,有可能现金合并对价与收买请求权之评价产生两歧的情形。由于此部分较为复杂,容后再详述。

至于类似"公司法"第一八五条让与或受让营业或财产之"事实合并",我公司法亦有异议股东收买请求权之规定("公司法"一八六、一八七;企并十二 I④),请自行参照,于兹不赘。

(二)金融控股公司法之规范

金融控股公司之子公司吸收合并其持有百分之九十以上已发行股份之他公司的简易合并类型,依金融控股"公司法"第三十二条第三项规定:"表示异议之股东,得请求各公司按当时公平价格收买其持有之股份"。因此,在金融控股公司法下,不论母公司或子公司之不同意合并股东均享有股份收买请求权;此一规定迥异于一般企并法与公司法之相关规范,令人不解。其实,如同前述,母公司之少数股东,在简易合并下,其权益不致受到重大影响;因此,现行"金融控股公司法"第三十二条之规定似有谬误,使得整个法律政策未能一贯,实宜检讨改进,并回复简易合并类型下子公

---

[14] 参阅王文字,前揭注 12 文,页 30。

司之异议股东方得享有股份收买请求权。

(三)银行法之规范

按银行法为迅速处理问题金融机构,特于"银行法"第六十二条之四第二项规定:银行依前条第四款与受接管银行合并时,不同意股东不得请求收买股份。银行法本条项之所以剥夺不同意合并"受接管银行"之银行股东有收买请求权,其理由应是:(1)为迅速处理问题银行;(2)既为处理问题银行,则存续银行势将挹注大量资金于将消灭之问题银行,故不容不同意合并之股东再请求以现金买回其股份,造成银行资金紧俏;(3)存续银行股东如不拟继续持有股权,则可在证券市场卖出,以换取现金而退出。

虽然前述剥夺异议股东收买请求权之理由,看似言之成理。惟单就理由(3)而言,虽颇符合美国国内二十三州公司法(含德拉瓦州)上所谓之"股票市场出脱例外"(the Stock Market Exception)的理论;即该不同意股东之股票,如已挂牌上市或上柜,或已相当分散以至于可认为有一实质之交易市场存在时,可否认其有收买请求权。盖其本可容易出脱,自不需再有收买请求权之保护。[15]惟"股票市场出脱例外"理论,忽视证券市场机制失常,致其价格不合理之可能性,以及控制权交易有利益冲突等不当情形,致股价受到影响之危险性,故迭受批评。[16] 因此,股票市场出脱例外,自

〔15〕 See Frank Easterbrook and Daniel Fischel, The Economic Structure of Corporate Law, Harvard University Press, 1986 Ed. , at 149 ~ 152.

〔16〕 See Frank Easterbrook and Daniel Fischel, supra note 15, at 149 ~ 152;另外参阅美国模范公司法第十三章之修正建议。可参阅邱淑卿,从现金逐出合并论我股份收买请求权之规范,台北大学硕士论文,2004年5月,页72~73;林雁琳,公司组织变动之研究——以公司合并及收购为中心,台大硕士论文,2002年7月,页42~43。

应在交易市场具有"流动性"与股价具有"可信赖性"时,方有其适用。我银行法上述规定忽略于证券市场出售可能之问题,一味为贯彻问题银行之解决,牺牲存续银行股东之权益,似有进一步检讨之空间。

二、股份收买请求权之理论与功能

按股份收买请求权(appraisal rights),系指当公司股东不同意公司进行某一重要而具基础性变更(fundamental changes)行为时,依法给予该股东得请求公司以公平价格购买其持股之权利。此一权利系源自美国法而来。它的起源最初似乎是与十九世纪时的古老规则有关。因为在那时,公司如有基础性变更行为(例如公司进行合并),必须得到全部股东之一致同意始可。惟这一古老规则,显然不利于合并案之进行,因为只要有股东一人反对,合并案便会胎死腹中。为缓和此一严格限制,乃有以"股份收买请求权"作为不同意合并案之股东放弃受古老规则保护之对价。时至今日,继续支持股份收买请求权存在的两种主要理论:一为,不同意股东原投资期望的破灭说(defeated expectation);另一为,重要之公司交易可能会对大众股东有不公平对待说(risk of unfair Treatment)。[17]

至于股份收买请求权之功能为何?虽然对此不乏有大唱反调的学者,渠等认为股份收买请求权制度没有经济目的,也无法保护少数股东之利益,徒然造成公司财务困窘,如此而已。[18] 然而,一

---

〔17〕 有关此等理论之正反辩论,请参阅 Robert Clark, Corporate Law, 1986 Ed. , at 443～449.

〔18〕 Bayless Manning, "The Shareholder's Appraisal Remedy: An Essay for Frank Coker," 72 Yale L. J. 233(1962).

般传统看法认为,股份收买请求权系有保护少数股东之功能,提供少数股东从某些类型之控制权交易(control transaction)退出之机制,惟近来更有主张股份收买请求权具有"创造'使公司价值最大化'的诱因"功能(creating incentives to maximize the value of the firm);[19]甚至有认为股份收买请求权具有监控控制股东之不法行为功能,可谓系监督经营者的良好机制。[20]

其实,吾人以为股份收买请求权具有何种积极功能,端视其公平价格(fair value)如何确认? 换言之,评价之问题(problems of valuation)才是股份收买请求权具有何种功能的关键。

(一)我法与实务见解

按我们公司法关于合并时股份收买之价格决定方式,以"企并法"第十二条及"公司法"第三一七条规定而言,系股东得请求公司按"当时公平价格",收买其持有之股份,且如股东与公司间协议决定股份价格者,公司应自决议日起九十日内支付价款。自合并决议日起六十日内未达协议者,股东应于此期间经过后三十日内,声请法院为价格之裁定。(企并十二Ⅱ及公三一七Ⅲ准用公一八七)。然而,何谓"公平价格"? 我过去实务上似以有无证券市场交易价格,作为区分,而定其评量收买价格标准。例如,1982 年台抗字第 212 号判决、2002 年台抗字第 3795 号裁定、2002 年台抗字第 5137 号裁定、2003 年台抗字第 1129 号裁定,均以股东会决议日之集中交易市场价格作为收买股份之价格。其理由主要是认为,上市公司股票,系在集中交易市场,以集中竞价方式买

---

[19] Frank Easterbrook and Daniel Fischel, supra note 15, at 443 ~ 449.

[20] See e. g. Robert Clark, supra note 17, at 443 ~ 461; Lewis Solomon & Alan Palmiter, supra note 6, at 377 ~ 381.

卖,每日有最大涨幅限制,除非交易当日有影响市场价格之异常情事,其成交市场具有一定之公信力。即因证券集中市场上,聚合买卖双方,借由上市公司公开财务报表及主、客观因素等信息,相互撮合而定之成交价格,自得提供法院为核定收买股票公平价格之标准。

更有甚者,虽同样以证券市场之价格作为公平价格,但有些法院以股东会合并决议日之"收盘价"为公平价格,[21]有些则以股东会决议日当天"最高价格加上最低价格之平均价"为公平价格。[22]

至于未上市、未上柜股票之股份收买价格,实务认定标准并未一致,有谓应以未上市或未上柜公司之股票估价,或以公司之资产净值估定。值得一提的是,台湾板桥地方法院 1998 年度司字第 124 号裁定进一步认为,判断非集中交易市场上(按应系非证券市场上)之股份价格标准,应需再行参酌市场因素、经营绩效及未来发展条件等因素,否则将对小股东保护不够周延。另外,裁定上也引用一般常见之股票评价理论,包括所谓之本益比法(Price/Earning Ration)、市场价格法(Market Value)及盈余倍数法(Earning Value)等其他理论。

上述我实务之评价公平价格立场是否妥适,值得探讨。就有证券市场交易价格者而言,法院在核定"公平价格"时,固可参考证券市场之"成交"价格。但应注意的是,因我证券市场至今仍设有每日之涨跌幅限制,因此,如有控制权交易(如公司合并)发生,其对股价之影响若无一段时日恐难以完全反映,法院似不可仅以股东会决议公司合并日或翌日之成交价格作为"公平价格"。当

---

[21] 台湾高等法院 2002 年台抗字第 3795 号裁定。
[22] 台湾高等法院 2003 年台抗字第 1980 号裁定。

然,过于信赖证券交易市场之交易价格有一定之公信力,也是不妥。理由是股东会决议日或翌日之成交价格,也容易遭受人为操纵,以致产生不公平价格之现象。[23]

至于无证券市场交易价格之情形,上述台湾板桥地院之见解,认为需行参酌市场因素、公司经营绩效及未来发展条件等因素,显然评价方法较具弹性。

(二)美国法与实务见解

反观美国法,以德拉瓦州公司法规定为例,该法规定:"法院应排除任何与产生股份收买请求权事件有关之成果或期待的因素,以决定股份的公平价值"。[24] 换言之,依该法规定,收买请求权仅给予投资人系争控制权交易之前的股份价值,不包括因该系争交易所创造出来或所毁坏之价值。一般称此为"事前方法"(ex ante approach)。[25]

在美国法中,实务上最常使用也最传统之股价评价方法为:"德拉瓦块状法"(Delaware block method)。此法使用市场价值(market value)、盈余价值(earnings value)及净资产价值(net asset value)作为基数,然后给予每一基数一定之权重,以此计算而得股份之价值。例如:

---

[23] 参阅许美丽,股份收买请求权实务问题之研究,全台律师,2004 年 11 月,页 66～68。

[24] 8 Del. Code. § 262(h), providing that the court " shall appraise the shares, determining their fair value exclusive of any element of value arising from the accomplishment or expectation" of the event giving rise to appraisal rights. 事实上,美国法曹协会所提出之 1984 年模范商业公司法的内容也与此十分类似。

[25] 相对的,另有所谓之"事后方法"(ex post approach),即应含多数股东(the majority)事后取得之价值在内,以评价小股东之股份收买请求权。

市场价值百分之十

盈余价值百分之四十

净资产价值百分之五十

其中,"市场价值"指的是,在系争控制权交易未宣布前,该股份在市场进行交易之价格。至于所给予之权重多寡,则部分系视该股在市场之交易量而定。至于"盈余价值"指的是,系争控制权交易发生前数年(通常为五年)之平均年盈余。另外,"净资产价值"中之资产价值,通常系依公司资产清算结果而定。[26]

然而,值得注意者,近来也有法院弃传统评价收买请求权之方法,改采所谓之"现代财务法"(Modern finance methods);亦即允许当事人举证,以任何金融财务界所承认或可接受之技巧、方法所算出之股份价值,当作收买请求权之价格。此一"现代财务法",为著名之1983年德拉瓦州最高法院在 Weinberger v. UOP, Inc.[27]一案所采取。当然其具体、最佳之计算方法,财务及法律学界正在争论及研拟苦思中,且让我们拭目以待。[28]

现在让我们回顾一下具有重要里程碑意义的 Weinberger 案子。本案牵涉到一件母子公司的合并案。Signal 公司欲合并 UOP 公司,其先于市场以每股二十一元价格收购 UOP 股权而成为该公司之大股东,并取得 UOP 七席之董事席次。其后,Signal 公司决定再以同样每股二十一元之价格收购 UOP 公司剩余的股权。本案法院发现:UOP 公司两位参与经营之董事(此两位董事同时也是 Signal 公司的董事),取得了 UOP 公司内部所作的一份研究报告,

[26] See e. g. , Bell v. Kirby Lumber Corp. , 413 A. 2d 137 (Del. 1980).

[27] 457 A. 2d 701 (Del. 1983). 事实上美国纽约州商业公司法亦明文采之。See N. Y. Bus. Corp. Law §623 (h) (4).

[28] See Frank Easterbrook and Daniel Fischel, supra note 15, at 154~161.

其内容之结论谓:以每股二十四元收购 UOP 公司股权,对 Signal 公司而言,系一很好之投资机会(good investment),但 Signal 公司于取得此项报告后,并未揭露给 UOP 公司之外部董事或 UOP 公司股东会知悉。最后,本件之合并案顺利经 UOP 公司股东会通过。

UOP 公司之少数股东质疑本件母公司(Signal 公司)以每股二十一元进行现金逐出合并之合法性,因而提出诉讼。德拉瓦州最高法院最后以本件无法符合"完全公平测试标准"(entire fairness test)而废弃原判决,发回 Chancery Court 更审本件每股二十一元收买是否公平,以及审理合并程序不公平的适当救济方法。此外,德拉瓦州最高法院在本案,也明白扬弃使用过去处理母公司现金逐出合并子公司股东,必须有某些商业目的的测试标准(business purpose test)。因为母公司很容易以诸如:为达较有效率之财务或营运目的理由,或为简化会计目的,或甚至以为适用优惠租税等目的,进行合并,强制逐出子公司少数股东。故该院明白地表示,商业目的测试标准无法保护子公司之少数股东。

一言以蔽之,在 Weinberger 一案,德拉瓦州最高法院,以母公司未充分揭露合并相关事项及未有"近似常规交易之协商模式"(an approximately arm's length bargaining model)等不合"公平交易"(fair dealing)要求,以及在现金评价时,未考虑所有因素(包括经折扣的现金流量;discounted cash flow),以致不符"公平价格"(fair price)之要求,质疑该件母子公司合并案之合法性。[29]

此外,吾人从 Weinberger 一案中,另获得下列启示:在现金逐

---

[29] 有关 Weinberger 一案,请参阅方嘉麟,关系企业合并利益冲突之管制与案例介绍,2004 年 3 月,专题研究成果报告。该文详细论述关系企业合并利益冲突之管制,内容深入,值得仔细研读。

出合并时,如少数股东仅挑战现金收购价格之不足,则异议股东之收买请求权救济,通常即为足够,至于撤销合并之救济管道,并不适宜,盖合并案木已成舟,合并后之公司已有剧烈改变,撤销合并案,恐不切实际。

其次,如少数股东挑战现金逐出合并案,系基于母公司之不实表示、诈欺、自己交易、故意浪费等不法行为,则不同意合并之异议股东收买请求权并非惟一救济,似可考虑引进少数股东的主张合并无效之诉讼类型,并藉由举证责任之倒置设计,让母公司最终负起证明合并程序公平(包括资讯充分揭露)之责任。[30]

肆、分析与建议

我过去实务上已出现现金逐出合并之案例,首宗之致达资讯合并上柜公司慧智案,即是例子。另外,"经济部"2003 年函释并认为:"公司依企业并购法进行合并,于合并契约依第二十二条规定详细记载换发股份之总数、种类及数量或换发现金或其他财产之前提下,得采不同种类或不同比例之合并对价"。[31] 换言之,现金逐出合并在台湾已是公司合并之合法衍生类型,相信往后实务会有更多现金逐出合并案例出现。然从外国 Weinberger 的案例中,吾人可以察知,在"公平价格"与"公平交易"两方面,仍有我们法及法院实务可借镜之处。在"公平价格"上,不论何种类型之合并,异议股东之收买请求权的评价标准,法院皆应审酌各种现代财务金融专家评估股价之模型,而非单以证券市场之现有成交股价,

---

〔30〕 同说,请参阅方嘉麟,前揭注29,页21。
〔31〕 2003 年 10 月 14 日商字第 09202216710 号。

作为参考价格,同时不应排除让不同意合并之少数股东分享系争控制权交易所带来之利益,如此始能发挥股份收买请求权监控大股东不法行为之功能,周全保护少数之小股东。当然,这样的评价方法费事耗时,不符合鼓励合并者主张收买请求权应朝"简化"及"明确化"的目标,但为保护小股东的权益,本文以为,上述建议毋宁是必须的,也是美国法及其实务之发展方向,值得我法院重视。

其次,在"公平交易"层面,母子公司间之合并虽有时可促进有价值之合并(如为符合租税优惠、会计作业简化、避免利益冲突等目的),但因母公司恒常控制子公司之董事会以及母公司通常有足够之持股以通过母子公司合并议案,因此,如何避免母公司滥用其影响力通过合并案(不论是简易合并或一般公司合并类型),均值得关心公司法发展者思考。[32] 如上所述,增订合并无效之诉的类型,或许是我们法现阶段可思考之方向。

伍、结 语

公司合并之类型在我法制上日益多样化。随之而来的问题,最重要的可能有三个。第一,何时应给予不同意股东收买请求权,何时不应给予,恐怕值得立法者再加斟酌。第二,不同意股东收买请求权应如何评价,如像我司法实务般,仅参考上市、上柜之成交价,恐有不足。法院在决定公平价格时,似须参考现代财务金融学评价股价之方法,并且让少数不同意合并案之股东,分享控制权交

[32] 例如,在台湾控制之大股东应否如美国法般,对公司及少数股东负有受任人之义务,实值思考。参阅拙著,关系人交易与控制股东之义务,月旦法学第116期,2005年1月,页223~237。

易所带来之利益。第三,合并程序之公平、公正,系除了公平价格外,公司法所向来重视的,因此,适当引进合并无效诉讼类型,可能有助于合并"公平交易"目的之达成。

【后记】

本文曾发表于:月旦法学杂志,第 128 期,2006 年 1 月,页 26~36。

财报不实之损害赔偿责任:
法制史上蜥蜴的复活?

——"证交法"新增订第二十条之一的评论

壹、前 言

"证券交易法"第二十条第二项规定:"发行人依本法规定申报或公告之财务报告及财务业务文件,其内容不得有虚伪或隐匿之情事"。违反本项规定者,除依同法第一七一条负刑事责任外,2006年1月同法并增订第二十条之一的民事责任规范。按依法应受第二十条之一规范之文件,除有前述(1)、第二十条第二项所规定之财务报告及财务业务文件(如财务预测)外,另有(2)、同法第三十六条第一项所申报公告之财务报告(如年度财报、半年度财报、季报、月报)。此外,一般认为本项之赔偿责任,亦属侵权行为性质,与同法第二十条第一项一般反证券诈欺条款:"有价证券之募集、发行、私募或买卖,不得有虚伪、诈欺或其他足致他人误信之行为"基本上为侵权行为性质相同。本文以下将进一步探讨新法下,相关法律适用之问题,以供关心资本市场健全者参考。

贰、董事长、经理人及会计主管应出具
财报内容无虚伪或隐匿之声明

按证交法所称之财务报告,指发行人及证券商、证券交易所依法令规定,应定期编送主管机关之财务报告(十四Ⅰ)。2006年1月"证交法"修正时,为明确规范及提醒虚伪、隐匿财报内容之相关人员责任范围,特别参酌美国沙宾法案(Sarbanes - Oxley Act)之规定,明文要求公司之董事长、经理人及会计主管应于财报上签名或盖章外,应出具财务报告内容无虚伪或隐匿之声明。如未依

规定办理者,应依同法第一七八条处二十四万至二百四十万元罚锾,并得连续处罚(一七八Ⅰ、Ⅱ)。

至于会计师在财报上所扮演之角色为何?按财务签证是一种由会计师提供之确信服务(assurance services),而确信服务是为了提高决策者所需资讯的质量,所为之一项独立的专业性服务。会计师所提供之财务签证服务,主要有查核(audit)与核阅(review)两种。根据我审计准则公报,财务报表查核之目的,在使会计师对财务报表是否按一般公认会计原则编制并基于重大性之考量,对财务报表是否允当,表达其意见,提供"高度"但非绝对之确信表述。至于财报核阅之目的,在使会计师根据核阅程序执行之结果,说明是否未发现财报有违反既定准则或规定而须作重大修正之情事,提供"中度"之确信表述。

此外,会计师之查核、核阅报告,是否属于第二十条第二项所称之财务报告及财务业务文件范围?依同法第十四条规定:"本法所称财务报告,指发行人及证券商、证券交易所依照法令规定,应定期编送主管机关之财务报告(第一项)。前项财务报告之内容、适用范围、作业程序、编制及其他应遵行事项之准则,由主管机关定之(第二项)。"而依"证券发行人财务报告编制准则"规定,"财务报告指财务报表、重要会计科目明细表及其他依本准则规定有助于使用人决策之揭露事项及说明。"准此,会计师查核、核阅报告(证交三十六参照)应属财务报告及财务业务文件之范围,此点应可认定;从而,解释上会计师进行财报之查核或核阅,即属于"证交法"第二十条之一第三项所称:"会计师办理第一项财务报告或财务业务文件之签证"。

叁、会计师与受查公司之法律关系

会计师与受查公司间属于何种关系？有认为系委任关系，亦有认为是承揽关系。而多数见解认为，属于委任关系。[1] 惟依"民法"第五三五条规定，受任人处理委任事务，"应依委任人之指示"为之，但会计师查核签证具有独立性，故基于签证之公益本质，纵认会计师与受查公司间为委任关系，解释上应从"民法"第五三五条"应依委任人之指示"的规定，于此不能适用。

此外，因会计师收有报酬，因而会计师之注意义务标准应为善良管理人之注意程度（民第五三五条后段）。在此所谓之善良管理人注意义务为何？即会计师同业所共同具有之专门知识、经验与技能之标准而言。至于会计师可否以其尽到"会计师查核签证财务报表规则"与"一般公认审计准则"为由，作为抗辩已尽善良管理人之注意义务？对此，有肯定与否定两种见解。主张否定说者谓：遵循一般公认审计准则，并不足以解免会计师之义务。允当表达乃充分揭露之试金石，一般公认审计准则之遵守，仅是协助获取目的之工具，绝非允当表达之保证；[2] 但肯定说者谓：法院并无能力妥适评估会计师之工作是否已达到一件个案中最允当的表达，故应以 GAAS（Generally Accepted Auditing Standards）作为会计

---

〔1〕 参阅黄铭杰，从安隆案看我会计师民事责任之现状，月旦法学，第85期，2002年6月，页108；陈锦隆，会计师查核签证财务报表之民事责任（上），会计研究月刊，第171期，2000年2月，页104。
〔2〕 参阅陈锦隆，注1文，页105。

师是否已尽注意义务之指标。[3] 惟吾人认为,一般公认审计准则亦具有弹性,在审理个案会计师是否已尽其注意义务时,只要审究一位勤勉且具有专门知识、经验与技能之会计师,是否仍会继续追查相关查核疑义,即可判断该会计师是否有过失,故两说见解实际差异不是太大。

肆、何人应负"证交法"第二十条之一之赔偿责任

第二十条第二项规定:"发行人依本法规定申报或公告财务报告及财务业务文件,其内容不得有虚伪或隐匿之情事。"有疑义者,本项所规范之赔偿主体为何人?是否包括会计师等人?对此,2006年1月修法前,学说及实务见解均有争议。在最近之"立大农畜"一案,[4] 法院谓:"依第二十条之规范目的及意旨,发行公司之财务报告内容如有虚伪或隐匿之情事,则对善意取得人所受之损害应负连带赔偿责任者,并不以发行人为限,其参与编制财务报告之董事,负责查核财务报告之监察人,及负责签证之会计师,均应依第二十条第三项之规定负连带赔偿责任。"长久以来,笔者基于认为本条为侵权行为类型,故共同侵权行为类型应可存在,解释上自不必限以发行人为本条第三项民事赔偿责任之主体,因而赞同法院上开立大农畜案之见解。

至于第二十条之行为主体是否有免责抗辩之可能?在"立大农畜案",高雄地方法院谓:第二十条,"除发行人外,董事、监察人

---

[3] 参阅马秀如,会计师的最低酬金标准——价格机能无法充分运作同业评鉴区分品质高下,会计研究月刊,第211期,2003年6月,页75。

[4] 台湾高雄地方法院民事判决,2002年度重诉字第447号。

及会计师,参酌同法第三十二条之规定,仍得举证证明其已尽合理调查或注意之能事,并有正当理由确信其内容无虚伪或隐匿,或为真实者,而免负赔偿责任。"换言之,法院认为可"类推适用"第三十二条第二项主张免责,惟就立法明确性而言,本文认为仍以法律明确规定为妥。

为解决此等问题,2006 年 1 月"证交法"修正时,又鉴于财务报告及有关财务业务文件内容有虚伪、隐匿情事,相关人员所应负担之赔偿责任有其特殊性,且与第二十条第一项所规范之行为主体不同,爰将有关人员之民事责任移至第二十条之一,另予规范。第二十条之一内容如下:"前条第二项之财务报告及财务业务文件或依第三十六条第一项公告申报之财务报告,其主要内容有虚伪或隐匿之情事,下列各款之人,对于发行人所发行有价证券之善意取得人、出卖人或持有人因而所受之损害,应负赔偿责任:

(一)发行人及其负责人。

(二)发行人之职员,曾在财务报告或财务业务文件上签名或盖章者。

前项各款之人,除发行人、发行人之董事长、总经理外,如能证明已尽相当注意,且有正当理由可合理确信其内容无虚伪或隐匿之情事者,免负赔偿责任。

会计师办理第一项财务报告或财务业务文件之签证,有不正当行为或违反或废弛其业务上应尽之义务,致第一项之损害发生者,负赔偿责任。

前项会计师之赔偿责任,有价证券之善意取得人、出卖人或持有人得声请法院调阅会计师工作底稿并请求阅览或抄录,会计师及会计师事务所不得拒绝。

第一项各款及第三项之人,除发行人、发行人之董事长、总经理外,因其过失致第一项损害之发生者,应依其责任比例,负赔偿责任。

前条第四项规定,于第一项准用之。"兹分述本条规范之主要内容如下:

一、赔偿主体

本条赔偿主体有:(1)发行人及其负责人;(2)发行人之职员,曾在财务报告或财务业务文件上签名或盖章者;以及(3)签证会计师。

二、赔偿对象(即损害赔偿请求权人)

本条之请求权人有:(1)有价证券之善意取得人、出卖人;(2)有价证券之持有人。按证券之善意取得人、出卖人具有本条请求权,事理之所当然,无待深论。惟明定证券持有人亦有损害赔偿请求权,应系使投资人保护更形周延,乃有此规定。换言之,借此让持续持有公司证券者,亦同样有损害赔偿请求权,以符事理之平。但这样之规定,将有下列两种可能:(1)宣示原告之"损害"与被告之"不法行为"间之因果关系,不需由原告负举证证明责任;(2)原告仍须证明其因信赖该不实之财报,致未卖出持股(即仍为持有人)而受害。上述第(1)种可能,或许必须与下述之"对市场诈欺理论"所推衍出交易之因果关系存在,证券持有人无须一一证明其因信赖不实财报而受害有关。但即便如此,也可能造成制造太多无关本件不实财报事件之受害人出现,如此结果,恐非立法之本意。其次,第(2)种结果,将造成原告持有人举证上的困难。盖证券持有人事实上恐怕很难举证证明自己确因信赖系争不实财报而未出脱持股。因而如何适用这项规定,恐怕须考验司法机关及原、被告律师之智慧。[5]

三、责任形态

立法理由指出,由于财务资讯之内涵及取得存在不对等之状态,在财报不实之民事求偿案件中,若责令投资人就第一项所规定之发行人等之故意、过失负举证之责,无异阻断投资人求偿之途径,爰规定下列三种不同形态之责任:

(一)结果责任主义

对发行人、发行人之董事长、总经理采无过失之结果责任主义,纵使无故意或过失仍应负赔偿责任。有疑义者,其中总经理部分,由于现行公司法已删去总经理之职称,公司经理人之职称已改由公司自行决定,因之,将来如何适用本项规定,颇有疑问。且是否会因此造成一波之总经理改换头衔风潮,借形式名称不同,逃避本条法律责任,值得观察。

(二)过失推定责任主义

对非前述(一)之董事、监察人、经理人等公司负责人(公八参照)及发行人之职员,曾在财务报告或财务业务文件上签名或盖章者,则采取过失推定之立法体例,由其负举证之责,证明其已尽相当注意,且有正当理由可合理确信其内容无虚伪或隐匿之情事

---

〔5〕 赖英照教授亦指出,增列"持有人",在资讯不实的情形,对投资人未必具有实益。惟在征求委托书的相关资料内容不实的情形,因受征求的股东并无买卖证券的行为,增列有价证券持有人,使该等股东不因未买卖证券而无法求偿,因而有其实益。参阅赖英照,最新证券交易法解析,2006年2月出版,页518。

者,免负赔偿责任。[6]

(三)过失责任主义

对签证会计师,证交法课其应负过失责任。即会计师于办理第一项财务报告或财务业务文件之签证,如有不正当行为或违反或废弛其业务上应尽之义务,致本条第一项之损害发生者,应负赔偿责任。当然,如前所述,此处签证会计师之注意义务标准,应系善良管理人之注意程度,无待赘述。

按原来"行政院"证交法修正草案,有意将签证会计师之责任提升为"过失推定责任主义",惟最后仍告失败,仍采所谓"过失责任主义"。只不过这样的努力,换来增订本条第四项:"前项会计师之赔偿责任,有价证券之善意取得人、出卖人或持有人得声请法院调阅会计师工作底稿并请求阅览或抄录,会计师及会计师事务所不得拒绝。"乍看此项增订,对诉讼原告颇为有利,但其实并无多大意义。盖依现行"民事诉讼法"第三四二条至第三四五条即可达到类似之目的。因为"法院认应证之事实重要,且举证人之声请正当者,应以裁定命他造提出文书。"(民诉三四三)而且,"文书内容,涉及当事人或第三人之隐私或业务秘密,如予公开,有致该当事人或第三人受重大损害之虞者,当事人得拒绝提出。但法院为判断其有无拒绝提出之正当理由,必要时,得命其提出,并以不公开之方式行之。"(民诉三四四Ⅱ)。甚至在"当事人无正当理由不从提出文书之命者,法院得审酌情形认他造关于该文书之主张或依该文书应证之事实为真实。"(民诉三四五Ⅰ)因而,有人可

---

[6] 有关此部分免责规定如何运用之讨论,可参阅刘连煜,新证券交易法实例研习,2006年2月,元照出版,增订第四版,实例"公开说明书主要内容虚伪隐匿之民事责任"。

能从受害投资人之立场认为,此种交换结果,无异"黄金换粪土"。惟本文认为,本条第四项之增订,从现行民事诉讼法制而言,确实并无多大实益。但是否发生不实财报之签证,即应推定会计师有过失,因而须命其负赔偿责任,恐仍有讨论之空间。因为对执行查核或核阅程序之会计师课予严格之推定过失责任,是否对资本市场良性发展一定是一项正面的规范,这点恐怕值得再深入探讨。相反的,采用过失责任主义,如果法院能够认同上述本文所主张:"在审理个案会计师是否已尽其注意义务时,只要审究一位勤勉且具有专门知识、经验与技能之会计师,是否会继续追查相关查核疑义,即可借此判断该会计师是否有过失"的标准,则虽举证责任在原告投资人(或代表原告之"投保中心"),其举证应不至于难如登天。因之,对会计师,我立法例究应采用"过失责任"或"推定过失责任"形态,可视我司法实务之实际判断标准,而有所抉择与调整。

又如将适用于发行市场之同法第三十二条公开说明书虚伪不实之民事责任,与一般认为适用于交易市场之同法第二十条之一财报等资讯不实民事赔偿责任相比较,可知发行人均负无过失责任,而在文件上签章之职员,则均负推定过失责任。二者所不同者为,于第二十条之一下,董事长、总经理应负无过失责任,较第三十二条更为严厉。但会计师责任,于第三十二条,必须由会计师举证方能免责,而第二十条之一则是规定由原告负举证责任,亦即会计师举证责任较轻。为何有此等差别?其差别有无法理基础?均值得深思。盖在发行市场,因公司(发行人)为买卖当事人,其掌握相关资讯,决定承销价格,并因发行证券而得到资金;而在交易市场,公司本身并非证券买卖当事人,故无资金流入公司,且负责对

象远较发行市场之认购人为广，[7]故于法理上，发行市场之责任
规范似应较交易市场更为严格。准此以观，我现行法规范交易市
场之第二十条之一反课与董事长及总经理担负无过失之结果责
任，是否过于严苛，不无研究之余地。

四、责任比例赔偿原则

基于责任平衡的考虑，本条第五项规定，除发行人、发行人之
董事长、总经理须负全部责任外，其余董、监(包括独立董事)、经
理人、签名或盖章于财报等文件之发行人职员及签证会计师，对于
其过失，应依其责任比例负赔偿责任。至于责任比例如何认定，本
条立法理由中曾明指："未来法院可考量导致或可归责于原告损
失之每一违法人员之行为特性，以及违法人员与原告损害间因果
关系之性质与程度，就个案予以认定。"[8]此项认定基准之参考因
素，应可资司法实务参考。简言之，法院在具体个案中，应依证据
法则或专家证词判断可归责于被告所造成原告之损害比例，以确
定被告实际应赔偿之金额。

此外，从法条文义相反解释，对于该职员与签证会计师等人之
故意行为部分，则依法仍应负全部赔偿责任，此点应无疑义。然
而，如果被告等构成共同侵权行为时(民一八五)，则负"全赔"之
人与负"责任比例赔偿"之人如何担负共同侵权行为之连带责任
(民二七三)？不无疑问。此时，如认证交法本条之规定为"特别
规定"，则负"责任比例赔偿"之责任者，仍应依法负"责任比例赔

---

〔7〕 参阅赖英照，前揭注5书，页516～517。拙见以为，当然可能也有人会认为，发行
市场与交易市场之规范不应有差别。因为投资人需要受保护，是不分发行市场
或交易市场而有不同。因此，二者之规范应不分轩轾。
〔8〕 "立法院"第2会期第11次会议案关系文书。

偿"责任而已。但如认为证交法本条系就签证会计师等人之单独过失行为而设，则在共同侵权行为之场合，签证会计师等人原本虽负"责任比例赔偿"责任，但仍不免于负担"民法"第一八五条之共同侵权行为连带赔偿责任。对此，本文以为，在现行法下，似以前说之解释为妥。

伍、财报不实与投资损害之交易因果关系

按投资人请求损害赔偿之案件中，最常被援引作为抗辩者即为因果关系之问题（包括交易因果关系及损失之因果关系二者）。在"顺大裕"一案，[9]法院除认为核阅与查核不同，如令会计师均负相同责任，在法理上有所未恰外，更令人惊讶的是，法院以"依目前集中市场交易常情观察，投资人实际以公司财务报告作为买卖股票之依据或重要参考资料者几稀，以公司之财务报告（历史报告）决定买卖时机者显然少之又少"为由，认为投资人所受之损害，与被告会计师核阅财务报告之过失行为间（惟本文认为，现行"证交法"第二十条第一项之行为人主观上必须有故意或重大过失，始足当之），并无相当因果关系，而不得对会计师求偿。此种论断以臆测为出发点，并忽略机构投资人普遍依赖财报判断投资价值之事实，更遑论先进国家法院早所承认之"对市场诈欺理论"（fraud on the market theory）所推衍出交易因果关系存在，投资人无须——证明"信赖关系"的法理。[10]

---

[9] 台湾台中地方法院民事判决，2001 年度重诉字第 706 号。

[10] 例如，Basic Incorporated v. Levinson , 485 U. S. 224, 108 S. Ct. 978, 99 L. Ed. 2d 194（1988）。

以下兹简介"对市场诈欺理论"之大要及相关理论如下：

一、对市场诈欺理论

美国联邦最高法院在 1988 年的 Basic, Inc. v. Levinson 一案中,正式采用"对市场诈欺理论"。其理论之大要为:(1)所谓"信赖"(reliance)之要件,通常为原告须证明被告之不法行为与原告之损害间具有因果关系。(2)在现代证券市场,原告无法如传统"面对面之交易"(face to face Transactions),举证证明因信赖被告之不实资讯而进行交易以致受损。但在一个有效率的资本市场(the efficient capital market),各项资讯散布于市场,一般均会影响和反映在证券价格上。证券投资人信赖证券市场,以其市价买卖证券,实际上也承受各项资讯(含不实资讯)对特定证券价格之影响。(3)投资人因信赖市场价格之正直、健全性(integrity of the market price)而买入或卖出证券,虽个别投资人未取得特定不实资讯,但因信赖市场,依市价买卖,应推定其买卖与不实资讯间,存有交易因果关系。[11]

应注意者,前述法院采"对市场诈欺理论",认为原告虽未阅读财报等不实资讯,仍推定具有交易因果关系(按"信赖"是从原告立场而言,"交易因果关系"则是从案件客观面来观察,实则二者是一体之两面),但容许被告举反证加以推翻。然一般认为,被告之反证,并非易事,因为其必须举证证明该未揭露之资讯,事后已经以明确且密集的方式传达给大众,并可有效地抵消先前所造

---

〔11〕 按美国联邦最高法院在 Basic 一案总结指出:"An investor who buys or sells stock at the price set by the market does so in reliance on the integrity of the price. Because most publicly available information is reflected in market price, an investor's reliance on any public material misrepresentation, therefore, may be presumed for purposes of a Rule 10b - 5 action." 485 U. S. at 247.

成之误导效果,始足构成反证,有称此为"对市场传播真实之抗辩"(the truth on the market defense;有译为"市场上存有真实资讯抗辩")。[12] 此外,经济学理上之效率市场假说,基本上有三层之定义:[13](1)弱势效率说(weak form of efficiency),认为市场只能反映过去之历史资讯;(2)半弱势效率说(semi‑strong form of efficiency),认为市场有能力反映全部已公开之资讯(all other published information);(3)强势效率说(strong form of efficiency),认为市场能反映公开或未公开之资讯,所谓未公开之资讯,例如内线消息即是。美国联邦最高法院在 Basic 一案所指之效率市场,即指半强势市场而言。

诚然,"对市场诈欺理论"使交易因果关系之举证责任发生转换之效果,因而有利于投资人请求因不实财报所受之损害,为集团诉讼解决不少困境,但美国联邦最高法院仅六位参与 Basic 案之决定(含首席大法官 Rehnquist 及大法官 Scalia、Kennedy 未参与),其中二位出席之大法官(White、O'Connor)有不同意见。其反对理由主要是:

"信赖之推定",以股票之买受人及出卖人不仅信赖市场价格(market price),而且也信赖该价格之正直、健全性(the integrity of that price),此种推论似影射股票除市价外,尚具有特定之真正价值(true value)。惟事实上,很多投资人系因认为该市价不正确地

---

〔12〕 In re Apple Computer Securities Litigation, 886 F. 2d 1109, 1116(9th Cir. 1988).
See also Marc Steinberg, Understanding Securities Law, (3rd Ed. , 2001), at 205;
Hazen, The Law of Securities Regulation (4th Ed. , 2002), at 617 ~ 618.

〔13〕 See Richard Brealey & Stewart Myers, Principles of Corporate Finance, (3rd Ed. ,
1988), at 281 ~ 287; Burton Malkiel, Is the Stock Market Efficient, Science (March
10, 1989), at 1313 ~ 1318; Gilson & Kraakman, The Mechanisms of Market Efficiency, 70 Va. L. Rev. 549, 554 ~ 613 (1984).

反映公司之价值,方才进场购买或出售股票。如果投资人真正相信该股价反映股票之价值,则很多投资人不是不会买,就是不会卖,因此,此种理论有其矛盾之处。[14]

"对市场诈欺理论"学理上似尚有零星之争论,值得吾人静观其发展。惟应注意者,除此之外,另有所谓"诈欺进入市场理论"(the "Fraud to Enter the Market" Theory)的出现,兹简介如下:

二、诈欺进入市场理论

此一理论主要是适用在发行市场,而原告只欲依 1934 年证券交易法第十条 b 项及 Rule 10b – 5 求偿之情形。在 Shores v. Sklar[15]一案中,法院采用"诈欺进入市场理论",认为如被告以不实资讯,使原本毫不具市场性之证券得以发行(如仅证明低价而已,尚有未足),这种诈欺行为虽无效率市场之场景,仍得推定具有交易因果关系存在。此外,有的法院更明白以不具市场性之证券,因被告使用诈术使得投资人所信赖之"法规范程序的正直、健全性"(integrity of the regulatory process)受到伤害,而推定交易因果关系之存在。[16]

惟应注意者,也有法院拒绝采用此一理论,[17]联邦最高法院则迄今未表示其见解。

---

[14] 485 U. S. at 256. 一般讨论,请参阅 Langevoort, Theories, Assumptions, and Securities Regulation: Market Efficiency Revisited, 140 U. Pa. L. Rev. 851 (1992); Stout, the Unimportance of Being Efficient: An Economic Analysis of Stock Market Pricing and Securities Regulation, 87 Mich. L. Rev. 613 (1988).

[15] 647 F. 2d 462(5th Cir. 1981).

[16] Arthur Young & Co. v. United States District Court, 549 F. 2d 686 ~695(9th Cir. 1977).

[17] Eckstein v. Balcor film investors, 8F. 3d 1121 (7th Cir. 1993).

反观台湾地区之情形,晚近我不少法院已采纳笔者于十余年前之建议——根据"对市场诈欺理论",由法官造法推定两造间交易因果关系存在,以保护证券投资人。[18] 例如,立大农畜、大中钢铁、[19]顺大裕(除会计师部分外)等案法院均已采此契合实际之见解,值得吾人喝彩。以顺大裕案为例,法院认为:"美国法院曾以集团诉讼之背景为动力,结合市场效率理论发展出所谓'诈欺市场理论'(the Fraud – on – the – Market Theory)。意即将行为人故意以虚伪不实之资讯公开于市场之中,视为对整体市场的诈欺行为,而市场投资人可以'以信赖市场之股价'为由,……投资人无须——证明个人之'信赖关系',换言之,即使投资人并未阅读诈欺行为人所公开之资讯(公开说明书或财务报告),亦可推定为诈欺行为之被诈害者"。[20] 当然,在感佩法院勇于参采学说、法理作为判决基础之余,吾人是不是也应进一步思索以立法方式引进"交易因果关系推定存在"的设计,以杜绝可能之学理争议。

陆、损失因果关系及损害赔偿范围:惩罚性赔偿

我"证交法"第二十条之一第一项、第三项及第二十条第三项有关赔偿义务人之赔偿责任,均有:"因而所受之损害,应负赔偿责任"或"致……之损害发生者,负赔偿责任"等文字,其应系指原告之损害系被告之违法行为所引起。换言之,此即是学理上所谓

---

[18] 拙著,证券交易法一般反诈欺条款之因果关系,收录于"公司法理论与判决研究(一)",1997 年 11 月再版,页 205 ~ 223。

[19] 台湾高等法院台中分院民事判决,2003 年度上易字第 471 号。

[20] 台湾台中地方法院民事判决,2001 年度重诉字第 706 号。

之损失(害)因果关系的问题。

我实务在远森案,法院明白指出:"上诉人始终并未指明远森公司公示之财务资料何处有记载不实,上诉人并因阅读该不实之记载,致其购入远森公司股票,且因该不实之记载,致其所购入之股票因而遭受损害,揆诸上开说明,已难谓上诉人有损害赔偿请求权存在"。[21] 此段判决意旨之前段,即系本文前述交易因果关系的问题,而后段所述,则正是本节所讨论之损失因果关系的问题。对于损失因果关系问题(loss causation),美国联邦最高法院在2005 年于 Dura Pharmaceuticals Inc. v. Broudo 案,[22]认为原告如仅证明不实资讯使股价灌水,并依灌水价格买入证券,尚不足以成立损失因果关系。原告因此败诉。

台湾学者有谓:"大体而言,如发布的不实资讯足以影响股价者,且不实资讯遭拆穿或更正后,股价下跌,应可成立损失因果关系;惟股价下跌并非证明的惟一方法"。[23] 此项见解,应值赞同,往后司法实务可资参照。

然而,有疑问者,在我们法上,有关损害赔偿之问题,是否法律规范体系上,应将损失因果关系独立列为不实财报之损害赔偿的一项成立要件(与前述交易因果关系同系诸多要件之一),亦或可列为损害赔偿范围的一项决定原则? 拙见以为,损失因果关系在证券诈欺及不实财报之损害赔偿上,作为赔偿范围的一项决定因素即可,不必单独列为赔偿的成立要件,否则,损失因果关系的认定问题,可能重复,造成叠床架屋之情形。因为我民法关于损害赔偿之范围,定有其基本原则。"民法"第二一三条第一项规定:"负

---

[21] 台湾高等法院民事判决 2005 年度金上易字第 1 号。

[22] 125 S. Ct. 1627, (2005).

[23] 参阅赖英照,前揭注 5 书,页 532。

损害赔偿责任者,除法律另有规定或契约另有订定外,应回复他方损害发生前之原状"。对此,民法学者指出本条规范内容之一项基本原则为:"全部赔偿原则",即"赔偿义务人应赔偿被害人因侵害事由所致具相关因果关系的一切损害,包括所受损害及所失利益(民二一六)"。[24] 换言之,损害赔偿范围之大小,应以受害人所受之损失中,哪些部分与加害人之不法行为具有因果关系(即所谓之损失因果关系)而定其赔偿范围。[25] 因此,损失因果关系似不必在损害赔偿成立要件上单独列为一项要件,只需在损害赔偿范围判断上加以认定即可,如此,概念上较易区分,也似较符合我民法损害赔偿之体系。

此外,由于不实财报受害者的损失,有些系由于加害人诈欺因素所造成,有些系因诈欺以外之市场因素,例如当时市场大盘走势或偶然之政治事件(如政党轮替、政要突然辞世)所引起者。此等损失,是否一概均得请求被告赔偿? 如果认为被告均应赔偿者,一般称为"毛损益法"(gross income loss);如果认为被告仅就其诈欺行为(如不实财报)所造成之部分负损害赔偿责任者,一般称为"净损差额法"(out-of-pocket method)。[26]

举例而言,某 A 公司发布不实财报后,A 公司股价由三十元涨至五十元,某甲五十元买进 A 股,其后不实财报被揭穿或公司更正后,A 股重跌,假设跌价期间,又适逢 SARS 流行疾病事件爆

[24] 参阅王泽鉴,回复原状与损害赔偿——损害赔偿方法的基本架构,月旦法学杂志第 127 期,2005 年 12 月,页 197。

[25] 类似见解,参阅曾宛如,证券交易法原理,元照出版,2005 年 3 月,页 225~231。

[26] 台湾一般讨论,参阅庄永丞,"证券交易法"第二十条证券诈欺损害估算方法之深思,台大法学论丛第三十四卷第二期,2005 年 3 月,页 128 以下;林文里,资讯公开不实所致损害金额之计算方法,载"现代公司法制之新课题",元照出版,2005 年 8 月,页 505~542。

发,至甲卖出 A 股时,已剩二十元。如依毛损益法,甲可能得请求每股三十元之赔偿;如果依净损差额法,甲可能只能请求每股二十元之赔偿。

关于此,我法院过去实务上有采毛损益法者(如新玻案、[27]立大农畜案、顺大裕案),亦有采净损差额法者(如京元电子案[28])。至于市场因素的损害如何估算? 法院有采取类股指数比较法,即将同类股的损失部分加以扣除,被告仅负担系争股票的超跌部分。[29]

其实,上述损害赔偿范围之疑义,拙见以为,牵涉到损失因果关系认定之问题,而如何认定损失因果关系,又涉及司法解释法律政策之问题。英国法院实务上有以"预见可能性说"(the foreseeability approach;即行为人当时所有可能预见之损害,皆认有因果关系),也有以"直接因果关系说"(the direct causation approach;此说实务运用之结果,"扩大"至不论行为人在行为时有无预见之可能皆须负责)。[30] "预见可能性说"使用之结果,可能会产生"净损差额法"之结局;而"直接因果关系说"则可能会产生"毛损益法"之效果。本文以为,法院实务上得以被告之不法行为系出于故意或过失,而分别采用"毛损益法"或"净损差额法",不以单一

---

〔27〕 台北地方法院 1985 年度诉字第 15221 号民事判决。

〔28〕 新竹地院 2001 年度重诉字第 162 号民事判决。

〔29〕 相关讨论,参阅赖英照,前揭注 5 书,页 536～539。

〔30〕 英国实务案例之讨论,参阅曾宛如,前揭注 25 书,页 229～231。又,除"预见可能性说"与"直接因果关系说"外,学者另提出"风险实现说"(the materialization-of-the-risk approach),主张原告须证明其所受损害系导因于被告诈欺行为所未能即时了解的风险。参阅邵庆平,证券诉讼上"交易因果关系"与"损害因果关系"之认定,台湾本土法学杂志,第 79 期,2006 年 2 月,页 60 之注 30 说明。

适用某一特定计算方法为必要，以求其平。[31]

另外，也许有人会质疑采"毛损益法"可能会有涉及"惩罚性赔偿"之问题，形成民法学者眼中所谓之"法制史上蜥蜴的复活"。[32] 但本文不认为此处采取"毛损益法"可能会涉及"惩罚性赔偿"的问题，因为其系牵涉损失因果关系之认定，而非以一定之数额或倍数的赔偿处罚行为人。[33] 因此，自不宜将不实财报之损害赔偿计算方法的决定，因影响证券价格之变异因素（variables）甚多、股票真实价格（true value）难以精确算出的理由，致误与惩罚性赔偿概念相混淆，此点当必须一并辨明。

柒、结　语

"证交法"2006 年 1 月新增订第二十条之一规范财报（资讯）不实的民事损害赔偿责任。其对有关不实财报（资讯）民事赔偿

---

〔31〕 类似见解，参阅曾宛如，前揭注 25 书，页 233（其谓凡因过失致他人受有损害，行为人在可预见之范围内负赔偿之责；若因故意者则对于因行为直接所生之一切损害均应负责）。

〔32〕 民法权威学者王泽鉴教授谓："惩罚制裁乃民事损害赔偿体系的异体物，最近立法上陆续引进惩罚性赔偿金，难免高估其吓阻功能，而疏于强化刑法和行政法上预防危害、抑止损害的必要机制。德国著名的法学家 Philipp Heck 曾谓具惩罚制裁的民事罚（Privatstrafe）系法制史上的蜥蜴（Saurier der Rechtgeschichte）。我们应防范此一法制史上蜥蜴的复活，或加以必要的驯服，不使其无节制的扩张，成为损害赔偿法上难以驾驭的怪兽"。参阅王泽鉴，损害赔偿法的目的：损害填补、损害预防、惩罚制裁，月旦法学杂志，第 123 期，2005 年 8 月，页 207～219。

〔33〕 我现行法有"公平交易法"第三十二条第一项、"证券交易法"第一五七条之一第二项、"消费者保护法"第五十一条、"专利法"第八十五条第三项、"著作权法"第八十八条第三项、"营业秘密法"第十三条第二项、"健康食品管理法"第二十九条等皆属于惩罚性赔偿之规定。

责任的成立要件(如主观要件之故意过失)、赔偿义务人、请求权人及责任比例赔偿原则等均有明文之规范,因此往后司法实务运用上将较以往案例明确。然而,或许由于缺乏立法前广泛之沟通,以至于新法仍存在许多适用上的疑义,尚待进一步解决。希望借由本文之探讨,能有助于相关疑义之厘清,甚至为将来之再次修法先行奠下一些可望有共识的基础。

【后记】

本文曾发表于月旦民商法杂志,第 11 期,2006 年 3 月。

"证交法"第四十三条之一第一项共同取得认定之研究

——从大法官会议释字第 586 号解释论起

壹、绪 说

"证券交易法"第四十三条之一第一项规定任何人单独或与他人共同取得任一公开发行公司已发行股份总额超过百分之十之股份者,应于取得后十日内公告并申报。主管机关本于职权及为有效执行法律,对前揭法律发布解释性行政规则"证券交易法第四十三条之一第一项取得股份申报事项要点(以下简称'申报要点')"。依据该要点第三条第二款规定共同取得之认定,除包含以信托、委托书、授权书或意思联络等方法取得股份以外,经考量我实务现况,特定亲属关系影响、支配家族成员取得股份情形系属常见,并于同要点第三条第二款规定有以特定亲属关系认定其共同取得人关系之规定。

以特定亲属关系认定共同取得人之规定,虽学理上可能有争议,惟实务上,如南港轮胎(林学○案)及优美(林清○案)等案件,均属以违反申报要点第三条第一、二款规定而经主管机关处分之案件,后经法院审酌其相关事证,认为特定亲属间除非有特别情事,否则依经验法则,取得超过已发行公司股票百分之十,应为有意之安排,爰将前述上诉案件予以驳回在案。[1]

林学○及林清○因不服"最高行政法院"之判决而声请大法官"释宪",经大法官会议作成释字第 586 号解释,认为申报事项要点第三条第二款及第四条认定共同取得人规定部分,逾越母法"共同取得"之文义可能范围,增加母法未规范之申报义务,违反

---

〔1〕 参阅"最高行政法院"2002 年判字第 1995 号判决、"最高行政法院"2003 年度判字第 514 号判决。

宪法保留原则,应于解释公布之日(2004.12.17)起一年内失效。本研究拟搜集国外立法例与学术相关资料,就"证交法"第四十三条之一第一项及主管机关所定"申报要点"进行通盘研究,研提具体建议修正草案,以供相关单位参考。本研究大纲主要如下:

(一)分析大法官会议释字第 586 号解释之真意。

(二)搜集、探讨美国等先进国家有关单独或与他人共同取得股份之法制规定与认定标准及实务状况。

(三)从法制面与实务面比较台湾地区与先进国家关于单独或与他人共同取得法制规定与认定标准之差异。

(四)参酌外国规定,并衡酌我家族企业比重偏高之实务现况,提出如何修正单独或与他人共同取得相关法令规定之具体建议,包括:

(1)"证券交易法"第四十三条之一第一项及主管机关所定"申报要点"之修正条文草案。

(2)考量"证券交易法"第四十三条之一第一项如无法于短期内完成修法,拟一并研提"申报要点"之因应修正草案。

贰、大法官会议释字第 586 号之声请始末及解释文

一、本件释字第 586 号解释事实摘要

本件声请人林学○系三家股份有限公司负责人,该等公司与同案另三声请人于 1998 年间取得中国合成橡胶股份有限公司已发行股份总额超过百分之十之股份;另案声请人林清○等与其他四家股份有限公司于 1997 年间取得优美公司已发行股份总额超过百分之十之股份。两案均经证券暨期货管理委员会认定属行为

时"证券交易法"第四十三条之一第一项规定所称之"共同取得人",未依"第四十三条之一第一项取得股份申报事项要点"规定,于取得后十日内公告并向主管机关申报应行申报事项,其后累计增减变动超过已发行股份总额百分之一亦未依规定公告并申报,乃依同法第一七八条第一项第一款及第一七九条规定,对声请人等分别处以罚锾。声请人等不服,再经行政诉讼驳回,乃依"大法官审理案件法"第五条第一项第二款规定,以确定终局判决所适用之"第四十三条之一第一项取得股份申报事项要点"第三条第二款及第四条相关部分认有"违宪"之疑义,声请解释。

二、"最高行政法院"判决驳回要旨

在南港轮胎(林学〇)案,"最高行政法院"认为:"查申报要点第三条第二款系就申报义务主体所取得之股份范围加以规范,其中由于本人与其配偶、未成年子女及二亲等以内亲属之间,关系密切,除非有特别情事,依经验法则,渠等所主导或控制之公司与本人担任董事长之公司取得同一家公开发行公司之股票,合计超过其已发行股份总额百分之十,应非巧合,堪认系有意之安排。而是否有特殊情事,举证责任在行为人,不在主管机关,故主管机关在无反证之情况下,依申报要点所揭示之亲属关系,就渠等所主导或控制之公司所取得之股份,解为具有意思联络或利用关系而算入共同取得之股份,并无违经验法则,于此范围内上要点未违反第四十三条之一第一项之立法意旨,得予适用。……另被上诉人(证券主管机关)依第四十三条之一第一项规定:'主管机关所规定应行申报事项',订定申报要点发布实施,并就该条项所定之'取得股份'、'共同取得人'、'取得方式'等,予以明白规定其定义及其适用范围,以阐释该规定之含义,使取得人知悉在何种情形属共同取得人应行申报,核其性质属主管机关基于职权,为执行第四十三条之一第一项规定之必要而为之补充性解释规定,未增加共同取得人之义务,自无违反'宪法'第二十三条规定或法律保留原则及比例原则。原判决维持诉愿决定及原处分,核无违误"。

同样的,在优美(林清○)案,"最高行政法院"除逐句重申前述南港轮胎案之见解外,更明白就累计增减变动超过已发行股份总额百分之一,上诉人未立即公告并申报而为处罚的争点表示,"第四十三条之一第一项后段规定申报事项如有变动时,并随时补正之。故每一变动共同取得人即负一申报义务,如违反各申报义务,应按次分别处罚,此与'宪法'第二十三条规定或比例原则无违……"。无疑地,"最高行政法院"2003 年度第 514 号判决此段法律见解,旨在阐述"申报要点"第七条第一款[2]及第九条[3]的合宪与合法性。惟应予注意者,此项争点,大法官释字第 586 号解释并未予涵盖。

三、释字第 586 号解释文

本号解释文如下:

"证券管理委员会(后更名为证券暨期货管理委员会),于 1995 年 9 月 5 日订颁之第四十三条之一第一项取得股份申报事项要点,系属当时之证券交易主管机关基于职权,为有效执行第四十三条之一第一项规定之必要而为之解释性行政规则,固有其实际需要,惟该要点第三条第二款:'本人及其配偶、未成年子女及

---

[2] 按本款主要规定:所持有股份数额增、减数量达该公开发行公司已发行股份总额百分之一时,应于事实发生之日起二日内公告,并检附公告报纸向金管会申报;上开申报及公告义务应继续至单独或共同取得股份低于该公司已发行股份总额百分之十为止。

[3] 本条规定:第四十三条之一第一项前段及后段规定系属取得人不同之作为义务,当取得人违反任一作为义务时,即应分别课处行政罚锾。

二亲等以内亲属持有表决权股份合计超过三分之一之公司或担任过半数董事、监察人或董事长、总经理之公司取得股份者’亦认定为共同取得人之规定及第四条相关部分，则逾越母法关于‘共同取得’之文义可能范围，增加母法所未规范之申报义务，涉及"宪法"所保障之资讯自主权与财产权之限制，违反‘宪法’第二十三条之法律保留原则，应自本解释公布之日起，至迟于届满一年时，失其效力"。

四、本号解释之分析

本号解释理由书谓："主管机关基于职权因执行特定法律之规定，得为必要之释示，以供本机关或下级机关所属公务员行使职权时之依据。另法官于审判时应就具体案情，依其独立确信之判断，认定事实，适用法律，不受行政机关函释之拘束，乃属当然，业经本院释字第137号、第216号、第407号等号解释阐明在案。法条使用之法律概念，有多种解释之可能时，主管机关为执行法律，虽得基于职权，作出解释性之行政规则，然其解释内容仍不得逾越母法文义可能之范围。

1988年1月29日增订公布之"证券交易法"第四十三条之一第一项规定："任何人单独或与他人共同取得任一公开发行公司已发行股份总额超过百分之十之股份者，应于取得后十日内，向主管机关申报其取得股份之目的、资金来源及主管机关所规定应行申报之事项；申报事项如有变动时，并随时补正之。"虽对人民之资讯自主权有所限制（本院释字第585号解释理由书参照），然该规定旨在发挥资讯完全公开原则，期使公司股权重大异动之资讯能即时且充分公开，使主管机关及投资人能了解公司股权重大变动之由来及其去向，并进而了解公司经营权及股价可能发生之变化，以增进公共利益。其所称之"共同取得人"，于文义范围内有多种解释之可能，而同法并未对于该法律概念作定义性之规定，主管机关为达成前开规定立法意旨，自得基于职权，针对我证券市场特性，予以适当之阐释，作出具体明确之例示规定，以利法律之执行。

证券管理委员会（后更名为证券暨期货管理委员会）依同法第三条，为当时之证券交易法主管机关，于1995年9月5日订颁"第四十三条之一第一项取得股份申报事项要点"（证券暨期货管理委员会1998年10月31日修正），系该会本于主管机关职权，为有效执行法律，落实股权重大异动之管理，对上开法律所为之解释性行政规则，旨在阐明该规定所称之"取得股份"、"共同取得人"、"取得方式"等概念之含义及其适用范围，使证券取得人知悉在何种情形应履行申报义务，为执行证券交易法上开规定所必要。

惟上开要点第三条第二款："本人及其配偶、未成年子女及二亲等以内亲属持有表决权股份合计超过三分之一之公司或担任过半数董事、监察人或董事长、总经理之公司取得股份者亦认定为共同取得人之规定及第四条相关部分，虽系主管机关为有效揭露资讯，妥适保障投资人权益，考量亲属关系于我企业文化之特殊性，以客观上具备一定亲属关系与股份取得行为为标准，认定行为人间意思与行为共同之必然性所订定。此种定义方式虽有其执行面上之实际考量，然其忽略母法'共同'二字依一般文义理应具备以意思联络达到一定目的（如控制、投资）之核心意义，不问股份取得人间主观上有无意思联络，一律认定其意思与行为共同之必然性。衡诸社会现况，特定亲属关系影响、支配家族成员股份取得行为之情形虽属常见，但例外情形亦难认不存在。单以其客观上具备特定亲属关系与股份取得行为，即认定股份取得人手中持股为共同取得，属应并计申报公开之股权变动重大资讯，可能造成股份取得人间主观上无共同取得之意，却因其具备客观之亲属关系与股份取得行为,未依法并同申报而成为母法第一七八条第一项第一款、第一七九条处罚之对象,显已逾越"证券交易法"第四十三条之一第一项'共同取得'之文义可能范围,增加母法所未规范之申报义务,涉及宪法所保障之资讯自主权与财产权之限制,违反'宪法'第二十三条之法律保留原则,为避免证券市场失序,该项规定应自本解释公布之日起,至迟于届满一年时,失其效力"。

按第四十三条之一第一项,诚如上述解释理由书所言,系该法于1988年元月修正时,参考美国证券交易法第十三条第四项之规定(详见后述),为发挥资讯完全公开原则(full disclosure),期使公司股权重大变动之资讯能及时且充分公开,使主管机关、投资人甚至发行该股份之公司,能预作准备,以因应股权异动所可能导致公司经营权之变动及公司股价可能产生的变化。[4]

本号解释一方面肯认第四十三条之一第一项规定系为增进公共利益所必要("宪法"第二十三条参照);另一方面也肯认证券主管机关,为有效执行法律,落实对股权重大异动之管理,可颁行上开法律之解释性行政规则,使证券取得人知悉在何种情形应履行申报义务。

然而,本号解释的核心问题却是集中在"申报要点"第三条第二款"本人及其配偶、未成年子女及二亲等以内亲属持有表决权股份合计超过三分之一之公司或担任过半数董事、监察人或董事长、总经理之公司取得股份者"亦认定为共同取得人之规定及申报要点第四条相关部分。查"申报要点"之所以有第三条第一款及第四条之规定,实由于证券主管机关考量亲属关系在台湾企业文化所形成之特殊性,故订定如客观上具备一定亲属关系与股份

---

[4] 参阅证券交易法修正草案之修正理由[台一九八七财2912号函];赖英照,证券交易法逐条释义第四册,1992年8月版,页289。

取得行为,即认定行为人间有意思联络与行为共同之必然性,而为
"与他人共同取得股份之共同取得人"。

　　惟本号解释多数大法官认为,此种定义方式虽有执行面上之
实际考虑,但其忽略证券交易法该条"共同"二字,依其一般文义
之核心内涵应具备以意思联络达到一定目的(例如,控制或投资
目标公司)。如不问股份取得人间主观上有无意思联络,单以客
观上具备特定亲属关系与股份取得行为,即据以认定股份取得人
手中持股为共同取得,依法属应并计申报公开之股权取得重大讯
息,将可能造成股份取得人间在主观上并无意思联络、共同取得之
意思,却因其偶然的具备客观之亲属关系与股份取得行为,致未依
法并同申报而受"证券交易法"第一七八条第一项第一款、第一七
九条处罚。如此结果,多数大法官认为已逾"证券交易法"第四十
三条之一第一项"共同取得"之文义可能范围,增加母法所未规范
之申报义务,涉及宪法所保障之资讯自主权与财产权之限制,违反
"宪法"第二十三条之法律保留原则。

　　然而,杨仁寿大法官对前揭违反"宪法"第二十三条法律保留
原则的部分,则持不同看法。杨大法官之不同意见书主要认为,
"共同取得"之"共同"一词,系属不确定法律概念,"其无非在要求
法官于适用具体个案时,就此应随同时空环境变迁之社会、伦理及
文化等价值理念予以具体化,使俾能与时转,以求实质的公平与妥
当,……不确定法律概念,不生违反法律保留原则之问题[5]"。

　　杨大法官并进一步具体指出本案,"证券管理委员会,虽于
1995 年 9 月 5 日订定之申报事项要点中,规定何种情事,亦为'共
同取得人',究其实际不过便于规范对象申报,先予类型化,酌加
例示供参,使法律之规范功能更能发挥安定之效能而已,初不能拘

---

〔5〕　参阅杨仁寿大法官不同意见书,刊"司法院"公报,第四十七卷一期,页 44~74。

束法官之价值补充。"

简言之,本号解释之不同意见,主张"共同"一词是"不确定法律概念",立法者依其立法计划有意把它的内涵留待司法机关做灵活的判断,以适应证券市场机动的需求;而且证券主管机关的命令只是提供法院参考的例示性解释,并无拘束法院的效力,因此该"申报要点"并不违宪。

综观大法官会议释字第 586 号全文解释,可知本号解释并没有宣告第四十三条之一第一项有关"共同"的规定违宪,仅宣告属于"解释性之行政规则"之"申报要点"前述规定违宪,因其解释内容逾越母法文义的可能范围。至于多数意见与少数不同意见之争辩,吾人认为多数意见较为可采,理由如下:

(一)不能因为母法使用不确定法律概念,证券主管机关即可作出逾越母法之解释。[6] 盖"共同取得"之通常、一般文义应指行为人间有意思联络,始足当之;而且,证券交易法本条亦未规定配偶等人所买进的股票也须一并计算。依照"申报要点"的规定,成年的兄弟姊妹、嫂嫂及妻舅均分别为二亲等内之血亲与姻亲(即"申报要点"所谓二亲等以内亲属),其等之公司所取得之股份均应纳入计算范围。从适用结果而言,恐也株连太广,不甚合理。

(二)诚然,"申报要点"确有将不确定法律概念加以类型化之优点,以方便适用;加上,证券主管机关之行政命令,固然也不能拘束法院之见解,惟行政命令不得逾越母法的铁则并不因此而改变。如果有所逾越,法院可拒绝适用,大法官也应宣告该行政命令

---

〔6〕 参阅经济日报社论"金管会应全面修正逾越母法的命令",2004 年 12 月 22 日第二版。

违宪。[7]

既然证券交易法本条之立法理由明白交待系参考美国法而来,因此一探外国立法例及实务运用之情形,似有助于"共同取得"相关争议之厘清。本文以下就美国法、日本法及新加坡等法例相关规范加以探讨,并借此就教诸高明先进。

叁、美国法制

美国 1968 年有名之威廉斯法(Williams Act)主要系针对收购股份行为加以规范。而所谓威廉斯法,其实就是 1968 年 7 月美国证券交易法修订时增订了第十三条第四项、第五项及第十四条第四、五、六项;其后同法在 1977 年时 2 月又增订了第十三条第七项,补充同条第四项之规定。

与我"证券交易法"第四十三条之一第一项直接有关者,系前述美国证券交易法第十三条第四项[8](及同条第七项之补充规定)。依据美国证券交易法第十三条第七项之补充规定:

"(一)任何人直接或间接持有(受益所有)本条第四项第一款[即 13(d)(1)]之证券超过百分之五以上者,应依照证管会规定之格式及时限向该证券之发行人及证管会申报下列事项:

(A)姓名、住所及国籍

(B)持有证券之数量及说明持有之权利性质。

(二)假如申报之内容事实有任何重大改变,应依证管会为维

---

[7] 参阅经济日报社论"金管会应全面修正逾越母法的命令",2004 年 12 月 22 日第二版。

[8] 本项内容之中文翻译,可参阅赖英照,前揭注 4,页 293~294。

护公益或保护投资人之必要而颁行之规则,将其修正说明书送交发行人并向证管会申报。

(三)当二人以上组织之合伙、有限合伙、企业同盟组织或其他形态之集团,为取得、持有或处置一家发行人之证券时,如此之同盟组织或集团应视为本项下所称之'一人'。[9]

(四)计算持有同一类证券之百分比时,应以该类证券已发行在外总数,扣除发行人或其子公司所持有或他人为其持有之部分后之余额,为其计算基础。

(五)在执行本款之授权时,证管会为维护公益或保护投资人之必要,应采取适当措施以达成下述目的:

(A)建立持股资讯之集中化申报制度。

(B)避免重复申报持股资料,以减轻申报义务人之负担。

(C)将依本条规定提出之申报资料列表及即刻发布,并分送联邦及州政府有关机关与公众,使申报资料发挥最大使用价值。

(六)证管会为维护公众利益或保护投资人之必要,得制定规则或以命令,全部或部分豁免依本项规定提出申报。"

从而,累积取得百分之五股权的揭露要求,在现行美国法下[其申报表格一般称为"13D 表格"(即 Schedule 13D)],必须公开下列资讯:(1)取得股份者或其集团成员之身份及背景;(2)取得股份之资金来源及金额;(3)取得股份者已取得目标公司之股份数额;(4)取得股份者与他人对于目标公司股份之任何安排;(5)

---

[9] 按本款早在第十三条第四项之前即已存在,由于其内容与本文研究至为重要而相关,特录条文原文于后,以供参考:"(3)When two or more persons act as a partnership, limited partnership, syndicate, or other group for the purpose of acquiring, holding, or disposing of securities of an issuer, such syndicate or group shall be deemed a "person" for the purposes of this subsection." 15 U. S. C. A. (13)78m (d)(3)。

取得股份者取得股份之目的及其对目标公司之意图。[10]

　　按在前揭美国法有关取得超过百分之五股权证券之申报义务规定中,实务上较难认定者系有关第十三条第四项第三款(Section 13)(d)(3)如何认定一集团或组织为"一人",从而必须"并计"集团或组织内个别之持股,以视是否达到百分之五之申报门槛的问题。第二巡回法院曾经认为,决定之因素系在于是否持有股份的集团(group),是根据明示或默示的合意而形成,也因此有造成目标公司控制权转移的潜在可能性即足,不以合意进一步买入更多证券为必要。[11] 此外,该共同行为之合意也毋需以书面形式为必要。[12] 惟在 Bath 一案,[13] 法院则认为"集团"形成之后,必须根据"集团合意"(group agreement)进一步买入股份,才足以启动第十三条第四项之申报义务。至于举证责任的分配,法院的见解则认为原告须证明被告"集团"形成之目的系为第十三条第四项下之"共通目的"(common objective)(即得到公司之控制权或驱逐现在之经营者),而这些举证方法,法院通常要求必须被告有客观行为(objective acts),始足当之。[14] 举例以言,第二巡回法院曾认为,集团成员取得控制权的合意,也许得由购买系争股份导致跨过百分之五门槛的模式,加以推定。[15]

　　一言以蔽之,美国法制在其证券交易法第十三条第四项此一

---

[10]　See Alan R. Palmiter, Securities Regulation, Aspen Law & Business, 1998 Ed., at 238~239.

[11]　GAF Corp. v. Milstein, 453 F. 2d 709 (2d. Cir. 1971).

[12]　Sec v. Drexel Burnham Lambert Inc., 837 F. Supp. 587 (S. D. N. Y. 1993).

[13]　Bath Industries, Inc. v. Blot, 427 F. 2d 97 (7th Cir. 1970).

[14]　Id.

[15]　Corenco Corp. v. Schiavone & Sons, Inc., 488 F. 2d 207, 215 (2d Cir. 1973); Wellman v. Dickinson, 475 F. Supp. 783 (S. D. N. Y. 1979). See also Thomas Lee Hazen, The Law of Securities Regulation, Fourth Ed., 2002. at 485.

"初期之警告制度"（the early warning system），虽系使用"公开原则"的规范方法先期通知目标公司之股东甚至其经营阶层，对公司控制权可能的变动预作准备，[16] 但在对"集团视为一人"（group is deemed a "person"）[Section 13(d)(3),13(g)(3)][17]的执法上，法院的实务判决仍然强调证明行为人间合意存在（an agreement to act in concert）之必要性。只是其证明不需要取得被告间共同行为之书面合意或直接证据为前提；相反的，足够之情况证据即可构成合意的存在，但举证责任则仍在原告。

肆、日本法[18]

依日本法，应申报大量持有报告书者，系持有股票或附新股认购权公司债等持有比率超过百分之五者（§27 - 23 Ⅰ）。持有人的定义，不是从股票等有价证券所有人的名义形式上认定，而系从实质上认定。亦即判断的基准系从实质上判断是否持有超过百分之五的股票，即是否具有某种程度的公司支配控制权。[19] 兹先说明其相关法律规定如下，以供参考：

大量持有股票之申报——日本证交法第二十七条之二十三第三项：

第一项之持有人，系指以自己或他人（包括虚拟名义人）名

---

[16] See Cox, Hillman & Lnagevoort, Securities Regulation 2nd Ed. , 1997, at 866.

[17] 按其实威廉斯法第十四条第四项也有同样"集团视为一人"的规定。

[18] 以下有关日本法之介绍，承蒙屏东商业技术学院邱秋芳博士之协助收集及翻译相关条文及文献，作者特致谢意。当然文责应由作者自负。

[19] 近藤光男、吉原和志、黑沼悦郎，证券取引法入门，商事法务研究会，平成十二年 1 月，页 197。

义,持有股票等有价证券所有权的人(包括政令所规定基于买卖或其他契约有请求交付股票等有价证券请求权之人或其他类此情况之人)之外,包括下列之人。但,第一款所指之人知悉有同款规定之权限之日起,限于知悉有该权限之股票(包括第二条第一项…有价证券),视为持有人。

(一)基于金钱信托契约、其他契约、或法律之规定,有行使股票发行公司股东表决权或有指示表决权行使权限之人(第二款之人除外),而且以支配控制该公司事业活动为目的之人。

(二)基于全权委托投资契约(指有价证券投资顾问业法〈昭和六十一年法律第七十四号〉第二条第四项所规定之全权委托投资契约)、其他契约、或法律之规定,有必要投资股票等有价证券权限之人。

日本证交法第二十七条之二十三第五项:

前项之共同持有人,系指股票等有价证券之持有人,与其他持有人共同取得或让与股票等有价证券,或合意行使股东表决权或其他权利之其他持有人。

日本证交法第二十七条之二十三第六项:

股票等有价证券之持有人,与其他持有人,有股票的所有关系、亲属关系、或其他政令所规定之特别关系时,该其他持有人视为共同持有人。但持有人或其他持有人持有股票等有价证券之数量,低于内阁府令所规定之数量以下时,不在此限。

由以上规定可知,日本法关于大量持有股票之申报,其持有人之意义有多层,兹分述如下:

一、持有人

日本证交法第二十七条之二十三第三项规定所指之持有人,分类如下:

（一）以自己或他人（包括虚拟名义人）名义，持有股票等有价证券所有权的人（包括政令所规定基于买卖或其他契约有请求交付股票等有价证券请求权之人或其他类此情况之人）。

所谓以他人（包括虚拟名义人）名义，持有股票等有价证券所有权的人，譬如交易账户及股票等的名义系以家属等他人的名义，但损益计算归属于本人的实质所有人。

所谓政令所规定基于买卖或其他契约有请求交付股票等有价证券请求权之人或其他类此情况之人，依证交法施行令第十四条之六规定，系指下列之人：

（1）已约定买进但尚未交付股票等有价证券之人。

（2）以信用交易买进股票等有价证券之人。

（3）股票等有价证券买卖交易选择权（限于因行使选择权而取得该交易买方地位者）之取得人。[20]

（二）基于金钱信托契约、其他契约、或法律之规定，有行使股票发行公司股东表决权或有指示表决权行使权限之人（第二款之人除外），而且以支配控制该公司事业活动为目的之人。

代表性的例子，为持有属于信托财产的股票的表决权，而且以支配控制该公司事业活动为目的之人。有表决权，系指得自行判断行使表决权或指示行使。拥有属于信托财产的股票的表决权之人，得依信托契约条款判断之。所谓"以支配控制该公司事业活动为目的"，并不是指单纯大量持有该公司股票，而是可能透由融资关系、人的关系、交易关系等，影响该公司事业活动。考虑对于是否具有"以支配控制该公司事业活动为目的"设定划一的判断基准，有其困难，因而不得不从本人是否有以支配控制事业活动为

---

[20] 河本一郎、关要监修，逐条解说证券取引法，商事法务，平成十四年五月，页342～343。

目的之本人的主观判断。[21]

（三）基于全权委托投资契约（指有价证券投资顾问业法〈昭和六十一年法律第七十四号〉第二条第四项所规定之全权委托投资契约）、其他契约、或法律之规定，为投资股票等有价证券有必要权限之人。

譬如有决定属于信托财产的股票等取得处分权限的委托人、或基于全权委托投资契约有投资决定权的投资顾问公司及未成年子女之法定代理人（日民§824）、禁治产人之监护人（日民§859）等，有表决权之情形也有。又成为该持有人之时点，系被委付"为投资股票等有价证券有必要权限"之时点。谁有此权限，则依据信托契约判断。[22]

证券公司、银行、信托公司、保险公司、证券投资信托的委托公司、投资顾问业者的法人投资人，取得或持有大量股票的信息，就投资人而言，乃是有关投资判断的重要信息。但是前揭法人投资人就资产的运用方法而言，并未经常频繁买卖股票，不以支配控制公司事业为目的之情形亦很多。因此持有股票的目的不在于支配控制发行公司事业活动者，在不逾已发行股份总数百分之十时，允许以特例报告（§27－26）。换言之，通常情形在成为大量持有者之日起五日以内，应向大藏大臣提出大量持有报告书。但前揭法人投资人，在股票持有比率超过百分之五之基准日之翌月15日前，提出大量持有报告书即可。政府或地方公共团体持有股票之情形，亦同。[23]

---

[21] 河本一郎、关要监修，前揭注20，页343。

[22] 河本一郎、关要监修，前揭注20，页343～344。

[23] 近藤光男、吉原和志、黑沼悦郎，前揭注19，页198～199。岸田雅雄，证券取引法，新世社，2002年6月，页212。

二、共同持有人

（一）实质共同持有人（Ⅴ）。关于股票等有价证券之取得处分及表决权等股东权之行使，有合意共同行使之情形，此种合意之相对方，为共同持有人。

（二）视为共同持有人（Ⅵ）。股票等有价证券之持有人，与其他持有人，有股票的所有关系、亲属关系、或其他政令所规定之特别关系时，该其他持有人视为共同持有人。前揭关系依证交法施行令第十四条之七规定，系指持有超过百分之五十资本关系的母子公司、兄弟公司、或有夫妻关系的人。由于这些人合意共同持有的盖然性相当高，因此不管实际上有无共同持有的合意，彼此之间皆视为共同持有人，负有申报之义务。但持有人或其他持有人持有股票等有价证券之数量，低于内阁府令所规定之数量（二十股）以下时，不在此限。[24]

从上面日本法有关大量持有股票之申报的规定可以查知，"实质共同持有人"的概念，与美国法上界定"集团"之概念相当。所不同者，应系日本法将有特别关系者（例如夫妻关系、母子公司、兄弟公司）视为共同持有人而负有申报义务的特殊规定。准此，即使事实上此等有特别关系之人无共同行为之合意，但为确保百分之五申报规则之有效性，日本法仍将之视为共同持有人。由此可见，日本法在此特别重视在有资本关系或人伦关系等特定关系之行为人，因其合意可能性颇大，[25]法律遂有视为共同持有人之拟制规定，以减轻原告之举证责任，方便法律之执行。

---

[24] 河本一郎、关要监修，前揭注20，页348。

[25] 参阅王辉，重点监管之一致性，上市公司，2003年第3期。网址：http://past.people.com.cn/GB/paper87/8955/835344.html，上网日期：2005/6/10。

伍、新加坡

新加坡为强化以"揭露"为基础之管理原则,以达保护投资人之目的,于其"证券与期货法"(Securities and Futures Act, Cap 289)第一三七条及公司法(Companies Act, Cap 50)第八十一、八十三条规定,取得某上市公司股份比例达百分之五以上者,应向该上市公司及新加坡交易所申报。[26]

此外,2001 年新加坡之购并及合并守则(the Singapore Code on Takeovers and Mergers),[27] 系由新加坡金融财政主管单位(Monetary Authority)根据其"证券与期货法"第三二一条所颁行。其立法目的在于确保购并或合并时全部所有股东能获致公平与平等的对待。按本原则基本上非法令性质,盖其并无法的强制力,而系由属自律组织性质之证券产业公会(Securities Industry Council)负责加以执行。

有关本购并及合并守则所谓之"行动一致"(acting in concert)(类似我们第四十三条之一第一项所称之"共同取得")定义,其开宗明义即谓:包括个人或公司根据正式或非正式的合意或默契,借由其中任何人取得目标公司股份以获取或巩固对目标公司之有效控制而进行合作者。而且,除非有相反之证明,下列之个人及公司

---

[26] 有关该申报之格式、项目、时限及相关条文详细内容,请参见:http://info. sgx. com/SGXWeb_LISTEDCO. nsf/DOCNAME/Notification_By_Sub_Sh (上网日期:2005/11/23)。

[27] 按此一"新加坡购并及合并守则"与"英国之伦敦城市守则有关购并及合并暨规范实质取得股份之规则"(The City Code on Takeovers and Mergers and The Rules Governing Substantial Acquisitions of Shares)内容十分相似。

被推定互相为一致行动人：

（a）（1）一家公司；（2）其母公司；（3）其子公司；（4）同一集团内之兄弟公司；（5）前述四类公司的联属公司；（6）前述五类公司是其联属公司的公司。

（b）一家公司与其任何董事（连同他们的近亲及有关系的信托，以及任何董事、董事之近亲及有关系的信托所控制的公司）。

（c）一家公司与其退休基金及员工股份计划；

（d）一人与任何投资公司、单位信托或其他基金；而该投资系由此人全权受托处理投资账户而经理者；

（e）一名财务或其他专业顾问（包括股票经纪人）与其客户间，就下列之人的持股而言：（1）此顾问及控制该顾问之人，受该顾问控制或所受控制与顾问一样的人；（2）该顾问全权受托经理之全部基金；而在该基金中，此顾问及任何此等基金之持股达客户股权资本百分之十以上者；

（f）一家公司的董事间（连同他们的近亲）有关系之信托，即受任何此等董事、他们的近亲及有关系之信托控制之公司，而该公司目前正收到一项收购要约或该公司董事有理由足信即将收到一项真实诚意之收购要约；

（g）合伙人间；以及

（h）下述之人及法人

（1）一个个人

（2）前述（1）之近亲

（3）前述（1）之有关信托

（4）任何习惯于根据前述（1）之人的指示而为行动的人；以及

（5）受前述（1）（2）（3）或（4）类之人控制之公司

值得注意者，新加坡购并及合并守则对反证"近亲间的共同行为推定",其注解补充规定可考虑之因素如下:[28](1)近亲买进股份的模式、数量、时机以及价格;(2)近亲行使股权之模式;(3)是否近亲取得持股有相应等量之独立财务来源,而非依靠他人提供。

至于此处所指近亲之范围,注解之解释则包括直接亲密之家人(immediate family)(亦即,父母、兄弟姊妹、配偶及子女)、父母之兄弟姊妹(亦即舅、伯、叔、姨、姑等)、他们的子女(亦即堂表兄弟姊妹)以及兄弟姊妹之子女(即甥、侄、侄女等)。

从上面新加坡购并及合并守则可知,其规定之特色为:除一般行为人透过书面或口头之协议或透过其他手段达成某种默契,互相配合,以获致或巩固对目标公司之控制的定义外,更列举详细之关系人种类并推定其为一致行动人。其中也包括推定近亲之关系人为一致行动人。

陆、分析与建议

由上面各国法制之分析可见,世界主要国家对"共同取得"、"一致行动人"均十分重视。盖此一概念对落实大量取得股权管理,甚至收购股权、购并制度之公开原则,扮演重要的角色而无法忽略。至于规范的方法,美国法强调行为人间合意存在的必要性(不论明示或默示)。日本法则在强调一般行为人的合意之外,于有投资的关系及亲属的关系时,基于此等人合意共同持有之盖然性相当高,而例外将之"视为"共同持有人,不论实际上彼此间有

---

[28] See Notes on Definition of Acting in Concert, 1. Rebuttal of Concert – Party Presumption between Close Relatives.

无共同持有之合意。日本法为落实法律之执行的深刻用意,明显而确定,令人印象深刻。至于新加坡之购并及合并守则,除了也有一般共同行为人(含自然人或公司)合意或谅解(正式或非正式)从事控制目标公司之合作的基本主观要素要求外,同样的,也基于法律执行之有效性考虑,规定除有反证外,"推定"关系人及近亲间为一致行动人(即共同行为人)。而且,对于被推定的类型巨细靡遗,设想周到,涵盖范围极大。

反观台湾地区证券交易法对于"共同取得"之"共同"二字并无定义,此不仅在该法第四十三条之一第一项如此,同法第四十三条之一第三项"强制公开收购"之规定:"任何人单独或与他人共同预定取得公开发行公司已发行股份总额达一定比例者,除符合一定条件外,应采公开收购方式为之。"对于"共同"二字亦未界定。[29] 因而大法官会议释字第586号不得不亦步亦趋紧依一般文义解释,以意思联络达到一定目的(如控制、投资)之主观要素存在作为"共同"行为之前提,以维护人民之信息自主权与财产权。

本文以为,为求法律意旨之贯彻,前述日本法制完整、绵密之规范,可为我证券交易法修改之参考。惟如嫌其条文冗长、打击范围太大,且对存有投资关系及夫妻关系均"视为"共同取得,致无反证之回旋空间,造成过于严苛之疑虑。至少也应模仿新加坡之规范体例,先行对"共同取得"作一基本定义,其次再将"推定的共同取得人"范围加以明定,以利适用。兹参考各国立法例之规范

---

[29] 2002年10月22日公布之"公开收购公开发行公司有价证券管理办法"第十二条曾以客观上具备一定亲属关系、持股关系或职务关系等即认定为共同取得人。惟因大法官会议释字第586号之解释,已于2005年6月22日删除之。请参阅2005年6月二十二金管证三字第0940002712号令。

方式,试拟证券交易法修正条文于后,用供参考:

第四十三条之一增订第五、六、七项:

第五项:"第一项及第三项所称之共同取得,指个人、公司、其他法人或非法人团体,根据其正式或非正式之契约、协议或默契,借由其中任何一方取得目标公司之股份,以投资目标公司或获取、巩固对目标公司之控制而进行合作者。"

第六项:"个人持有之股份之计算,应包括其配偶、未成年子女、利用他人名义持有及基于全权委托投资契约而持有者。"

第七项:"股份之持有人与其他持有人,有二等亲内亲属关系,或有合伙关系或有'公司法'第三六九条之一至第三六九条之三、第三六九条之九及三六九条之十一规定之关系企业关系时,该持有人与其他持有人推定为共同取得人。"

至于"申报要点"之修正,则应同时删去第二、三、四条之内容。然而,如因立法时程延宕,则似可先修正"'证券交易法'第四十三条之一第一项取得股份申报事项要点"以资过渡时期使用,[30]亦即删除现行"申报要点"第三、四条,代之以:"与他人共同取得任一公司发行公司已发行股份总额超过百分之十之股份之共同取得,系指取得人间因控制或投资等之共同目的,不论其有无书面,而以契约、协议或其他方式之合意,取得公开发行公司之股份者。"俾遵守大法官会议释字第586号解释之要旨,以共同取得之"共同"二字依一般文义应具备以意思联络达到一定目的(如控制、投资)之核心意义的要求。

---

[30] 按如前所述,"公开收购公开发行公司有价证券管理办法"第十二条于2005年6月22日已修正其内容,以符合大法官会议释字第586号解释。

柒、结　论

现行"证券交易法"第四十三条之一第一项大量取得股权之申报,其立法目的在于借由公开原则,以早期提醒投资人、发行公司甚至交易所及主管机关因应公司控制权可能之变动,故具有重大之警示功能。惟大法官会议释字第 586 号解释,认为"证券交易法"第四十三条之第一项所谓之共同取得之"共同"二字,应依一般文义解释,以具备意思联络达到一定目的(如控制、投资)为必要。现行申报要点第三条第二款及第四条,单以客观上具备特定亲属关系与股份取得行为,即认定股份取得人手中持股为共同取得,如未依法并同申报,将成为证券交易法处罚之对象,大法官认为此一行政命令规定,系增加母法所未规范之申报义务,故宣布此一行政命令相关部分违宪。

这一违宪之宣告,吾人可以解读为:大法官一方面肯认,为维证券市场之秩序的必要,故未宣告母法中所使用之不确定法律概念——"共同"一词违宪;另一方面则宣告相关行政命令违宪,以符合法律保留原则之法治精神。由此也可见,证券管理法制,乃至其他财经法制、当不能自外于宪法所强调之法律保留原则,否则证券主管机关身兼立法与执行角色,将弊多于利。换言之,法律保留原则约束行政主管机关所可能之便宜行事,或许是为维护基本人权不得不然之手段。

基于上述分析,本文建议,为有效执行法律及符合法律保留原则,证券交易法第四十三条之一宜参酌外国法制,增订共同取得之基本定义;其次再将"推定的共同取得人之类型",予以明文化,以落实法律之执行。(法律条文文字之修正,详见附录一)然而,如修法不宜迅速进行,修改证券交易法前宜先删去为大法官宣告违宪之行政命令。换言之,共同取得概念之执行,仍应遵照大法官所明白宣示之精神——"共同取得"之认定,仍应证明行为人间有主观合意之存在,不得单以客观上一定亲属关系及股份取得行为即径加认定为共同取得(行政命令文字之修正,详见附录二)。

固然,在现代法治社会中,为了因应行政管理事务的多样性、专业性及急迫性,行政命令毋宁是不可或缺。但对于人民之处罚及有关资格、条件之限制等重要事项,因涉及人民之人身自由、财产权、工作权等基本权保护,理应有法律保留原则之适用。在这样的思维下,大法官释字第 586 号解释,也是必然的产物。吾人认为释字第 586 号解释是现代法治社会应有的作为,值得各界赞同。

附录一:("证券交易法"第四十三条之一)

修正条文	现行条文	说明
第四十三条之一: Ⅰ、任何人单独或与他人共同取得任一公开发行公司已发行股份总额超过百分之十之股份者,应于取得后十日内,向主管机关申报其取得股份之目的、资金来源及主管机关所规定应行申报之事项;申报事项如有变动时,并随时补正之。 Ⅱ、不经由有价证券集中交易市场或证券商营业处所,对非特定人为公开收购公开发行公司之有价证券者,除下列情形外,应先向主管机关申报并公告后,始得为之: 一、公开收购人预定公开收购数量,加计公开收购人与其关系人已取得公开发行公司有价证券总	第四十三条之一: Ⅰ、任何人单独或与他人共同取得任一公开发行公司已发行股份总额超过百分之十之股份者,应于取得后十日内,向主管机关申报其取得股份之目的、资金来源及主管机关所规定应行申报之事项;申报事项如有变动时,并随时补正之。 Ⅱ、不经由有价证券集中交易市场或证券商营业处所,对非特定人为公开收购公开发行公司之有价证券者,除下列情形外,应先向主管机关申报并公告后,始得为之:	一、参考美、日、新加坡之立法例及判例,于本条第五项增订共同取得之基本定义。 二、为免有股份取得人利用他人名义持有股票以逃避规范之脱法行为发生,爰参考美国威廉斯法第十三条第四、七项与日本证券交易法第二十七条之二十三第三项、新加坡购并及合并守则及我"证交法"第二十二条第三项"受益所有人"之概念,于本条第六项增订个人持股之计算,应包括其配偶、未成年子女、利用他人名义持有、以信托方式取得及基于全权委托投资契约而持有者。 三、参酌台湾家族

数,未超过该公开发行公司已发行有表决权股份总数百分之五。

二、公开收购人公开收购其持有已发行有表决权股份总数超过百分之五十之公司之有价证券。

三、其他符合主管机关所定事项。

Ⅲ、任何人单独或与他人共同预定取得公开发行公司已发行股份总额达一定比例者,除符合一定条件外,应采公开收购方式为之。

Ⅳ、依第二项规定收购有价证券之范围、条件、期间、关系人及申报公告事项与前项之一定比例及条件,由主管机关定之。

Ⅴ、第一项及第三项所称之共同取得,指个人公司、其他法人或非法人团体,根据其正式或非正式之契约、协议或默契,借由其中任何一方取得目标公司之股份,以投资目标公司或获取、巩固对目标公司之控制而进行合作者。

一、公开收购人预定公开收购数量,加计公开收购人与其关系人已取得公开发行公司有价证券总数,未超过该公开发行公司已发行有表决权股份总数百分之五。

二、公开收购人公开收购其持有已发行有表决权股份总数超过百分之五十之公司之有价证券。

三、其他符合主管机关所定事项。

Ⅲ、任何人单独或与他人共同预定取得公开发行公司已发行股份总额达一定比例者,除符合一定条件外,应采公开收购方式为之。

Ⅳ、依第二项规定收购有价证券之范围、条件、期间、关系人及申报公告事项与前项之一定比例及条件,由主管机关定之。

企业之实际情形及新加坡购并及合并守则,增订第七项有关推定共同取得之类型。

Ⅵ、个人持有之股份之计算,应包括其配偶、未成年子女、利用他人名义持有、以信托方式取得及基于全权委托投资契约而持有者。 Ⅶ、股份之持有人与其他持有人,有二等亲内亲属关系,或有合伙关系或有"公司法"第三六九条之一至第三六九条之三、第三六九条之九及三六九条之十一规定之关系企业关系时,该持有人与其他持有人推定为共同取得人。		

附录二:("证券交易法"第四十三条之一 第一项取得股份申报事项要点)

修正条文	现行条文	说明
第三条: 　与他人共同取得任一公司发行公司已发行股份总额超过百分之十之股份之共同取得,系指取得人间因控制或投资等之共同目的,不论其有无书面,而以契约、协议或其他方式之合意,取得公开发行公司之股份者。	第三条: 　本要点所称与他人共同取得股份之共同取得人包括下列情形: 　(一)由本人以信托、委托书、授权书或其他契约、协议、意思联络等方法取得股份者。 　(二)本人及其配偶、未成年子女及二亲等以内亲属持有表决权股份合计超过三分之一之公司或担任过半数董事、监察人或董事长、总经理之公司取得股份者。 　(三)受本人或其配偶及前款公司捐赠金额达实收基金总	依大法官会议释字第586号解释认为,"共同取得"之"共同"二字依一般文义应具备以意思联络达到一定目的(如控制、投资)之核心意义,不应仅以客观上具备一定亲属关系及股份取得行为即认定有"共同取得"行为,故现行条文有关以客观上具备一定亲属关系、持股关系或职务关系等即认定为共同取得人之规定,应予以调整,爰修正第三条及删除第四条。另参考"公平交易法"第七条联合行为定义之文字,将第三条文字酌作修正。

	额三分之一以上之财团法人取得股份者。 第四条: 　前二项规定于本人为法人时,其负责人或有代表权之人亦适用之。	

【后记】

本文曾发表于:月旦法学杂志,第 126 期,2005 年 11 月,页 158～171。

现行有价证券融资融券代理制度之研究

——以证券金融公司与证券商之 法律关系为中心

壹、研究缘起

我证券信用交易制度之法律规范，"证券交易法"仅于其第十八条第一项规定："……证券金融事业……应经主管机关之核准。"另同法第六十条规定："证券商不得收受存款、办理放款、借贷有价证券及为借贷款项或有价证券之代理或居间。但经主管机关核准者，得为下列之行为：（1）有价证券买卖之融资或融券。（2）有价证券买卖融资融券之代理（第一项）。证券商办理有价证券买卖融资融券之处理办法，由'财政部'拟订报请'行政院'核定之（第二项）。"[1]准此可知，现行证券信用交易制度，分为融资与融券两种。而所谓融资，指授信机构对其客户融通资金之谓。所谓融券，指授信机构对其客户融通证券之谓。又此处之授信机构，依我之法制，则有证券金融公司（下简称证金公司）及自办信用交易之证券商两种。换言之，除自办信用交易之证券商可直接对客户办理信用交易外，在台湾，证金公司亦得办理信用交易之授信业务。[2]此外，在证金公司办理信用交易授信之情形，证金公司对于与客户有往来关系之证券商（代办证券商），依现行法制，亦应签订属于委任关系之代理契约。

---

[1] 同法第十五第三款亦规定，依证交法经营之证券业务，其种类包括有价证券买卖之行纪、居间、代理及其他经主管机关核准之相关业务。

[2] 按我们的信用交易融资融券制度与美、日、韩等国不同。在美国制度上并无证券金融事业之设立，而由证券商（证券商款券不足时，转向银行融通）直接向投资人融资融券，依日、韩制度，证券金融事业向证券商融资融券，而由证券商直接向投资人融资融券。请参阅赖英照，证券交易法逐条释义第四册，1992年8月版，页386~388。

惟应注意的是,在非证券商自办信用交易之情形,甚有疑义者,系证金公司与代办证券商所签订之"融资融券代理契约书",与实务操作情形是否相符? 换言之,事实上,证券商所为者,是否为"代理"证金公司为所谓之"法律行为"? 抑或其仅实际上"代办""事实行为"并无关法律行为之代理? 又,如实务上之证券商所为之代办行为,并不是属于所谓之"代理",则立法论上而言,宜否重新予以定位二者之基础法律关系? 过去立法之考虑点又是如何? 将来应如何定位,是行纪或居间或其他法律关系(参照证交十五Ⅲ、十六Ⅲ)? 凡此根本问题,均值得探讨,以厘清代办证券商与证金公司之法律关系。

除了上述基本问题外,在现制上仍涉及不少融资融券契约技术问题,亟待解决,例如:

(一)现行证金公司"融资融券业务操作办法"第七条及第九条分别规定:"委托人申请融资融券,应先洽由代理证券商之介绍,与本公司(证金公司)签订融资融券契约,并开立信用账户后,始得委托该代理证券商进行融资融券交易(第七条Ⅰ)。""申请开立信用账户时,委托人为自然人者,应亲持身份证正本凭核,并签具'信用账户申请书'及'融资融券契约书',检附征信证明文件,由代理证券商初审后核转本公司(证金公司),经本公司(证金公司)征信审定,同意订立融资融券契约书并开立信用账户(第九条Ⅰ)。"换言之,在融资融券代理契约下,证券商负有"介绍"及"初审"之义务,证金公司则有"征信审定"义务;然而,何谓"初审"? 介绍与初审在法律上之意义又为何? 申言之,证金公司对于投资人是否"亲自"开立信用交易账户等事宜,是否即无查核责任,而完全应由证券商负起全部客户违约责任?

(二)实际上证券商营业员于股票买进委托书中勾选或填写"融资"选项,系代理投资人向证金公司为融资之要约? 或代理证

金公司接受投资人融资之要约？换言之,其行为系属执行与投资
人行纪契约"受委托买卖有价证券"业务之行为,抑或属执行与证
金公司间代理契约之"融资融券业务行为"？此一认定判断,关系
证券商营业员虚伪填写融资买进委托书之行为,是否为营业员立
于证券商履行与证金公司间融资融券代理契约辅助人之地位(民
二二四)的问题,关系何人应负起最终法律责任,甚为重要。

(三)证金公司,如未与投资人签订融资融券契约之前,即予
拨款,是否系与有过失？是否为业务上之严重疏忽,因此有无任何
法律责任？

(四)证券金融事业管理规则第九条复规定:"融资融券之证
券交易,经由证券金融事业直接代委托人分别向证券交易所或证
券柜台买卖中心办理交割。"此一规定对于正常交割流程有无不
利影响？亦值检讨。

上述问题,牵涉"证券交易法"、"证券金融事业管理规则"、证
金公司之"融资融券业务操作办法"及由证金公司所提出之定型
化"融资融券代理契约书"之内容,似宜全面检讨,以平衡各方当
事人之权利义务,俾促进证券市场之交易效率与秩序。

本研究拟提出各项问题之解决之道,并具体提出修改法令之
建议,以供证券主管机关及业界参考。

贰、"代办证券商"所为,是否为代理
证金公司为法律行为？抑仅系代办事实行为？

为何现行制度下,证金公司与代办证券商间之法律关系,被定
位为"代理"(参照证交六十Ⅰ但②)？1988年元月"证交法"之修
正理由,并无明确地交待。惟依当时"行政院"修正草案,似可看

出一些端倪。其条文修正理由略谓:"证券信用交易……在制度上有下列缺点:

（一）现制下（1988年元月前）证券金融机构系直接对客户授信,但信用交易须在交易过程中完成,客户之开户与有关手续均需透过证券经纪商办理,证券金融机构不了解客户信用情况,而须负直接授信之风险,阻碍信用交易功能之发挥。

（二）证券经纪商受托办理信用交易授信手续,纯属服务性,无手续费收入及承担任何责任（原六十Ⅰ③之限制）,对证券金融机构委托处理事项,难以积极配合,迟滞信用交易制度之运作"。[3]

惟应注意者,前述证交法修正理由,并未直接说明证金公司与代办证券商之法律关系,为何选择"代理"而非"居间"制度。

按现行证券商与证金公司一般订立之融资融券代理契约虽有约定委任事项:"证券商应依证金公司报经'财政部'证券管理委员会核定之融资融券业务操作办法之规定,以善良管理人之注意,为证金公司办理下列事项:

（一）投资人向证金公司申请开立有价证券信用交易账户、签订融资融券契约:

（1）向投资人详细解说融资融券之内容、契约条款,并提供投资人相关书面资料。

（2）投资人开立信用交易账户、相关文件书表之检查及转送。

（二）投资人融资融券、清偿融资融券、经证金公司通知追加担保或处分投资人之担保物等事项。

（三）投资人与证金公司间互为有价证券、款项之交付、受领。

---

〔3〕 参阅1988年证券交易法第六十条"行政院"修正草案之修正理由一之（一）（二）。

（四）与委任事务相关之文件、书类、表报、电子数据媒体以及为投资人办理变更股东名簿之名册等造送。"

惟按，代理系民法的基本制度。代理，指代理人于代理权限内，以本人（被代理人）名义向第三人所为意思表示或由第三人受意思表示，而对本人直接发生效力之行为（民一○三）。准此可知，代理的适用，限于为意思表示及受意思表示，仅于法律行为方能成立。[4] 另查，依一般融资融券代理契约实务，所有投资人与证金公司签订之融资融券契约，皆系由证券商转交证金公司负责审核盖章，而非由证券商负责签约事宜；是以，关于证金公司与证券投资人签订之融资融券契约，证券商仅立于居间之介绍人的法律地位。换言之，融资融券代理契约书之委任事项的法律性质应属于所谓"代办"，而非"代理"。详言之，实务上，证券商对于融资融券契约之签订，其所扮演之角色，仅负责相关文件之转送等庶务性工作而已，并非代理证金公司与投资人签订融资融券契约之所为意思表示及受意思表示的法律行为。

此外，前述代办而非代理之认定，亦可由一般证券金融股份有限公司融资融券契约书之文件上，证券商仅于"介绍人"之栏处用印，即可证明。

反观现行实务证券商于融资融券契约之地位，吾人认为证券商系处于居间，而非"外部为代理、内部为委任"之性质。盖居间之意义，依"民法"第五六五条规定："谓当事人约定，一方为他方报告订约之机会，或为订约之媒介，他方给付报酬之契约。"故依民法本条之规定可知，居间有两种类型：一为报告居间（有称指示居间），即受他人之委托，搜索及报告可与订约之相对人，提供订约之机会；另一为媒介居间，即斡旋于他人之间，作为契约当事人

〔4〕 参阅王泽鉴,民法总则,2000年9月,页474。

双方订立契约之媒介,使双方能订立契约。不论何种类型,居间为居间人与委托人间成立之契约。居间当事人,一为报告订约机会或媒介契约之人,另一为支付报酬之人;前者,称之为居间人【即一般所称之中间人或掮客(broker)】;后者,称为委托人。在报告居间之情形,居间人仅以报告订约机会为已足,毋庸进而为契约之媒介;如委托人因报告而与他人订立契约,居间人即得请求报酬。而在媒介居间之情形,居间人是否报告订约机会,尚非所问,惟必须为契约订立之媒介;如委托人与他人订立契约,系因居间人之介绍周旋所致者,居间人始得请求报酬。[5]

如就融资融券居间之法律性质言之,居间人或为双方证金公司与投资人报告融资融券之机会,使双方订立融资融券契约;或更进一步作为订约之媒介,斡旋融资融券契约使之订立。[6] 本文以为,从现行实务运作及法律责任适切衡量分配的角度而言,融资融券居间之形态中,尤以报告居间较符实际,也最能合理分配居间之委托人(即证金公司)与居间人(即代办证券商)的法律责任。因为代办证券商,根据现行所谓"委任事项",皆仅属于为证券商负责相关文件、书表之转送及交付等一般性庶务工作而已,其代理法律行为之性质不高,已如前所述,兹不复赘述。

---

[5]　参阅邱聪智,债法各论(中册),1995年10月,页316~318。

[6]　我民法学者谓:"虽然纯就制度设计而言,报告居间与媒介居间,虽俨然可分,泾渭分明。惟媒介居间,如因居间人报告订约机会,已有效果(即契约因而订立)则委托人仍有支付报酬之义务。是以,二者之区分,现实意义非若制度分明,似可肯定。"邱聪智,前揭注5书,页318;关此,1963年台上字第2675号判例亦谓:"依民法第五六五条所订之居间有二种情形,一为报告订约机会之报告居间,一为订约之媒介居间。所谓报告居间,不以于订约时周旋于他人之间为之说合为必要,仅以为他方报告订约之机会为已足,而居间人之报酬,于双方当事人因居间而成立契约时,应许其请求。至于居间行为之就令自始限于媒介居间,而仅为报告即已有效果时,亦应许居间人得请求报酬之支付"。

　　至于从合理分配法律责任之观点而论,代办证券商于投资人与证金公司仅签订"证券信用交易融资融券契约书",而尚未获融资融券时,[7]应认为代办证券商之居间人并无履行居间契约之义务,盖诚如史尚宽先生所言:惟以居间人如不达其尽力之目的,不得受取报酬,为其自己利益而应履行其所承受之义务,于此已足保护委托人之利益。[8] 因此,代办证券商并不会因与证金公司签有契约,即负有履行居间契约之义务,仅该证券商如未能寻觅并陈述可与证金公司订约之投资人,致证金公司不能因其报告而与投资人订立契约,即无向证金公司请求报酬之权利。

　　此外,学者有认为,在媒介居间之情形,居间人经常受订约双方当事人之委托,[9]而非仅一方委托;如从此项结构反推以求,则从融资融券实务观察,现行实务仅证券商与证金公司有契约之存在,证券商与投资人并无类似居间契约之合意而得据此向投资人请求居间报酬,因而媒介居间在融资融券之适用上,略显格格不入。

　　综上,本文认为在现行实务下,宜认为代办证券商与证金公司

---

〔7〕　由于融资融券属消费借贷契约(民四七四),而消费借贷为要物契约,因金钱或有价证券之交付,而生效力(民四七五)。证券投资人如已实际获得融资融券时,固与证金事业成立消费借贷关系,惟如仅签订"证券信用交易融资融券契约书"而未融资融券时,其要物性尚未符合,消费借贷尚未生效,此时投资人与证金事业间成立何种关系? 学理上可能有三种见解。一为:既未生效,投资人自无权利请求融资融券。二为:可成立消费借贷预约,依此预约,投资人可要求证金事业交付款券,使消费借贷本约发生效力。三为:可成立一无名契约,即诺成的消费借贷契约,而无消费借贷要物性之适用。参阅赖英照,证券交易法逐条释义第一册,1987年3月,页202~203。本文认为,第二或第三说,均符合契约之目的,也较能保护投资人利益,值得采取。

〔8〕　史尚宽,债法各论,1973年10月,页438。

〔9〕　邱聪智,前揭注5书,页318。

间为居间关系,尤其是以报告居间制度,最属相符。

叁、现行融资融券代理契约下,证券商所负 "介绍"及"初审"义务,究何所指?

按现行证金公司"融资融券业务操作办法"第七条及第九条分别明白规定:"委托人(按即投资人)申请融资融券,应先洽由代理证券商之介绍,与本公司(证金公司)签订融资融券契约,并开立信用账户后,始得委托该代理证券商进行融资融券交易(七条I)。""申请开立信用账户时,委托人为自然人者,应亲持身份证正本凭核,并签具'信用账户申请书'及'融资融券契约书',检附征信证明文件,由代理证券商初审后核转本公司(证金公司),经本公司(证金公司)征信审定,同意订立融资融券契约书并开立信用账户(九条I)。"简言之,在现行融资融券代理契约下,代理证券商负有"介绍"及"初审"之义务,证金公司则有"征信审定"义务。

然则,何谓介绍及初审? 即介绍与初审在法理上之意义为何? 申言之,证金公司对于投资人是否"亲自"开立信用交易账户(即有无人头户情事)等事宜,是否在现行制度下,即无查核责任,而应完全由代理证券商负起全部客户违约责任?

对此,台湾台北地方法院 2002 年度重诉字第 569 号民事判决谓:"投资人为自然人向原告(环华证券金融公司)申请开立有价证券信用交易账户、签订融资融券契约时,原告与被告康和证券公司间之权利义务为该投资人应亲持身份证正本凭核,并签具信用账户申请书及融资融券契约书,检附征信证明文件,由被告康和证券公司检查及转送予原告,经原告征信核定,同意订立融资融券契约书并开立信用交易账户,则被告康和证券公司之义务不含信用交易账户之征信核定,此观之前开契约书第一条、第二条自明"。[10]

值得注意的是,台湾高等法院 2001 年度重上字第 326 号民事判决就同一案件进一步表示所谓之"报酬比例责任"见解,法院谓:另查关于系争代理契约关于融资融券之审准,最后审核权既在于上诉人(即环华证券金融公司),被上诉人康和公司仅有收件检查及转送之责,已如上述,是关于融资契约之核准成立,其权利及应负之责任显然低于上诉人,则关于因该融资融券所生损害自难令被上诉人康和公司负全部责任,故被上诉人康和公司应负赔偿之责任自应参酌其因此代理契约所获得之利益比例,综合判断之。经查依系争代理合约第三条约定,上诉人应给付被上诉人康和公司委任报酬,而该报酬之计算及给付方式系以上诉人公司之'支付证券商代理有价证券买卖融资融券之代理费率计算标准'为依据,其融资代理费率为融资利息收入之百分之五等情,为两造所不争执,并有系争代理合约书,及上诉人公司之支付证券商代理有价证券买卖融资融券之代理费率计算标准在卷可稽,是被上诉人应负代理契约给付义务自应参酌其因而获得之报酬比例以百分之五定之,较为妥适。本件上诉人因被上诉人康和公司违背代理契约之给付义务所受损害为八百一十万七千八百二十五元,已如上诉,依上述百分之五比例计算,被上诉人康和公司应赔偿之金额为四十万五千三百九十一元。

前述台湾高等法院,既认为投资人与证金公司间融资融券契

---

[10] 按融资融券代理契约书,第一条,已如前述,敬请自行参照。至于契约书第二条则规定:"代理权授予:甲方(证金公司)就前条第(二)、(三)款之委任事项授予代理权与乙方(代理证券商)"。

约之最后审核权在于证金公司,代理证券商仅有收件检查及转送之责,但却采取所谓之"报酬比例责任"之观点,显然台湾高等法院之判决有衡平考虑之原则存在。

本文认为,前述台湾台北地方法院之见解似较可采。盖代理证券商关于代理契约条款约定下之介绍及初审义务,在整体探讨契约真意后,应解为:证金公司依融资融券代理契约所委任代理证券商之事项,依融资融券代理契约第一条及第二条之约定,仅限于代证金公司向投资人解说相关事宜,提供相关书面资料,检查及转送投资人开立账户或款项,及造送如变更股东名簿之名册等相关文件;究其实际,证金公司依该所谓"代理契约"并未授予证券商对信用交易账户征信核定、同意投资人订立融资融券契约书并开立信用账户事项之代理权,此可由"代理"证券商仅在证金公司融资融券契约书之文件上的介绍人处用印而已,文件上并无出现代理人或本人字样可知。而且,证券金融事业管理规则第八条第二项亦明定,证券金融事业受理委托人开立信用账户,应依规定开户条件办理征信。由此足证,征信核定权及信用交易账户之开立与否最后同意权,皆系于证金公司一身,是以,自不能以证券商与证金公司所签之契约名称为"融资融券代理契约书",即当然认为证券商与证金公司间必定为"外部为代理、内部为委任"的法律关系。准此,融资融券操作办法所称之"介绍"与"初审",并非指证券商负保证申请融资融券之投资人的财务状况一定合乎融资融券法令要求之责,也不是担保其融资融券申请案没有瑕疵或弊端。抑有进者,操作办法中也明定证金公司享有最后"征信审定"并同意订立融资融券契约书及开立信用账户之权,证券商无法越俎代庖。因此,如认为在现行"代理"制度下,证金公司对于投资人是否亲自开立交易账户等事宜,并无查核责任,而完全应由证券商负起全部客户违约之损害赔偿责任,恐非适当。

至于"报酬比例责任"之见解,基于衡平原则及初审义务似仍在证券商身上之考虑,法院在追求个案之公平正义原则时,似亦可加以例外审酌。

肆、营业员于股票买进委托书中勾选或填写 "融资"选项,其系代投资人向证金公司为融资之要约? 或代理证金公司接受投资人融资之要约?

从法律定性之观点而言,证券商之营业员于股票买进委托书中勾选或填写"融资"选项,其性质究系代理投资人向证金公司为融资之要约?抑系代理证金公司接受投资人融资之要约?换言之,证券商营业员之该行为系属执行"受委托买卖有价证券"业务之行为,抑或是属于执行"融资融券业务之行为"?此一性质之认定,关乎证券商营业员虚伪填写融资买进委托书之行为,是否为营业员立于证券商履行与证金公司间融资融券代理契约债务履行辅助人之地位的问题,关系何人在未经证券投资人同意,融资买进股票,应负起最终法律责任?

按如前所述,在投资人仅与证金公司签订融资融券契约并开立信用交易账户,尚未实际融资融券时,不论吾人采取所谓"消费借贷预约"或所谓"诺成的消费借贷无名契约",或甚至尚未有开立融资融券账户之事实,如证券营业员未经证券投资人同意,擅自融资买进股票,[11]则证券商应否依"民法"第二二四条规定对其受雇人之故意、过失负债务履行辅助人之责任？关此,有两种不同见解。第一说认为,可依第二二四条令证券商负责。例如,台湾台北地方法院 2000 年度重诉字第 490 号判决谓:"渠等(被冒用之人户头)既均无与原告(证金公司)订立融资融券之意思,且为被告翁穗雯所明知,则被告翁穗雯以渠等名义透过被告协和证券之代理,而与原告订立融资融券契约,纵与被告翁穗雯之执行职务无关,惟被告翁穗雯系被告协和证券在履行融资融券代理契约之使用人,依第二二四条规定,被告协和证券对于被告翁穗雯之故意行为,应与自己之故意负同一之责任,故被告翁穗雯前开行为使原告误信与诉外人赖张金治等人间有融资融券契约存在,而依融资融券契约约定,提供融资款项,所造成之损害,被告协和证券自应负赔偿责任。"同案之台湾高等法院 2001 年度重上字第 364 号民事判决亦采同说,高等法院谓:"民法第二二四条规定乃规范违反给付义务行为之责任归属,与代理乃涉及意思表示归属者不同,则债务人之履行辅助人外观上为辅助债务人履行给付义务之行为,惟故意不诚实履行,而致债权人受损时,虽无从本于代理法律关系,使该法律效果直接归属于债务人,仍可因上开规定,使债务人就其

---

[11] 按投资人与证金公司签订融资融券契约后,即可依照约定之融资额度,于委托证券商买进证券时,同时向证金公司申请融资,此等融资行为是否另外成立契约？有人认为,融资融券契约签订后,投资人依规定,在融资融券额度内之款、券给付,系契约之履行行为,并不另外成立契约。参阅邱聪智,有价证券信用交易担保制度之研究——以"证交法修正草案"第六十条之一及其相关制度改进为中心,证券金融,第 45 期,1995 年 4 月,页 43。但可能有人会认为,在制度上,以融资融券契约为基本契约关系,根据基本契约关系所进行之个别融资行为属个别契约,因而其间存有复数连续之个别契约行为。对此,本文认为,融资融券契约属继续性契约关系,个别融资行为,毋庸再成立个别契约行为,此说似较符合实际目的之解释。

履行辅助人之故意负同一责任,进而认为债务人违反诚实履行债务之给付义务,对债权人应负债务不履行损害赔偿责任。本件翁穗雯外观上为上诉人履行系争融资融券代理契约之债务,竟故意冒用赖张金治等人名义签订融资融券契约及融资买进股票,未诚实履行给付义务,致被上诉人拨付融资款项而受损,被上诉人主张依第二二四条规定,上诉人应就翁穗雯之故意,负同一责任,再依第五四四条、第二一三条等规定,主张上诉人处理事务有过失,致被上诉人受有损害,而请求上诉人赔偿二千八百八十四万四千七百二十二元,及自 2000 年 3 月 13 日起至清偿日止,按年息百分之五计算之利息,洵非无据。"

第二说则认为,依第二二四条规定,课以债务人就其代理人或使用人之故意或过失负同一责任之前提,必须以其代理人或使用人系为履行债之关系职务,方有此适用,冒名开户既非被告之受任事务,当亦非被告之代理人或使用人关于债之履行行为,是以证券公司营业员冒用投资人名义与证金公司签约,系属营业员之侵权行为或无权代理,并非履行债务问题。

对此,本文认为,从实务运作之观点而言,在投资人买进股票时,并无区分系以现款或融资方式买进股票而备有不同之委托书;相反的,系在同一张"委托书"上,由投资人"委托"营业员代为勾选。换言之,在目前实务上,所谓的"融资买进"乃属于"受托买卖"之一种方式而已,为证券商"受托买卖"之一部分,故与融资融券之代理业务之履行无涉。易词以言,此时证券商与投资人为行纪的法律关系(证交十五③参照),[12] 行纪人(证券商)以自己之名义,为委托人(投资人)之计算,为股票的买卖。

---

[12] 现行市场实务之交易系采用行纪法律关系。参阅赖英照,证券交易法逐条释义第四册,1992 年 8 月,页 106。

准据前述,证券商营业员如冒用他人名义融资买进股票,有鉴于证券商营业员之职务乃在受托买卖证券,而与履行融资融券代理契约之辅助人,分属不同之业务,二者不可混为一谈(除非原告能证明除勾选融资融券外,事实上证券商更使营业员兼作其他融资融券工作,则另当别论。)因此,证券商营业员冒用投资人名义申请融资融券契约及融资买进之行为,吾人认为并非融资融券代理契约之范畴,因而自无第二二四条之适用。当然,营业员是否应依民法侵权行为或无权代理相关规范加以负责,则为另一问题,惟尚非属于第二二四条之范畴的争议。

伍、证金公司如在与投资人签订融资融券契约前,即予拨款,是否与有过失?

实务上,如有证金公司在与投资人签订融资融券契约前,即予拨款,此举明显违反证券金融事业管理规则第七条第一项之规定:"证券金融事业办理有价证券买卖融资融券,应与委托人签订融资融券契约,并开立信用账户。"而且证金公司也显然严重疏忽,未为融资融券户申请人征信之调查,合致"民法"第二一七条规定:"损害之发生或扩大,被害人与有过失者,法院得减轻赔偿金额,或免除之。重大之损害原因,为债务人所不及知,而被害人不欲促其注意或怠于避免或减少损害者,为与有过失。"按,所谓被害人与有过失系指被害人苟能尽善良管理人之注意,即得避免其损害之发生或扩大而竟不注意。证金公司倘在与投资人签订融资融券契约之前,即率予拨款,则显为业务上之严重疏忽,并与证金公司因人头户融资所遭受之损害,存有相当因果关系,应当构成过失相抵。

陆、融资融券之证券交易,依规定由证金事业直接代委托人分别向交易所或柜买中心办理交割,此一规定对正常交割流程有无不利影响?

所谓投资人以融资方式进行股票交易,系指证券投资人以一定成数之"自备款"搭配证金事业所融通之"融资款",经由证券商于证券市场买进股票,并以所购得之股票交由证金事业,用以担保该笔融通资金之债权。其后该投资人得以现金偿还融资及利息,取回该融资买进之股票,或在融资断头时将原买进之股票予以卖出,证金事业得就卖出所得价款,在所融通资金及利息之范围内充抵债权。[13]

实务上关于融资自备款之部分,曾产生究应由证金公司或与证金公司签订有融资融券代理契约之证券商负责交割的问题。依照台湾证券交易所股份有限公司营业细则第八十二条第二项规定:"信用交易之买卖委托,证券经纪商应于成交日后第一营业日上午十二时前,向委托人依规定收取融资自备价款或融券保证金。"从此条规定观之,证券经纪商似应负责融资自备款之交割。

然而,如依照证券金融事业管理规则第九条之规定:"融资融券之证券交易,经由证券金融事业直接代委托人分别向证券交易所或证券柜台买卖中心办理交割。"以及同管理规则第十条之规定:"证券金融事业办理有价证券买卖融资融券,对委托人融资,应依证期会(即证券主管机关)规定之比率收取融资自备价款,并以融资买进之全部证券作为担保品;对委托人融券,应依证期会

---

[13] 参阅拙著,新证券交易法实例研习,2004 年 2 月,页 225~227。

（即证券主管机关）规定之成数收取融券保证金，并以融券卖出之价款作为担保品。"融资自备款之交割责任似又在于证金公司。

同样的，对此争议，证券交易所也认为，委托人缴付之融资自备价款，代理证券商应依证交所或柜买中心有关规定，向证交所或柜买中心办理交割。再则，证交所认为，另就融资融券契约而言，有关投资人融资融券事宜，双方约定非可归责于代理证券商所生之风险，均由证金公司承担。因此，证交所以为，有关融资自备款之交割责任在证金公司。[14] 本文以为，很显然的，证交所基本上借由代理之法理，说明融资自备款交割之责任为证金公司。

对此争议，司法实务曾在国宝证券代理证券商与富邦证券金融公司有关融资自备款交割责任的争议上，由"最高法院"判决表示：融资自备款之交割责任在于证券金融公司。[15] 吾人对此司法见解并不赞同。盖如前所述，在行纪关系下，于证券市场买卖之主体，限于证券经纪商与证券自营商，而非证券投资人。此一法律事实并不会因现款交易或融资融券信用交易而有所不同。在融资买进股份之情形下，负有交割融资自备款之终局责任者，乃证券经纪商，而非证金公司。（当然，一旦投资人未交付融资自备款与证券经纪商，仍须由证券经纪商代垫自备款或由证交所自交割结算基金中代偿。）因此，在现行证券交易法有关证券商制度设计下，无论是融资款或自备款，皆应以证券商为交割之主体；换言之，在融资款部分，应由证金公司负责交予证券经纪商，存入投资人账户中；再由证券经纪商并同由投资人缴付之自备款，向证券交易所办理交割手续。准此，本文认为，证券金融事业管理规则第九条之规

---

〔14〕 参阅台湾证券交易所 1999 年 1 月 21 日台证结字第 42898 号函。

〔15〕 参阅 2002 年台上字第 1558 号判决。其实，台湾高等法院 2000 年重上字第 33 号判决亦采同说。

定:"融资融券之证券交易,经由证券金融事业直接代委托人分别向证券交易所或证券柜台买卖中心办理交割。"应加修正为:"融资融券之交易,证券金融公司应将其融资款交予证券经纪商,存入投资人特定账户,并同投资人缴付证券经纪商之融资自备款,由证券经纪商向证券交易所或证券柜台买卖中心办理交割。"

柒、结论与建议

我现行融资融券信用交易实行特殊之双轨制。制度之一之证金公司直接授信而由证券商代理之制度(现有六十多家券商从事之),近来在亚洲金融风暴及因之所引发之地雷股事件,产生了诸多法律纠纷,亟待吾人厘清证金公司与代理证券商的法律关系。

本文认为,虽然证金公司与证券商所签订者为融资融券代理契约书,但从代理契约书之委任内容上观,其实证券商所为大抵系"代办"如文件书表之检查与转送等事实行为。此外,证金公司之"融资融券业务操作办法"规定,同意订立融资融券契约书并开立信用账户之最后征信审定权系在于证金公司,而非所谓之代理证券商。证券商在"融资融券业务操作办法"下,仅有"介绍"及"初审"之权责,并无涉法律行为之代理(代理的适用,限于为意思表示及受意思表示),因此,本文认为,吾人并不能拘泥于文义,即称证金公司与证券商之间为代理之法律关系,反而应探究契约之本质,宜认为其为事实行为之代办或居间之法律关系。何况,证金公司之业务属于特许业务之融资融券性质,特许业务在本质与法理上,是否容许以代理方式,假手他人从事交易活动,亦值怀疑。从而,吾人认为证金公司与代办证券商之法律关系,不宜定性为"代理",而应定位为居间较为妥适,并最好以法令明白确认二者为居间之法律关系,如此较能平衡二者之权利义务关系,以增进证券市场之透明性与合理性,并促进市场之健全发展。

其次,欲明定证金公司与证券商之居间关系,因"证交法"第十五条第三款已明白揭示证券商得从事有价证券买卖之居间业务,因此如为求法律之进一步周全,似可考虑一并修正同条第三款为:"有价证券买卖、融资融券之行纪、居间、代理及其他经主管机关核准之相关业务"以全法据。此外,"证交法"第六十条第一项规定:"证券商不得收受存款、办理放款、借贷有价证券及为借贷款项或有价证券之代理或居间。但经主管机关核准者,得为下列之行为:(1)有价证券买卖之融资或融券。(2)有价证券买卖融资融券之代理"。其中,第二款宜修正为:"(2)有价证券买卖融资融券之居间"。

再者,"证券金融事业管理规则"第六条第二项及第八条第一项,为配合居间制度之引进,亦应配合修正。其文字可修正为:"证券金融事业办理有价证券买卖融资融券,应与证券商签订居间契约,并报金管会核定。"(第六条 II)。至于第八条则可修正为:"证券金融事业受理委托人开立信用账户,以一委托人开立一信用账户为限;委托人仅得于同一居间融资融券业务之证券商处,开立一信用账户。"

此外,证金公司融资融券业务操作办法有关代理证券商、代理契约、代理人等相关文字,均应修正为"居间证券商"、"居间契约"、"居间人"等字样,以配合将代理制度明确定位为居间制度之变革。[16]

至于原融资融券代理契约书之内容,当然必须一并调整,以配合居间制度之引进。其应修正内容如下(名称改为融资融券居间

---

[16] 证金公司融资融券业务操作办法应如此修正之条文有:第三、七、九、十、十一、十四、十五、十七、十八、十九、二十二、二十四、二十八、四十九及五十二条等。

契约书):

居间契约书前言:立契约书人:证金公司(以下称甲方)、证券股份有限公司(以下称乙方),为有价证券融资融券业务居间等相关事项之处理,甲方委托乙方办理下列事项,特约定条款共同遵守如后:

一、委托事项:乙方应依甲方报经金融监督管理委员会核定之融资融券业务操作办法之规定,为甲方办理下列事项:

(一)投资人向甲方申请开立有价证券信用交易账户、签订融资融券契约:

(1)向投资人详细解说融资融券之内容、契约条款,并提供投资人相关书面资料。

(2)投资人开立信用交易账户、相关文件书表之检查及转送。

(二)投资人融资融券:清偿融资融券、经甲方通知追加担保或处分投资人之担保物等事项。

(三)投资人与甲方间互为有价证券、款项之交付、受领。

(四)与委托事务相关之文件、书类、报表、电子数据媒体,以及为投资人办理变更股东名簿之名册等造送。

二、(删除原"代理权授予之相关约定",可改为约定下列内容:居间契约:乙方为报告订约机会或媒介契约之一方,甲方为支付报酬之一方。)

三、受托人(居间人)乙方之权利:

甲方因委托乙方为第一条事务之处理,应给付乙方报酬,报酬之计算、给付方式另行约定之。甲方为第一条之约定而提供乙方之相关软硬件设备,其所有权仍属甲方,乙方并不得侵害该软件设备之著作权。乙方受托办理甲方对投资人之融资融券额度及处理原则另行约定之。

四、受托人(居间人)之义务:

甲方于必要时,得就委托事项进行了解、核对、抽查及索取有关书表资料,乙方应充分配合。依第一条第(二)款甲方通知之事项乙方应确实执行,非可归责于乙方所生之风险,均由甲方承担。乙方得于本约签订时缴交甲方履约保证金,甲方应按月给付乙方利息,其保证金金额、利息之计算及给付方式另行约定。

（原第五、七、八、九条不变动），原第六条（终止契约）第三项修正为:"乙方自行停业或受停业处分期间届满未于一周内恢复营业、受撤销营业许可、被合并于非甲方之其他居间人者,视同届期终止契约,并适用前条之约定"。

至于有关现行制度下,其他技术问题的解决,本文认为:

一、基于融资融券业务操作办法规定,证金公司负有征信审定之义务,代理证券商仅有介绍及初审之义务;而且,证券金融事业管理规则第八条第二项亦明定,证券金融事业受理委托人开立信用账户,应依规定开户条件办理征信。从而,解释上宜认为,证金公司对投资人是否亲自开立信用交易账户或纯系人头户,应负起最终之查核责任,不适宜推给代理证券商负起全部客户违约责任。

二、实务上证券商营业员于股票买进委托书中代为勾选或填写"融资"选项,从代理证券商在整个融资过程所扮演之角色,以及营业员之工作仅限于有价证券之受托买卖而不涉及融资融券业务,本文认为,证金公司似无法主张依"民法"第二二四条规定,使债务人（证券商）就其履行辅助人（营业员）之故意负同一责任,因为营业员之工作并非兼及融资融券业务范畴。惟如证券商营业员冒用投资人名义与证金公司签约,仍可能有侵权行为或无权代理相关责任规定之适用（民一八四、一八八及一一〇参照）。

三、证金公司如未与投资人签订融资融券契约前,即予拨给融资款,则是严重业务疏失,应为与有过失,法院自得依"民法"第二一七条减轻赔偿金额或免除之。

四、现行实务证金公司之融资款，系经由证金公司直接向证交所或柜买中心办理交割。然此做法，并不符合证交法对于有价证券买卖主体的规范；换言之，在现行行纪制度下，宜修正证券金融事业管理规则第九条之规定为："融资融券之交易，证券金融事业应将其融资款交予证券商，存入投资人特定账户，并同投资人缴付证券商之融资自备款，由证券商向证券交易所或证券柜台买卖中心办理交割。"

【后记】

本文曾发表于：台湾本土法学杂志，第 62 期，2004 年 9 月，页 99～111。

※2006 年 1 月"证券交易法"修订第六十条，其新修内容为："证券商非经主管机关核准，不得为下列之业务：

一、有价证券买卖之融资或融券。

二、有价证券买卖融资融券之代理。

三、有价证券之借贷或为有价证券借贷之代理或居间。

四、因证券业务借贷款项或为借贷款项之代理或居间。

五、因证券业务受客户委托保管及运用其款项。

证券商依前项规定申请核准办理有关业务应具备之资格条件、人员、业务及风险管理等事项之办法，由主管机关定之"。

台湾之金融改革与竞争法上议题

壹、前 言

以往台湾地区金融体制可谓系以银行为中心。银行一直扮演支持经济发展的重要角色。惟近年来台湾政经环境变化迅速,金融市场大幅开放,直接金融亦占重要比例,旧法令已无法因应现今金融环境之需求,故全面金融改革势在必行。

自 1980 年代开始,台湾财金主管机关为贯彻金融自由化与国际化政策,陆续展开一系列金融改革措施,使台湾经济效率及金融稳定,得以持续均衡发展,且随着信息科技之快速发展、金融信息传播迅速提升、金融环境之快速演变,以及各种金融商品区隔日益模糊,金融机构借由合并、跨业经营形成金融机构集团化可谓已成为台湾金融发展之主流。

再者,为因应加入世界贸易组织(WTO)后对台湾金融业之冲击,在 2000 年左右台湾也先后制定施行"金融机构合并法"、"金融控股公司法"并成立资产管理公司(Asset Management Corporation;AMC)希望透过金融机构良性合并与跨业经营,以改善金融业之经营体质与竞争力,并借由成立资产管理公司及公正第三人公开拍卖机制之运作,以加速不良债权从银行售出后之处理。此外,有鉴于解决银行逾期放款为当前最迫切之金融改革议题,故台湾主管机关也积极扩大推动"金融重建基金"机制(有如美国之RTC),以维护及健全金融秩序。

当然,这些重要金融改革中颇多措施与竞争法或竞争政策之议题相关。本文拟从竞争法及竞争政策之观点,予以检讨,希望有助于相关问题之厘清,以供各界参考。

另外,应先予说明者,本文所谓之金融机构,除文中另有所指外,一般指银行业、证券商及保险业(金融机构合法所指金融机构尚包括期货业,惟金融控股公司法则不包括期货业)。[1]

贰、台湾金融主要问题之分析

一、过度竞争,个别市场占有率偏低

台湾在 1990 年开放新商业银行之设立,银行之家数大幅增加,金融业务之大饼遭到瓜分。在台湾之金融体系中,包括有商业银行、专业银行、信托投资公司、信用合作社及农、渔会信用部及邮局之邮汇局等不同种类之金融机构,[2]构成了台湾的金融版图。截至 2002 年 12 月底,台湾总计有:金融控股公司十三家[3]本土银行五十二家、信托投资公司三家、外国银行三十六家、信用合作社三十七家、农会信用部二百五十三家及渔会信用部二十五家等不同种类之金融机构。[4] 如以存放款计算市场占有率,其个别市场占有率介于百分之五至百分之十一之间者,仅有六家。[5]

与国际上其他国家(地区)比较,如新加坡之前三大银行个别市场占有率均达百分之二十以上,该前三大银行之共同占有率则高达约百分之八十;香港前三大银行之共同占有率亦达百分之七十八;加拿大前三大银行个别市场占有率分别约为百分之二十,该

〔1〕 参照"金融机构合并法"第四条及"金融控股公司法"第四条。
〔2〕 台湾目前为什么会有这么多种类之金融机构? 它们是怎么产生的? 请参阅赖英照,台湾金融版图之回顾与前瞻,联经出版社,1997 年 2 月版。
〔3〕 至 2003 年 4 月底,金融控股公司只有十四家,详见后述。
〔4〕 金融统计指标,金融局统计室编印,2003 年 2 月,页 1。
〔5〕 金融业务统计辑要,金融局统计室编印,2003 年 2 月,页 11,55。

前三大银行共同占有率约达百分之六十;英国前三大银行之个别占有率均达百分之十五以上,其共同占有率则达百分之五十,[6]由此显见台湾银行体系代表性银行之市场占有率偏低之事实;另外保险业、证券及期货业之规模亦均太小,以致难以达到经济规模。

二、市场竞争加速,获利不足

台湾金融环境竞争激烈,虽然因开放竞争提高了银行之服务质量与效率,对消费者有利,惟过度竞争之结果,却造成银行获利能力及资产品质降低。就获利能力分析而言,台湾的银行净值报酬率(Return on Equity;ROE)自 1995 年之百分之十一点八七,已逐年下滑至 2002 年的负百分之七点三五,而资产报酬率(Return on Assets;ROA)亦自 1995 年之百分之零点七一,下降至 2002 年的负百分之零点四七。

这样的获利能力,如与美国的商业银行相较(在 2001 年,其净值报酬率为百分之十三点一,资产报酬率为百分之一点一六),台湾的银行平均之获利能力明显不足,实不待言。

三、总体经济环境不佳,以致影响银行债权及资产品质

自 1997 年 7 月亚洲金融风暴发生以来,其所造成企业经营环境之重大变化,对台湾部分采取高财务杠杆操作、大幅扩张企业信用及转投资介入不熟悉领域(非本业)之企业,逐渐发生财务困难之情形。另外,由于全球经济不景气,经济成长趋缓,也使得部分台湾企业经营不易,财务窘态毕露。凡此均直接影响银行债权之确保与资产品质之状况。

---

[6] 参阅金融机构合并法草案总说明。

截至2002年6月底,全体台湾的银行平均逾放比率为百分之七点四八。虽然自1999年2月至2002年6月底止,台湾的银行实际累计转销呆账金额达新台币七千五百九十三点九亿,约为该期间因降低营业税率及存款准备率累计所增盈余(计新台币一千零七十四点四六亿元)之七点零七倍,但是银行逾期放款仍然偏高,影响银行之健全经营。此外,由于银行逾期放款一直居高不下,使得银行对企业之授信政策趋于保守及谨慎,进而影响企业营运资金之周转,导致更加延缓经济复苏的脚步。

四、金融集团兴起,引发金融监理之挑战

台湾目前之金融管理制度之特色为金融行政管理权集中于"财政部",至于金融检查权则分属"财政部"、"中央银行"及"中央存款保险股份有限公司"。换言之,有关金融检查权方面,银行业之金融检查,系由"财政部金融局"、"中央银行"及"中央存款保险股份有限公司"分工办理;证券业由"财政部"证券暨期货管理委员会办理检查;保险业之检查则由"财政部"保险司负责之。

此外,截至2003年4月底,经"财政部"及"行政院"公平交易委员会(以下简称公平交易委员会)通过成立之金融控股公司有十四家。[7] 此一数字显示台湾金融集团之发展趋势已逐渐形成。反观前述现行台湾之分业监理及分工检查的模式(即分散式金融监理),恐难以对横跨银行、证券、期货及保险业之金融集团进行有效监理,从而朝野不断有尽速完成"'行政院'金融监督管理委员会组织法"之立法的呼声,[8] 以落实金融监理一元化之改革。

〔7〕 其分别是第一、富邦、中华开发、中国信托、国泰、建华、玉山、华南、台新、日盛、交银、复华、新光、国票及台湾金融控股公司十四家。
〔8〕 参阅经济日报社论:"金融监理委员会应尽速成立",2003年4月23日,页2。

"立法院"终于于 2003 年 6 月从善如流通过了"'行政院'金融监督管理委员会组织法",并于 2004 年 7 月 1 日开启"合并监理"之先河。

叁、台湾金融改革法案

为因应金融多元化发展,2000 年 11 月修正公布施行之"银行法"第七十四条,对银行转投资金融相关事业采取正面开放之政策,以适度扩大银行跨业经营范围。[9] 除此之外,2000 年 12 月 13 日公布之"金融机构合并法"与 2001 年 11 月 1 日施行之"金融控股公司法",不仅在金融发展历程上是两个值得重视之里程碑,而且二法也在金融法制方面有颇多之突破,因而值得进一步阐述其重要内容,兹分述如下。

一、金融机构合并法之制定

如前所述,由于台湾金融机构大多数未能达到经济规模效益;加以金融机构种类相当多,很有必要加以整合,以扩大金融机构经营规模、节省经营成本及增进营运效率,并提供客户更完整之金融服务,金融机构合并法遂于 2000 年 12 月诞生。申言之,金融机构合并法之立法目的乃在改写金融版图,并借市场整合以提升金融体制的竞争力。[10]

---

[9] "银行法"第七十四条第一项规定:"商业银行得向主管机关申请投资于金融相关事业。主管机关自申请书件送达之次日起十五日内,未表示反对者,视为已核准。但于前揭期间内,银行不得进行所申请之投资行为"。

[10] 参阅刘绍梁,金融法制、企业并购与典范迁移——以合并法与控股法为中心,台湾金融财务季刊第二辑第二期,2001 年 6 月,页 56。

　　从国际上金融机构合并之案例观察,金融机构合并可扩大客户群,使业务更趋多样化、分散风险,并可扩大经营规模;且透过资本额的增加,可扩充营业据点、经济规模及业务量等;亦因合并充实了资本,可使金融机构经营更为健全;另外借由节省系统投资及分支机构与人员之重复费用,也可降低经营成本及提升经济规模效率。按国际上银行因合并而降低经营成本之案例不胜枚举,例如,ABN 与 Amro 之合并案可节省经营成本约百分之十三,Chase Manhattan 与 Chemical Pacific 之合并案例中,则节省经营成本约百分之十七,而在 Bank America 与 Security Pacific 之合并案例中,亦节省了成本约百分之十五。

　　虽然台湾"金融机构合并法"于 2000 年 12 月颁行之前,为因应金融市场之激烈竞争,台湾基层金融机构亦有多起与商业银行合并之案例,惟由于当时金融机构合并,成本仍高,合并程序亦有待改善;尤有进者,对于不同组织形态之金融机构间(如信用合作社与商业银行)合并,在 2000 年 12 月以前之法律(主要是依公司法之合并规范进行)仍缺乏相互合并之法源,[11] 从而也有必要制定其法律基础,以利金融机构之整合。

　　"金融机构合并法",除以自愿性合并为主要规范对象外,对于问题金融机构之强制合并或强制概括让与其资产负债,由于银行法、存款保险条例及其相关规定,业已规范由辅导人、监管人、接管人或清理人行使之,并得排除相关程序之规定,以迅速、有效处理问题金融机构,从而应优先适用该等规定(金并法二Ⅲ)。至于该等规定(指银行法及存款保险条例等)未予规范者,则仍应适用或准用金融机构合并法之规定,以补充合并或概括让与、概括承受

---

〔11〕　金融机构合并法出现前之信用合作社与商业银行之结合案件,一般系利用民法有关资产负债之概括承受为之。

之规定,俾促进金融之安定性。

此外,为提高金融机构之合并诱因,并提供良好之合并法律环境,以促使金融机构整合,除规定得以公告方式取代分别通知债权人(金并法九)之外,更纳入租税及规费优惠等措施(金并法十七)。

然而,金融机构合并法实施以来,由于合并属自愿性合并,其又涉及金融机构高层人士去处之安排、现有经营者不愿放弃控制权、出售价格无法合意及员工可能被裁员之社会问题,均导致适用本法之案例并不如预期之多见(较有名之案例,如大众商业银行与大众票券金融股份有限公司之合并[12]及台新银行合并大安银行[13]等)。因此,大股东在"投资报酬"与"经营权掌控"价值取舍衡量间,控制力之价值(control interest)仍被重视下,本法之实施成效,仍有待观察。由此可见,台湾金融机构间之整合速度,尚称缓慢。[14]

二、金融控股公司法之颁行

由于近十年来受到全球金融体系发展及信息科技之突飞猛进之影响,国际金融市场愈趋紧密结合,并已朝向全球化发展。这种金融业务全球化之发展,不仅促使金融商品不断推陈出新,更使得银行、证券、保险间之业务区隔及差异越来越模糊,其结果导致金融跨业经营越加明显,并有朝向大型集团化之趋势。

---

〔12〕 本合并案系首宗依金融机构合并法核准之案件。

〔13〕 本案合并后,同时转换为金融控股公司形态。

〔14〕 有谓:"'财政部'应订定符合国际标准的金融监理规范,并严格执行分级管理,以增加优质金融机构业务及缩减未达标者业务的方式,加大市场竞争压力,由市场催动金融机构的整合意愿。"此一见解,亦可资参考。请参阅经济日报,2003年10月11日第二版社论"金控公司家数应由市场决定"。

　　按银行跨业经营之形态,主要有:(1)银行内直接兼营(即所谓综合银行)、(2)银行转投资子公司经营、(3)银行控股公司,及(4)策略联盟等多种类型。[15] 而台湾金融跨业经营形态,除各金融机构本身内部设立部门兼营其他金融业务,[16] 以及得依各业别法或其授权规定得以转投资子公司形态经营者外,[17] 依 2001 年 11 月 1 日施行之金融控股公司法规定,并得以金融控股公司形态为之。[18]

　　按金融控股公司法规定,金融控股公司系以投资及对被投资事业之管理为主要业务,[19] 故其本身并不得直接提供金融服务或经营金融业务,乃一纯粹控股公司之形态。[20] 又,金融控股公司依法是指对一银行、保险公司或证券商有控制性持股,并依金融控股公司法设立之公司(金控法四②)。而所谓控制性持股,则指持有一银行,保险公司或证券商已发行有表决权股份总数或资本总

---

〔15〕　请参阅"金融控股公司监理之研究",经济建设委员会委托研究,黄仁德、曾令宁主持 2002 年 11 月,页 23~27;王志诚,金融控股公司之经营规范与监理机制,"金融控股公司与跨业合并法制"学术研讨会,2001 年,2 月 23 日。

〔16〕　"银行法"第二十八条第一项规定:"商业银行及专业银行经营信托或证券业务,其营业及会计必须独立;其营运范围及风险管理规定,得由主管机关定之。""证券交易法"第四十五条第二项规定:"证券商不得由他业兼营。但金融机构得经主管机关之许可,兼营证券业务"。

〔17〕　参照"银行法"第七十四条第一项、第三项第一款及第二款、第四项、第八十九条第二项及第一一五条之一;"保险法"第一四六条第一项第六款及第四项、第一四六条之六;"票券金融管理法"第四十条第一项;证券商管理规则第十八条第一项第四款及第二项。

〔18〕　按以策略联盟方式进行跨业经营,台湾之金融主管机关已于 2003 年 6 月底公布相关规范,详见后述。

〔19〕　参照"金融控股公司法"第三十六条第一项后段规定。

〔20〕　参阅彭金隆,论我金融控股公司之投资与被投资事业管理,台湾金融财务季刊第 4 辑第 1 期,2003 年,页 163。

额超过百分之二十五,或直接、间接选任或指派一银行,保险公司或证券商过半数之董事(金控法四①)。

该法规范之主要重点为:(1)透过金融控股公司联属经营银行、证券及保险业务,以扩大经营规模,强化竞争力;(2)适当排除公司法、证券交易法及税法等规定,以提供成立金融控股公司之租税优惠环境,并促进金融专业分工,加速组织整并;(3)明定金融控股公司成立之适格性审查标准,以确保金融控股公司之健全经营;(4)规范金融控股公司与联属事业间之人员、信息及资金的不当流用,以建立防火墙机制,有效保障客户权益及公平交易;(5)强化金融合并监理,以有效管理金融控股公司及其联属之子公司。[21]

由于现代客户之需求常属于低成本考虑之跨市场产品,从而金融控股公司形态之出现,亦是因应市场趋势的一种必然结果。

最后,值得一提的是,金融控股公司法颁行后,并不是就意味着金融机构合并法在金控公司出现后即失去舞台,盖金融控股公司购入银行后,似可伺机将购入的银行与其原有银行子公司"合并"成一家子银行,从而金融机构合并法自仍有适用之余地。新近国泰金融控股公司下之国泰银行合并世华银行,即是一例。

---

[21] 有关金融控股公司法之主要规范内容介绍,请参阅邱淑贞,金融控股公司与金融监理(讲义;未出版),2003 年 4 月 29 日;王文宇,控股公司与金融控股公司法,2001 年 12 月,页 278~306;王志诚,前揭注 16 文。

肆、竞争法上之议题

一、台湾金融机构结合申报门槛及审查原则

按金融机构在公平交易委员会 2002 年 2 月 15 日以前所公告之结合审查门槛（即管制门槛）系以销售金额新台币五十亿元作为标准，惟由于金融机构营业收入之特殊性，导致几乎所有金融机构之结合案件均无法豁免于公平交易委员会之审查，论者谓，似有管制稍嫌过严之虞。为此，同年 2 月 15 日之修正新法爰增订"中央主管机关"得就金融机构事业与非金融机构事业之销售金额分别公告之规定（公平法十一 II）。[22]

依据学者实证研究，以 2000 年 12 月底金融业之二〇〇亿元营业收入核算，[23] 约占台湾的银行营业收入总额之比率为百分之三十，即约占三分之一，如以此金额作为金融业者依"公平交易法"第十一条第一项第三款申报结合之上一会计年度销售金额门槛标准，可与同条第一项第一款（事业因结合使其市场占有率达三分之一者）及第二款（参与结合之一事业，如市场占有率达四分之一者）之标准具有关联及合理性，[24] 故建议公平交易委员会采用。对此，公平交易委员会从善如流，于 2002 年 2 月 25 日采纳此

---

〔22〕 参阅刘连煜，符合世界潮流趋势之公平交易法有关结合规范之修正，收入"公司法理论与判决研究（三）"，2002 年 5 月，页 60。

〔23〕 所谓"营业收入"包括利息收入、手续费及佣金收入、买卖债、票券利益、出售证券利益及其他营业收入。

〔24〕 薛琦、刘绍梁、李存修、张明宗，公平交易法对金融机构结合行为之规范及审查原则之研究，第九届竞争政策与公平交易法学术研讨会论文集，页 152～153。

项建议。

依据公平交易委员会公布新的结合门槛规定,参与结合事业为金融机构事业,其上一会计年度之销售金额超过新台币二百亿元,且与其结合之事业,其上一会计年度之销售金额超过新台币十亿元者,应向公平交易委员会提出申报。且金融控股公司之上一会计年度销售金额之认定,应以并计其全部具控制性持股之子公司之上一会计年度销售金额核认。金融控股公司或其具控制性持股之子公司参与事业结合时,倘符合"公平交易法"第十一条第一项各款规定情形者,应由金融控股公司向公平交易委员会提出申报。[25]

此外,依吾人之所信,公平交易委员会当定期检讨前述金融机构结合之销售金额门槛,以便确实反映经济金融环境之变化,并求其合理性,以免造成过度管制之情形。

至于实质审查门槛,根据学者对台湾金融业之研究,如以 HHI(赫芬得赫西曼指数;Herfindahl – Hirschman Index)计算之集中度观察,除人寿保险业之产业集中度偏高外(指 HHI 指数高于1000),其余均在管制水平之下,应可视为自由竞争市场,故对其结合行为一般无须设限。[26] 吾人认为,学者此点建议,应值采纳。盖以美国为例,金融事业申报结合后,仅于其结合案之 HHI 指数高于1800,且参与结合事业合并后之 HHI 增加值超过 200 者,司法部(Department of Justice)才会进行竞争分析工作。

另外,对于相关地理与产品市场之界定问题,在台湾公平交易委员会实务上,对相关地理市场之界定,多以全台参与者为市场范围,而产品市场之认定,亦多倾向细分,即以特定商品所形成之市

---

〔25〕 2002 年 2 月 25 日公企字第 0910001699 号公告。

〔26〕 薛琦、刘绍梁、李存修、张明宗,前揭注 25 文,页 153。

场竞争状况进行评估。然而,吾人亦赞同如加拿大之做法,在相关市场界定方面,应考量消费者因银行结合后所造成之价格上涨,品质、服务或产品多样性的减少下,可能移转之所有替代性产品;至于相关地理市场方面,则包括消费者为因应银行结合后对市场力量之操纵,可能移转至其他供货商之所有区域。[27]

二、金融控股公司与结合申报

依"金融控股公司法"第九条第二项规定:"主管机关对于金融控股公司之设立构成'公平交易法'第六条之事业结合行为,应经公平交易委员会许可;其审查办法,由公平交易委员会会同主管机关订定。"[28] 盖金融控股公司之设立可能对整体金融事业产生限制竞争或不公平竞争之问题,因此对于金融市场竞争程度之影响,除金融主管机关意见外,更应纳入公平交易委员会之专业意见。[29] 惟此系原则性的规定,在某些例外之结合情况,则为安定金融秩序之目的,于金融控股公司或其银行子公司,保险子公司及证券子公司发生经营危机之虞时,经主管机关认为有紧急处理之必要,且无重大影响金融市场公平竞争者,免依公平交易法相关规定办理,即无须向公平交易委员会申报(金控法十九参照)。

至于金融控股公司之子公司间再进行整并时,如符合"公平交易法"第十一条之一第二款规定:"同一事业所持有表决权股份或出资额达百分之五十以上之事业间结合者",则不需再向公平交易委员会提出结合申报。盖其仅涉及关系企业内部之调整,并

---

〔27〕 薛琦、刘绍梁、李存修、张明宗,前揭注25文,页105~115。
〔28〕 按公平交易法对于结合案件,已于2002年2月改采事先申报异议制,参阅"公平交易法"第十一条、第十一条之一。
〔29〕 "行政院"公平交易委员会与"财政部"据此共同发布"金融控股公司结合案件审查办法",以利金融控股公司结合案件之审查。

非当然产生经济规模扩大、市场竞争机能减损之效果,从而并无管制实益,爰排除此等结合事业之申报义务。

三、交易资料保密措施与揭露

为使客户充分了解金融控股公司及其子公司对其交易资料或相关资料之保密措施,以利其选择是否与该公司往来,爰于"金融控股公司法"第四十二条第二项规定:"主管机关得令金融控股公司及其子公司就前项应保守秘密之资料订定相关之书面保密措施,并以公告、因特网或主管机关指定之方式,揭露保密措施之重要事项。"而同条第一项则规定:"金融控股公司及其子公司对于客户个人资料、往来交易资料及其他相关资料,除其他法律或主管机关另有规定者外,应保守秘密"。

按前述交易资料保密措施相关规范,实系参酌美国金融服务现代化法(Financial Service Modernization Act)第五○一条(a)项规定而来。其揭露有关保密措施之重要事项亦与台湾"公平交易法"第二十四条[30]的执法精神要求交易重要资讯之揭露、不得隐匿不谋而合,故从公平交易之角度观察,其立法方向应值得赞同。

四、共同行销(cross selling)等行为之规范

为发挥金融综合经营效益,"金融控股公司法"第四十三条特规定有关共同行销之规范:"金融控股公司及其子公司及各子公司间业务或交易行为、共同业务推广行为、资讯相互运用或共享营

---

[30] "公平交易法"第二十四条规定:"除本法另有规定者外,事业亦不得为其他足以影响交易秩序之欺罔或显失公平之行为。"按本条一般俗称"补遗"或"流刺网条款",系属涵盖范围相当广之不确定法律概念规范。有关本条实务适用之检讨,请参阅廖义男,从行政法院裁判看公平交易法实务之发展(上),月旦法学杂志第69期,2001年2月,页36~41。

业设备或营业场所之方式,不得有损害其客户权益之行为(第一项)。前项业务或交易行为、共同业务推广行为、资讯相互运用或共用营业设备或营业场所之方式,应由各相关同业公会共同订定自律规范,报经主管机关核定后实施(第二项)。前项自律规范,不得有限制竞争或不公平竞争之情事(第三项)。"按本条表现出共同行销等行为应作适当之规范、限制或禁止之旨〔又称为"防火墙规范"(firewall regulations)〕,以防范该等公司侵犯其客户之权益。另外,鉴于市场共同行销之行为,仍应受公平交易法之规范,故如业者以搭售方式进行行销,而有违反公平交易法之情事者,仍应依公平交易法予以处罚,爰于第三项提示规定业者公会订定之自律规范,不得有限制竞争或不公平竞争之情事。

再者,同法第四十八条更进一步规定:"金融控股公司之银行子公司及其他子公司进行共同行销时,其营业场所及人员应予区分,并明确标示之。但该银行子公司之人员符合从事其他子公司之业务或商品所应具备之资格条件者,不在此限(第一项)。金融控股公司之银行子公司及其他子公司经营业务或商品时,应向客户揭露该业务之重要内容及交易风险,并注明该业务或商品有无受存款保险之保障(第二项)"。

其实,如前所述,依金融控股公司法第四条规定,所谓"控制性持股",包括持有一银行、保险公司或证券商已发行有表决权股份总数或资本总额超过百分之二十五,则金融控股公司对其子公司是否具有真正实质控制力,而可将金融控股公司及其子公司视为一个经济体,以致其共同行销行为可视为经济体内部营业行为,而无"公平交易法"第十四条联合行为规范之适用(请一并参照公平法七),似有进一步思索之余地。

除了联合行为之问题外,金融控股集团下之共同行销也可能涉及公平交易法第十九条搭售之问题。依"金融控股公司及其子公司自律规范"[31]第十二条规定:"金融控股公司及其子公司除依法令另有规定者外,不得强制客户与其他子公司签订契约,以购买其商品或服务作为授信或提供服务之必要条件。"即表现出商品(服务)强制搭售之禁止原则[32](详见五之说明)。

五、金融创新与搭售的问题

(一)投资管理账户(MMA)

鼓励金融业者金融创新,一直为金融主管机关努力改革之方向,也是在竞争环境中,金融业者图以生存、脱颖而出之道。然而,

---

[31] "财政部"2001年10月31日,台财融〔一〕字第0900007524号函备查。

[32] 按美国1970年银行控股公司法修正案(Bank Holding Company Act Amendment of 1970)亦原则上禁止某些搭售的行为,兹录之于后,以供参考:Section 106(b): Certain tie – in arrangements:prohibition;exceptions. (1) A bank shall not in any manner extend credit, lease or sell property of any kind, or furnish any service, or fix or vary the consideration for any of the foregoing, on the condition or requirement – (A) that the customer shall obtain some additional credit, property, or service from such bank other than a loan, discount, deposit, or trust service;(B) that the customer provide some additional credit, property, or service from a bank holding company of such bank, or from any other subsidiary of such bank holding company;(C) that the customer provide some additional credit, property, or service to such bank, other than those related to and usually provided in connection with a loan, discount, deposit, or trust service;(D) that the customer provide some additional credit, property, or service to a bank holding company of such bank, or to any other subsidiary of such bank holding company; or(E) that the customer shall not obtain some other credit, property, or service from a competitor of such bank , a bank holding company of such bank, or any subsidiary of such bank holding company, other than a condition or requirement that such bank shall reasonably impose in a credit transaction to assure the soundness of the credit. The Board may by regulation or order permit such exceptions to the foregoing prohibition as it considers will not be contrary to the purposes of this section.

金融业者在从事金融创新时,可能会涉及竞争之议题,例如,"搭售"即是一个经常会面临的问题。举例以言,近来金融业者所设计推出之"投资管理账户"(通称"MMA",英文全称为:money management account)商品,即牵涉金融业者结合存款、自动化交易、信用卡、人寿保险、财产保险、存单质借、理财型房贷、集保股票贷款、有价证券贷款、基金投资及股票投资为一体的银行账户,用以提供客户一个兼具投资理财及经常性收支管理的投资管理账户。[33]详言之,以近来建华银行所推出之 MMA 产品为例,说明其特色如下:

(一)客户可继续沿用其在本行(建华银行)任一营业单位往来之活期性存款、活期储蓄存款或综合存款账户(即主要往来账户),与建华证券之证券户及建华银行交割专户结合,从事股票、基金投资等理财活动。

(二)同时客户可运用存款账户自动化交易、担保放款及理财型房贷活期领用等产品功能,从事最佳的投资产品选择与资金运用组合及个人资产管理。

(三)该账户除享有较一般同业交割专户较高之存款利率外,当账户有剩余资金达特定金额时,系统会自动为客户申购以本行(建华银行)为保管行之债券型基金或平衡型基金,赚取更高之收益,同时当客户购买股票,交割款不足时,亦会考量客户使用资金成本之高低,先动用存款余额,其次动用基金买回金额,最后再依贷款产品利率,由低至高之先后顺序,系统自动使用各种担保放款活期领用额度,或临时额度;反之,如有款项存入该账户时,系统亦会依贷款产品利率,由高至低之先后顺序,自动冲销临时额度,或各种担保放款活期领用之使用金额,最后再将剩余款项保留为存

---

[33] 参阅建华银行网站,http://www.banksinopac.com.tw.

款余额或自动申购基金,获取较佳之利益。

(二)信托保险基金商品

另外,所谓"信托保险基金",尚非法定或专有名词,而是指由一般银行或金融控股集团下之银行所推出"基金、保险、信托"的三合一新型理财方案,目前市场上已有多家金融机构推出此一商品,如:"福幼信托理财"("中央"信托局)、"钟爱一生"(第一银行)、"守护天使"(彰化银行)、"圆满长大"(上海银行)、"亲亲宝贝"(万通银行)、"合意安心"(合作金库银行)、"快乐儿童亲子信托"(玉山银行)、"理财小魔法师"(汇通银行)等。从这些商品名称不难理解,这类新型金融商品主要是从下一代子孙的利益着眼,兼具有"基金投资、投保寿险以及保险金信托"之功能。

保险金信托的用意在于子女年纪还未达到一定岁数之前,若父母亲身故,将子女所领受的保险理赔金交由银行等信托机构负责运用,约定在子女到一定岁数时,银行或信托机构一次给付包含理赔金与投资利得的所有金额。若"保险金信托"再结合基金投资,这类专案即以未成年子女为委托人,银行为受托人,每月定期定额投资共同基金,再联结保险,以父母为被保险人,未成年子女为受益人,约定倘被保险人发生身故保险事故,且委托人未达一定岁数(多以 20 岁为基准)者,即将保险金存入银行为保险金受益人(即未成年子女)所开立之保险金信托专户,由银行依据信托法执行信托财产管理运用,直至未成年子女达到一定岁数为止。如此一来,透过保险金信托管理方式,除可保障未成年受益人的生活,另一方面亦预先进行投资理财,可谓兼顾投资及照顾子女的理财方案。为方便了解,兹录保险金信托业务之关系图如下:[34]

---

〔34〕 资料来源:http://www.uwccb.com.tw/business_personal104.asp.

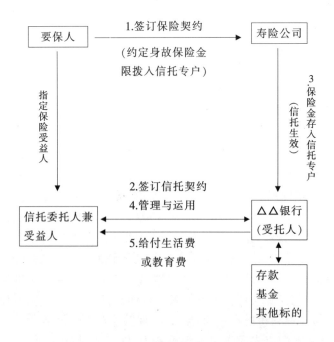

三合一(基金 + 保险 + 信托)产品的基本配备虽然相同,然各家银行所推出的理财专案,在投资基金种类及赎回年限、提供的保险组合、签约手续费用或信托管理费用以及信托资金支付方式等项可能有所差异。

(三)投资管理账户及信托保险基金是否属于公平交易法所禁止之"搭售"行为

1.搭售之定义。

按搭售之行为,乃限制交易相对人之活动,属于"公平交易法"第十九条第六款[35]规范类型之一（同法施行细则二七参照）。依据公平会公研释第045号解释，"搭售"之构成要件应考虑下列因素：

  （1）至少存在二种可分的产品（服务）；

  （2）须存在明示或默示之约定，买受人无法自由选择是否向出卖人同时购买搭售与被搭售产品；

  （3）出卖人须在搭售产品拥有一定程度的市场力；

  （4）有无妨碍被搭售产品市场竞争之虞；

  （5）是否具有正当理由。

  在这些因素当中，"须存在二种可分的产品（服务）"及"须存在明示或默示之约定，买受人无法自由选择是否向出卖人同时购买搭售与被搭售产品"，乃是否符合搭售之构成要件应先予判断者，至于"出卖人须在搭售商品拥有一定程度的市场力"、"有无妨碍被搭售产品市场竞争之虞"、"是否具有正当理由"则为判断搭售行为合理、违法与否之标准。是以，倘买受人非无法自由选择是否向出卖人同时购买搭售或被搭售商品时，尚难谓构成公平交易法上所称之搭售；又搭售之行为人，倘未在搭售产品拥有一定程度之市场力时，亦不致构成违法行为。[36]

  复按"公平交易法"第十九条第六款规定事业"不得以不正当限制交易相对人之事业活动为条件，而与其交易之行为"，故规范之对象乃系以事业对事业之交易行为为限，而事业对消费者之交

[35] 本款文字为："有下列各款行为之一，而有限制竞争或妨害公平竞争之虞者，事业不得为之；……六、以不正当限制交易相对人之事业活动为条件，而与其交易之行为"。

[36] 有关美国反托拉斯法上搭售认定要件之一般讨论，可参阅 William Andersen & C. Paul Rogers, Antitrust Law: Policy and Practice, 1992 ed., Matthew Bender, at 641~683.

易行为则不属之。惟事业对消费者之交易行为,仍可能以不正当限制消费者之行为作为交易条件,而同具有非难性。[37] 依公平交易委员会向来之见解,系以"公平交易法"第二十四条作为事业不正当限制消费者之交易行为之规范。然而在个案判断上,仍应比照第十九条第六款有关搭售之构成要件,分析系争事业对消费者之交易行为是否构成搭售;倘属搭售行为,亦应采取前揭合理原则(rule of reason)判断是否构成违法行为。准此,倘消费者尚非无法自由选择是否向出卖人同时购买搭售与被搭售产品(服务)时,应不构成非法搭售;即使事业对消费者进行搭售行为,仍应于事业具有相当市场力时,其对消费者之搭售行为始有以公平交易法介入排除之必要(按"相当市场力"之要件,在对消费者搭售行为之场合,学说上恐有不同见解)。关此,有公平交易委员会对于事业销售米酒时不当搭售其他商品(如附带搭购一瓶乌龙茶)之处分案例可资参照。公平交易委员会第四三二次委员会决议认为:"本案系争搭售米酒问题,行为主体是烟酒零售商与消费者间之交易,尚非事业对事业之行为;又查被检举人之烟酒年销售金额仅及一百多万元,市场力量尚属有限,自无'公平交易法'第十九条第六款之适用。"

2. 投资管理账户及信托保险基金商品应非属于"搭售"。

目前各银行或金融控股公司集团下之银行所推出投资管理账户及"基金 + 保险 + 信托"之新型理财商品,其实此等商品在外国早已行之有年。就信托保险基金商品而言,台湾则是在信托法

---

[37] 保险业目的事业主管机关于 1992 年 10 月 14 日以台财保字第 811014745 号函令各保险业者,谓:"不得未经核保作业而于汽车所有人欲单独投保汽车窃盗损失险时,径以其未搭配购买汽车综合损失险及任意险为由,拒绝单独承保汽车窃盗损失险。"由此可知,保险主管机关亦禁止搭售之营销行为。

(1996年)与信托业法(2000年)通过后,为因应金融市场愈趋激烈之竞争环境,以及金融服务多元整合之趋势,银行将既有的基金投资与保险商品,与信托概念结合,为有此需求的消费者提供更细致化的理财服务。基本上,"基金＋保险＋信托"三合一商品(服务)可说是提供另一种理财方式供消费者选择,而非限制其选择机会。如前所述,此种组合式理财商品之特色在于考量消费者为未成年子女之未来生活保障为出发点,如基于不同的投资目的以及风险评估,消费者仍可从三合一商品(服务)或个别的投资基金、购买保险、财产交付信托乃至证券投资等其他各类理财商品,视个人需要选择最适合的理财方式,因此尚与公平交易法所规范之搭售行为有间。

六、建立金融控股公司之银行子公司,与非属金融控股公司子公司之银行间的公平竞争环境

有鉴于鼓励"非属金融控股公司子公司"之银行与其有转投资关系或无转投资关系之其他金融机构(如证券、保险、期货业等)建立跨业行销的策略联盟关系,以发挥银行通路之价值,并有利日后进一步透过彼此间之相互持股,达到"购并"整合之目的;以及为建立金融控股子公司与非金融控股子公司间之公平竞争环境,特别在不影响存款人权益及符合风险管理前提下,主管机关"财政部"理应开放非属金融控股子公司之银行等之跨业行销。

当然,依金融控股公司法规定,金融控股公司对于其子公司本来就负担更重之管理责任与较高之法规遵循成本(参照金控法五十二～五十六),故亦宜就金融控股公司法之立法意旨及对于跨业行销之监理措施整体考量,以营造一个金融控股公司之银行子公司,与非属金融控股公司子公司之银行间的真正公平竞争环境。例如,主管机关似可考量其是否为金融控股公司下之银行子公司

所为跨业行销而作不同之管制,例如,要求业者跨业行销时,向主管机关作简单之"备查"(金融控股公司下之子公司),或较复杂之"核准"(非属金融控股公司下子公司之银行),即是一例。

可喜的是,2003 年 6 月底,主管机关即依职权发布"银行、证券、保险等机构合作推广商品或提供相关服务规范"[38]之命令,允许银行(包括信用合作社)、证券商、保险公司等机构,在符合条件下(如事业机构财务、业务及内部控制健全、专业资格条件或证照具备),检具文件(含合作推广契约书),向事业主管机关申请合作推广他业商品或提供相关服务。[39] 换言之,非属金融控股公司子公司之银行等可借由"合作推广",与金融控股公司之"共同行销"从事较为公平之竞争,其方向应值称许。

伍、结 论

金融制度之良窳与经济社会之稳定成长,具有密不可分之关系。从而,在经济现代化过程中,金融制度必须不断革新,俾使金融体系更加健全,金融服务更加现代化,才足以因应现代社会经济活动之所需。

台湾自 2000 年开始展开一系列的金融改革,虽然其改革幅度或许无法与日英、英国之金融大改革(Big Bang)相提并论,但其对

---

[38] 2003 年 6 月 27 日台财融(一)字第 0920025294 号。

[39] 所称合作推广他业商品或提供相关服务之项目如下:(一)保险商品项目:1. 推介经"财政部"核准销售之保险商品。2. 保险相关业务之代收件。(二)证券商品项目:1. 代理台湾基金之推介、销售及买回。2. 股务代理之代收件(股务代理之范围为公开发行公司股务处理准则第一条之一所规定之各项事务)。(三)银行商品项目:1. 信用卡业务之推介及代为转发。2. 银行本机构之代收件。

台湾之金融制度产生一定程度之影响,应可预期。

台湾之金融业,除人寿保险业外,基本上是处于充分自由竞争的状态,其 HHI 指数普遍低于一千,从而均在管制水平之下,故对其结合行为应无须过度设限。

另外,为发挥金融综合经营效益,金融控股公司法允许集团内之公司得进行共同营销,惟仍不得有限制竞争或不公平竞争之情事。

至于金融创新与搭售的问题,如属增进消费者福祉,提供消费者多一个选择机会之组合式金融商品,一般而言应不致有违法搭售之情事。盖依吾人之所信,以如此持平之执法态度,相信才能在鼓励金融业者金融创新,与维护市场秩序避免有人以搭售方式阻碍新竞争者进入市场,保持平衡关系,以开启台湾金融业跨业经营的新纪元。

【后记】

本文曾发表于:月旦民商法杂志,第 2 期,2003 年 12 月,页 94～106。

高科技市场独占力滥用之管制

——以台湾公平交易委员会对高科技产业之执法经验为例

壹、前 言

独占事业如何加以规范,向来是世界主要国家执行竞争法的重要课题之一。台湾地区在过去由于计划性的管制及对特定产业之政策保护下,也如其他国家一般形成了颇多独占事业。虽然近年在自由化、国际化及解除管制风潮下,台湾独占事业的独占情形已有改善(例如,电信事业、油品市场之自由化),惟所谓结构面之独占因素似非短期内可立刻消除,[1]而且如何有效监督具剩余独占力之事业,仍是未来努力的目标。

在台湾,形成独占的原因,大致有以下六种:

(一)法令与政府政策之限制造成:例如,台湾在 1999 年开放前的石油市场、烟酒公卖局等公营事业,及因为法令的限制造成区域性独占的天然瓦斯业(LNG),均属之。

(二)自然独占:由于产业的"大规模经济"特性,仅能容许一至二家业者有效率地经营所引起的自然独占。例如,电力公司、自来水公司、台湾证券集中保管公司、台湾证券交易所,或与地理亲近性有关的农产品批发业等,皆属之。

(三)企业结合:企业因结合所造成的独占地位,在台湾最常见的例子,则有线电视业等。

(四)技术进入障碍:对于智慧财产权的保护、专利技术授权,而产生技术进入障碍,亦可能有助独占地位的形成。如台湾晶圆代工等高科技产业。

---

〔1〕 参阅苏永钦,竞争法——台湾法律体系与经济生活的新生事物,收录于"跨越自治与管制",1999 年 1 月,页 17。

（五）取得关键设施：指纵使在法律上解除竞争或市场进入限制，在现有业者（无论系公营或民营）因早已拥有先前所建立并投入相当成本的设施，而占有绝对优势的条件下，竞争者仍难以参与竞争。如电力、电信、LPG 气体燃料、铁路交通、自来水等产业之枢纽设施，多有此种特性。

（六）取得专门技术（know－how）：系指方法、技术、制程、配方、程序、设计或其他可用于生产、销售或经营之资讯，非一般涉及该类资讯之人所知者。如营业秘密等。

然而，独占的地位或状态并不必然对经济秩序造成威胁，须关切的只是独占事业滥用其优势地位，使竞争停滞、使创新受到压抑，而危及市场秩序，戕害社会整体福祉。例如事业以掠夺性或其他不正当的手段取得或维持独占力量，或者利用合法取得的独占力量从事防止或阻碍竞争等情形。这也就是台湾公平交易法赋予公平交易委员会行使公权力以预防或及时匡正不法独占行为之目的。

按独占力滥用的一般态样约有以下数种：

（一）掠夺性定价：具有独占地位的厂商，将价格定在新厂商无利可图的水平，虽然如此作为会造成本身利润的暂时下降，却可有效阻却新厂商加入生产；或甚至以远低于成本的价格，占有市场，而逼使竞争者退出市场。

（二）垄断资源：台湾许多商品因生产资源十分有限，故一旦资源被少数具有独占力的厂商垄断，其他厂商势无法与之竞争，否则就须付出更高额的代价取得有限的资源。

（三）划分区域市场：许多厂商为巩固本身的生产地位，维持市场优势，多会透过协议，进行市场划分，使得各区域的竞争不过于激烈，甚至形成区域独占。

（四）签订排他性契约：具有市场优势地位的厂商，与下游经销商签订排他性契约,要求经销商仅与自己交易,不得与其他生产类似或具有替代关系产品之厂商进行交易,而借以排除潜在的竞争者。

(五)搭售:独占厂商利用搭售方式,配合本身拥有独占地位的产品搭售相关产品,使得搭售的产品亦占有很高的市场占有率。

(六)维持转售价格:独占厂商为保持基本收益,除了阻却新厂商的进入外,更须使市场价格维持稳定,此时维持转售价格的行销策略,便是最容易达到此一目标的方法。既受制于独占厂商之绝对优势地位,从而使得下游零售商几乎不可能不配合独占厂商进行此种行销策略。

(七)不当差别取价:较常见的如"基点定价方式"(basing – point system),[2]即厂商就其不同地区的顾客,依照距离的远近,加上一个额度的运输费用,而在运费的计算所收取的费用,往往高于厂商实际的支出。另一种则是在无正当理由之情况下,给予某厂商特别的待遇,如折扣等。

除了形成独占的原因及滥用独占力之态样外,以下将就台湾公平交易法中管制独占的规范内容作一简述,以方便读者了解台湾公平交易法有关独占问题之执法环境。最后则就台湾的实务执法经验,提出最近一则有关 CD – R 光碟专利联合授权造成独占之案例,以印证台湾公平交易委员会(以下简称公平会)对高科技独占事业的规范态度。

---

[2] 所谓基点定价,乃业者以同一地点作为计算产品运费之起点,并从而决定其售价之计价方式。台湾文献,参阅陈志民,从基点定价(Basing – Point Pricing)论平行行为与联合行为 – 以美国反托拉斯法为中心,公平交易季刊,第五卷第 1 期,页68 以下。

贰、公平交易法有关独占规范之介绍

一、独占事业之认定

台湾公平交易法对于何谓独占,定义于第五条,其原文为:"本法所称独占,谓事业在特定市场处于无竞争状态,或具有压倒性地位,可排除竞争之能力者。(第一项)二以上事业,实际上不为价格之竞争,而其全体之对外关系,具有前项规定之情形者,视为独占(第二项)。第一项所称特定市场,系指事业就一定之商品或服务,从事竞争之区域或范围(第三项)。"意即事业规模大到符合"公平交易法"第五条规定之范围,致使该特定市场尚无其他竞争对手进入,或纵然有其他竞争厂商,惟其压倒性的竞争优势,可以排除竞争。因此,公平会在认定该事业是否为独占事业时,"特定市场"的界定即为首先要务,而其界定的方法包括从相关产品市场、地理市场、时间因素等着手。[3] 一般而言,目前比较可能合乎"公平交易法"第五条定义之事业,包括有公营事业及部分私营事业(如各地方瓦斯业、地区性有线电视业等)。

市场界定之后,计算市场占有率,便是认定独占事业应进行的第二步骤。台湾公平交易法将独占事业具体的认定标准条文,从原来的施行细则第三条,提升至法律位阶,而于 2002 年 2 月增订"公平交易法"第五条之一。该条文第一项明文规定事业无下列各款之情形者,不列入独占事业认定范围:一事业在特定市场之占有率达二分之一,或二事业全体在特定市场之占有率达三分之二,

---

[3] 参阅"认识公平交易法",公平交易委员会出版,2002 年 9 月,页 28~29。

或三事业全体在特定市场之占有率达四分之三者。惟基于事业整体规模大小之考虑,前开任何一款其个别事业在该特定市场占有率未达十分之一或上一会计年度事业总销售金额未达新台币十亿元者,亦不列入独占事业之认定范围(参照公平法五之一II)。然而,同条第三项又将事业纵有前二项不列入认定范围之情形,却因其之设立或所提供之产品或服务进入特定市场,受法令、技术之限制或有其他足以影响市场供需可排除竞争能力之情形者,公平会仍得径予认定其为独占事业。

二、滥用独占行为之禁止

独占虽与自由竞争之精神相违,使竞争不能发挥其调整经济活动与制衡的功能,惟在晚近倡导大规模生产、企业大型化之国际潮流下,独占亦可能因提高国际竞争力,而未必对整体经济有害,故不宜采全盘否定而禁止其存在的态度。因此,台湾地区公平交易法对"独占之市场结构"基本上系持中立态度,[4]仅对独占事业从事不当阻碍他事业参与竞争、不当控制价格或滥用优势地位要求交易相对人给予特别待遇等行为(即滥用市场地位)时,才予以禁止。

台湾"公平交易法"第十条禁止滥用独占地位,各款规定如下:

(一)以不公平之方法,直接或间接阻碍他事业参与竞争:他事业进入市场之困难或障碍,固然不全是事业故意行为所形成,有时为经济体制、法规或产业特性所形成,但独占事业利用其得以排除竞争之能力,以不公平方法阻碍他事业参与竞争,企图持续独占市场,即属非法。例如,约束下游经销商,只能独卖独占者生产的

---

[4] 参阅"认识公平交易法",公平交易委员会出版,2002年9月,页31。

产品,不得出售其他竞争者所生产之商品,以断绝其他竞争事业之行销通路,即属以不公平之方法,阻碍他事业参与竞争。

(二)对商品价格或服务报酬,为不当之决定、维持或变更:依供需原理,商品价格决定于市场供需,惟独占或寡占事业(公平法五Ⅱ)对其商品或服务价格具有较大决定能力,若产生暴利、不当差别取价或排挤作用则属违法。盖立法者认为独占事业对于所提供商品或服务之定价有:获取暴利(即独占事业之影响定价因素变动时,该独占事业仍能维持原有固定之获利率,且其获利率又远较一般投资者为高)、价格易随其供应量变化而变动(由于独占事业对其市场供应量有相当之控制力,且足以左右市场价格,故当独占事业之定价方式仍随其供应量而随意变动时,即有不当之嫌)、价格决定未能充分反映市场供需状况(例如独占事业采取成本加利润之定价方式时,其价格因成本增加或降低所反映在价格之涨跌上,应是相对的,而非涨多跌少,若有不对等之情况时,其价格决定即有不当之嫌)、定价系采分割市场之差别取价方式(独占事业为能更严密控制市场,经常就交易条件差别、规格差别、区域差别,采不同定价而影响市场竞争)或定价方式具有排挤作用,如掠夺性定价(即透过价格策略作为阻碍或排斥其他事业之作用)等情形者,即有违反本款之嫌。因此独占事业对价格之决定应审慎为之,避免涉及市场地位之滥用。

(三)无正当理由,使交易相对人给予特别优惠:在"买方独占"市场中,为遂行其独占优势,发生异于交易常规,要求卖方事业必须遵守特殊交易义务或规定,包括价格上或非价格上交易条件,皆有可能因间接阻碍新的生产者参与竞争,或可能妨害其他供给者公平合理的竞争,而属违法。如独占事业要求交易相对人须提供低于一般竞争水准之售价、补贴仓储或装潢费用、负担进货成本变更之损失、延长付款期限等,如无正当理由,则该独占事业亦可能违反本款之规范。

(四)其他滥用市场地位之行为:本款属概括性规定,旨在弥补前三款之不足,以防范独占事业,利用其他不当手法进行显失公平之行为,具体的违法行为当视个案而定。例如,具独占地位之专利权人恃其市场优势地位,在授权协议索取权利金谈判过程中,拒绝提供被授权人有关授权专利详实的内容、范围或专利有效期限等重要交易资讯,即径行要求被授权人签订系争授权合约及进行权利金之追索等行为。[5]

总括来说,公平交易法有关独占之规范,系采取所谓的"滥用"禁止之原则,惟不禁止企业由内部成长,形成独占事业;形成独占之后亦不得加以解体,仅于事业滥用其独占之市场地位时,行政机关——公平交易委员会与法院得依法从事所谓的滥用控制。惟在落实此原则于具体个案时,公平会却面临如何认定之困境。尤其独占管制本为公平交易法中难度颇高之领域,其妥适之执行亦为法学与经济学上之艰难任务。"公平交易法"自 1992 年 2 月 4 日施行以来,公平会对于独占之管制特别谨慎,案例仍不多见,此或与执行之困难有一定程度之关系。[6]

独占事业竞争法上之管制,经常会出现政策上之两难性(dilemma),影响所及,不仅对于某些独占事业行为是否要管制之问题,见解歧异,甚至连管制之方法,也因政策之摇摆而趋于不确定。此外,为因应不同产业之特性与市场竞争复杂多变之情况,管制独占事业价格行为之方法与判断认定之标准,应负有相当之弹性,始

---

〔5〕 参阅"认识公平交易法",公平交易委员会出版,2002 年 9 月,页 33。

〔6〕 曾有学者将台湾公平会过去十年来,对独占之管制区分为三个时期,分别为:一、管制宣传、学习与制度建立时期,二、管制犹豫、遁逃与酝酿准备时期,三、管制展开时期。参阅吴秀明/杨宏晖,十年来公平法上之独占管制,2002 年 1 月 26 日,公平会公平交易法施行十周年回顾与前瞻学术研讨会,页 2~12。

能在具体个案中妥适认定独占行为是否构成滥用,并且避免使价格竞争之机制因管制而变为过度僵化。此外,执法时事实之认定,亦为实务上所遭遇之重大问题。

叁、案例实务:CD-R 授权案例

飞利浦等三家公司在台之 CD-R 可录式光碟专利授权违反公平交易法案:

本案系有关荷兰商·皇家飞利浦电子股份有限公司(以下简称飞利浦)、日本·新力股份有限公司(以下简称日本新力)及日商·太阳诱电股份有限公司(以下简称太阳诱电)在台之 CD-R 可录式光碟专利技术授权行为,被检举违反"公平交易法"第十四条、第十条第二款及第十条第四款规定一案,经公平交易委员会2002 年 4 月 11 日第五四四次委员会议决议处分。[7] 兹分述其相关检举事实、公平会决定及决定主要理由如下,以供参考。

一、检举事实

本案系巨擘科技股份有限公司等三家公司于 1999 年间,检举飞利浦等三家公司(以下简称被处分人)虽分别拥有数项与可录式光碟产品规格相关之专利,但其等为便于向世界各国之碟制造商进行专利授权,实行包裹授权方式,即先由日本新力及太阳诱电对飞利浦授权,再由飞利浦整合各项专利权,整批授权于被授权人,违反"公平交易法"第十四条、第十条等相关规定。

---

[7] 按本案曾于 2001 年 1 月 20 日为公平会公处字第 021 号处分。

二、公平会处分决定

（一）被处分人等以联合授权方式，共同合意决定 CD－R 光碟片专利之授权内容及限制单独授权，违反"公平交易法"第十四条规定。

（二）被处分人等利用联合授权方式，取得 CD－R 光碟片技术市场之独占地位，在市场形势显著变更情况下，仍不予授权人谈判之机会，及继续维持其原授权金之计价方式，属不当维持授权金之价格，违反"公平交易法"第十条第二款规定。

（三）被处分人等利用联合授权方式，取得 CD－R 光碟片技术市场之独占地位，拒绝提供被授权人有关授权协议之重要交易资讯，并禁止专利有效性之异议，为滥用市场地位之行为，违反"公平交易法"第十条第四款规定。

（四）被处分人等自本处分书送达之次日起，应立即停止前三项违法行为。

（五）处荷兰商·皇家飞利浦电子股份有限公司新台币八百万元罚款，日本·新力股份有限公司新台币四百万元罚款，日商·太阳诱电股份有限公司新台币二百万元罚款。

三、决定主要理由

（一）关于 CD－R 光碟片技行市场可以单独被界定为一个"特定市场"

按目前主要光碟储存产品种类，可分为以程式软件、音乐、影片及数据库等类型资讯为主要储存对象之唯读型光碟片，及可提供使用者记录资料之写录型光碟片；写录型光碟片又可分为可写一次（如 CD－R 光碟片）及可覆写型（如 CD－RW 光碟片）光碟片。随着软体复杂化发展,及因应多媒体高储存需求,对于写录型光碟片之需求,将从 CD－R 光碟片转向 DVD 写录型光碟片,惟于 2004 年以前尚无法替代。迷你光碟(MD)可写录多次,用途定位于音乐烧录,但市场普及率低,出场价约为 CD－R 光碟片之三倍;数位录音带(DCC)因无法获得消费者认同,已退出市场。前揭各项产品在目前市场供需、价格及技术功能上,仍有区别,无法相互依存。又 CD－R 光碟片与 CD－RW 光碟片轨迹不同,生产 CD－RW 光碟片成本较 CD－R 光碟片高出许多。就目前而言,以 CD－RW 之生产技术去生产 CD－R 光碟片亦非市场常态,而 DVD 光碟片、MD、DCC 因与 CD－R 光碟片生产技术更无法相容。从竞争产品及竞争技术考虑技术市场之范围,CD－R、CD－RW、DVD 光碟片,以及 MD、DCC 存在实际应用区别与技术区别,非属同类产品,替代性相对较低,故用以生产该产品之智慧财产或技术可单独界定为一特定市场。

(二)被处分人等于系争 CD－R 光碟片技术市场,为水平竞争关系之事业,并有联合授权行为之合意

飞利浦、日本新力公司及太阳诱电公司各自拥有 CD－R 可录式光碟相关专利,为制造 CD－R 光碟产品所必须使用之技术,就有关 CD－R 之专利技术供应市场而言,系属同一产销阶段之事业。另据财团法人工业技术研究院光电工业研究所(以下简称工研院光电所)证称,完成 CD－R 产制规格之技术,并非仅为一家所有,规格书只是定义技术规格以达成系统运作(functional)之保证,符合规格并非一定要依赖规格书提出者之专利;该所并提供就技术实施之观点而言,若被授权人依据规格要求产制产品之行为,只需向授权人间争取其中一项较符合规格之专利技术授权即可时,应认为其具替代可能性。飞利浦亦证称,系争授权内容所含之

各项专利系属可分开之技术商品,被授权人可选择就不同国家之个别专利分别授权,并支付权利金,即被授权人原得各自以较有利之条件,争取交易机会,其等自属具水平竞争关系之事业。而据飞利浦1993年9月7日致日本新力公司,及日本新力公司于同年月28日回复飞利浦订立之合约(即"授权信")内容,除确认CD－MO/WO Disc & Recorder权利金数额之协议,及日本新力公司(包括太阳诱电公司)所分配之权利金比例外,飞利浦并要求日本新力公司承诺将所有欲取得上述此等专利授权之要求,均转交予飞利浦,并承诺今后除范围广泛之交互授权合约外,不再就此等专利订立任何授权合约。

另据飞利浦1998年12月1日回复亚太智财科技服务股份有限公司(以下简称亚太公司)针对其代表台湾厂商提出修改授权合约条件之意见时,表示其与日本新力公司及太阳诱电公司就权利金之计算方式,仅同意一种方式,即净销售额之百分之三,每一光磁碟至少为日币十元观之,日本新力公司及太阳诱电公司虽授权由飞利浦处理该专利授权之协商及签约事宜,惟实质上,其等对于该标准授权合约内容,包括共同约定之权利金数额,确有相当影响力或决定力,且须获得其等同意,始得使用。被处分人对于CD－R可录式光碟专利技术,明显存有联合授权行为之合意,合致行为时"公平交易法"第七条之联合行为,且其等协议,系在同一产销阶段之水平联合,致被授权人仅得向飞利浦取得授权,完全排除自由选择交易对象之机会,渠等间协议计算权利金之数额,被授权人几近丧失争取较有利之交易机会,已足以影响生产、商品交易或服务供需之市场功能,该等联合行为将限制市场竞争,妨碍价格调整功能,危害消费者权益,已违反行为时"公平交易法"第十四条联合行为之禁制规定。飞利浦虽曾对外宣称,CD－R生产厂商可有单独授权合约之选择,惟据相关业者回应,飞利浦对全球采标准合约,不为个别厂商更动,并一再主张单独授权合约较联合授权合约昂贵,根本无须考虑,并未备有单独授权合约供被授权人选择,已刻意排除单独授权之可能,且自公平会作成原处分后,其等于1998年3月起方开始陆续撰拟订定单独授权合约以供签署,足证其等系以飞利浦为对外订定、修改合约的统一窗口,被授权人根本无法取得单独授权之机会。

（三）被处分人利用联合授权,取得 CD - R 光碟片技术市场之独占地位

被处分人等制定标准规格书（橘皮书）,目前全球 CD - R 之制造除其等制定之统一规格,市场上尚无第二种规格存在,而具绝对优势地位,且 CD - R 技术之所有重要专利为其等三家厂商所拥有,全球任何 CD - R 之制造、销售均须取得其等对于 CD - R 拥有专利技术之授权,理论上其他人虽仍得自由开发竞争技术规格或提供竞争产品,惟其他事业欲争取进入 CD - R 光碟产品授权专利技术市场之机会,已因其等制定统一规格而被限制,其所决定之权利金金额,将直接影响该特定市场之价格,其等利用联合授权方式,取得 CD - R 光碟片技术市场之独占地位,系属行为时"公平交易法"第五条所称独占事业。

（四）被处分人等涉有独占事业禁止规定

1. 违反"公平交易法"第十条第二款。

飞利浦等订定权利金计算方式系以"净销售价格百分之三或日币十元中,以较高者为准"。依据工研院经资中心数据,全球 CD - R 光碟片之平均出厂价格自 1996 年尚可达每片七美元。1997 年已快速滑落为一点六五美元,2000 年平均每片CD - R光碟片将低于零点五美元,在出厂价格已接近成本边缘情况下,预估

2001年起CD－R光碟片之价格竞争将可趋缓。假设因全球CD－R光碟片1996至1997年市场价格急剧下滑情况，在无法预知消费者接受度，及CD－R市场规模发展趋势下，为确保所研发成本回收，以1997年全球CD－R光碟片出货量之净销售价格百分之三，或每片日币十元较高者计算，而参酌订定以固定数额为权利金下限标准，虽可理解；但全球CD－R市场规模自1997年出货量一亿八千二百万片扩大到2000年四十一亿五千七百万片，成长超出二十倍，台湾厂商出货量1997年为六千零五万片，2000年扩大为三十五亿八千七百万片，成长近六十倍，2001年起全球CD－R光碟片市场渐趋饱和，惟仍将有缓慢之成长幅度，而因CD－R出货量已远超出预期之大幅成长，其等预估2000年之权利金收益，将为1997年之二十至六十倍；再以CD－R光碟片净销售价格与权利金金额之比例计算，在CD－R光碟片价格大幅下跌情况下，其权利金金额尚仍维持每片日币十元计算，以目前平均出厂价格每片美金零点五元（现折算约日币五十六元）为准，将达到出厂价格之百分之十七点八，远超过被授权人可以负担范围，其等三家事业因而获得利益，远超出原来预期数额。

飞利浦在CD－R可录式光碟授权专利技术市场，因联合行为而取得独占地位，在全球CD－R市场规模远超出预期大幅成长及市场供需已改变之情况下，仍继续维持其授权金之计算方式，使被授权人实际缴纳权利金占出厂价格之比例远高于授权人所预估者，虽屡次向其等反映亦均未能获得善意回应，使授权金金额无法做及时有效之变更并反映正常之市场需求，违反行为时"公平交易法"第十条第二款有关独占事业禁制行为之规定。被处分人等诉称考量专利权研发相关技术资金与成本、被授权人可得之经济利益，避免权利金数额无法确定风险，确保最低研发成本之回收，当事人于契约自由原则下，合意订定云云，与事实不符。

2. 违反"公平交易法"第十条第四款。

飞利浦在授权协议索取权利金谈判过程中,凭恃于 CD – R 可录式光碟授权专利技术市场之优势地位,拒绝提供被授权人有关授权专利详实内容、范围或专利有效期限等重要交易资讯。公平会对台湾生产系争光碟产品之主要厂商进行问卷调查结果,均认为飞利浦在洽谈授权合约时,未充分提供相关交易资讯、数据或文件;台湾厂商委任与飞利浦进行协商之亚太公司亦证称,飞利浦对被授权人所提问题,并未具体回复,仅传真部分专利清单,并未清楚揭露授权专利资料,且不能证明何处侵害其专利;甚且,飞利浦迄今仅分别就其中少数专利内容提出说明,对于系争授权专利与授权产品间之必要性疑虑,有关授权合约中所包括之专利与该标准规格,即与橘皮书之对应关系,及飞利浦、日本新力公司及太阳诱电公司各自拥有之专利数目,均未提出完整说明之情况下,即径行要求被授权人签订授权合约及进行权利金之追索,并在专利技术授权协议中要求被授权人必须撤回系争专利无效之举发,始得签署授权合约。

然被授权人给付权利金,当然要以取得合法有效之专利为目的,倘专利权有瑕疵,被授权人即有权利争执其有效性,授权人不应强求被授权人接受必须撤回举发专利无效行为之限制约款。有关和解之约定条款,亦应在专利权合法行使范围内为之,诉愿人显系凭恃其市场优势地位,迫使被授权人接受授权协议,对于系争授权专利技术市场及产品市场,已有滥用市场地位之行为,核属违反行为时"公平交易法"第十条第四款之规定。

肆、检 讨

一、本案分析

飞利浦等公司就光碟产品专利授权一案,可谓系首宗公平会面对高科技独占产业带来之新挑战。本案经处分后,无可避免的,亦引来论者之质疑。或谓,本件处分意涵可能如下:拥有互补技术者被视为具有水平竞争关系、在外国合法存在的"专利集管"(patent pool)[8]协议(包含其中的权利金条款),但于台湾却被视为原则违法之联合行为、甚至可能只因系属技术独占之事业,其契约自由乃遭到严格的限制等。[9]或谓,本案当事人应优先循民事诉讼之途径,声请法院基于情事之变更而为给付之增减,即可解决问题。授权人单纯依据约定条款收取权利金,拒绝予以主动调整之行为,并不当然构成不当维持商品价格或服务报酬之榨取滥用。必须有具体事证,证明授权人尚有其他附加之运用市场力量以维持授权金额于不坠之举动者,始有构成独占滥用之可能。而本案中究竟有无此种"单纯拒绝之外的附加违法情形",似乎值得主管

---

[8] 按"patent pool"一词,系指两个以上之专利权人协议,将其所拥有之专利权彼此互相授权或共同授权予第三人之安排。patent pool之中文翻译,不一而足,有译为专利集管、也有译为专利联合授权、共同专利、联合授权、专利联盟等。其定义及相关发展,请参阅何爱文,专利联盟所生竞争法上争议,公平交易季刊,第11卷第4期,2003年10月,页3~6。

[9] 黄铭杰,专利集管(patent pool)与公平交易法——评公平交易委员会对飞利浦三家事业技术授权行为之二次处分案,月旦法学第87期,2002年8月,页122~148。

机关进一步予以检讨。[10]

其实,关于本案"专利互补性"的问题,公平会依据工研院光电所提出之专业意见,认为考量各专利之替代可能性(互斥性)时,不能仅就技术观点视之,而应就管理经济及产制过程整体来观察。是以,依工研院光电所之建议,就技术实施之角度而言,被授权人依据规格要求来管制产品之行为,只需向授权人间争取其中一项专利授权即可,故应认为此等专利技术具有替代可能性(另外,飞利浦亦证称,系争授权内容所含之各项专利系属可分开之技术商品)。准此,被处分人等自属具水平竞争关系之事业,此点应可认定。

至于主张权利金高低得以民法"情事变更"而为给付之增减,即可解决问题之意见,则似忽略了本案被处分之三家公司对于权利金之决定,系由飞利浦对外主导之事实(按飞利浦于1998年12月回复亚太公司的信函,针对其代表厂商提出修改授权合约条件之意见时,表示"本公司无法接受将权利金最少应为日币十元之规定删除,或减少之。如同本公司于数场合中所为之解释,飞利浦公司及日本新力与太阳诱电就权利金之计算方式,仅同意一种方式,即净销售额的百分之三,每一光磁碟片至少为日币十元"。)由此可证,对于系争CD-R专利"联合授权"行为,明显存有包括权利金协议等,对于系争CD-R专利"联合授权"行为之合意,实难谓无滥用市场力量之情事(即以联合力量获取独占之地位)。

此外,本案最有争议的,莫过于如何界定"CD-R光碟片技术市场"的范围。对此,公平会系采取从竞争产品及竞争技术考虑技术市场之范围的方法。有鉴于CD-R、CD-RW、DVD光碟片,以及MD、DCC存在实际应用区别与技术区别,故其等非属同类产

---

[10] 吴秀明/杨宏晖,前揭注6文,页33。

品,替代性相对较低,从而用以生产该产品之智慧财产或技术可单独界定为一特定市场。吾人以为,这种界定"技术市场"之方法符合一般公认之市场界定原则。即特定市场之界定,消费者需求替代性与生产者供给替代性是最重要之衡量指标。而所谓消费者需求替代性,系指当市场上某项产品的单价上扬时,消费者会放弃购买该产品转而选择其他产品,其重要考量因素包括个人消费偏好、产品功能及产品价格等项。至于所谓生产者供给替代性,系指当市场上某项产品的单价下挫时,生产者会放弃该项产品转而生产其他产品,其重要考量因素包括技术与生产设备、产品价格、成本结构及区域选定等项。另外,值得特别注意的是,有关技术替代性一节,应以案件发生的时点加以判断,而不应以事后之技术发展、科技进步作为论断标准。

二、技术授权协议案件处理原则

另外应注意者,公平会为使公平交易法相关规定,适用于技术授权更具体化,期使执法标准更臻明确,爰参考以往相关案例之经验,及目前产业发展之现况,并参酌外国有关技术授权之相关规定,于 2001 年 1 月 18 日第四八一次委员会会议订定"公平交易委员会审理技术授权协议案件处理原则"(以下简称"技术授权案件处理原则")。按本原则所称技术授权协议,系指涉及专利授权、专门技术授权,或专利与专门技术混合授权等授权协议类型。又,本原则所称专利,系指依我专利法取得之发明专利或新型专利;未于台湾取得专利所为之授权协议,而对我特定市场产生限制竞争或不公平竞争之影响者,准用本处理原则之规定。另外,本原则所称专门技术(know‐how),系指方法、技术、制程、配方、程序、设计或其他可用于生产、销售或经营之资讯,而符合下列要件者:(1)非一般涉及该类资讯之人所知;(2)因其秘密性而具有实际或潜在之经济价值;(3)所有人已采取合理之保密措施。至于,本原则所称"商品"之用语亦包括服务。

再者,本原则第三点明确揭示其基本原则如下:"本会审理技术授权协议案件,并不因授权人拥有专利或专门技术即推定其在特定市场具有市场力量(market power)。"此外,第四点(即本原则审查分析之步骤)第一项谓:"本会审理技术授权协议案件,将先依'公平交易法'第四十五条[11]规定检视之;形式上虽为依照专利法等行使权利之正当行为,惟实质上逾越专利权等正当权利之行使范围,违反专利法等保障发明创作之立法意旨时,仍应依公平交易法及本原则处理。"同点第二项谓:"本会审理技术授权协议案件,不受授权协议之形式或用语所拘束,而将着重技术授权协议对下列特定市场(relevant markets)可能或真正所产生限制竞争或不公平竞争之影响:(1)利用授权技术而制造或提供之商品所归属之'商品市场'(goods markets);(2)与该特定技术具有替代性而界定之'技术市场'(technology markets);(3)以可能从事商品之研究发展为界定范围之'创新市场'(innovation markets)。"同点第三项并规定"本会审理技术授权协议案件,除考量相关授权协议内容之合理性,并应审酌下列事项:(1)授权人就授权技术所具有之市场力量;(2)授权协议当事人于特定市场之市场地位及市场状况;(3)授权协议所增加技术之利用机会与排除竞争效果之影响程度;(4)特定市场进出之难易程度;(5)授权协议限制期间之长短;(6)特定授权技术市场之国际或产业惯例"。

再者,"技术授权案件处理原则"就不违反公平交易法事项、违反公平交易法事项及可能违反公平交易法事项,分别予以例示。

---

[11] "公平交易法"第四十五条规定:"依照著作权法、商标法或专利法行使权利之正当行为,不适用本法之规定"。

其第五点规定:"技术授权协议就下列事项所为之约定,尚不违反公平交易法有关限制竞争或不公平竞争之规定,如依第三点、第四点审酌后有不当情事者,则不在此限:(1)约定被授权人实施范围限于制造、使用或销售之限制约款。(2)在专利有效期间内,对于授权协议所为期间之限制。专门技术在非可归责于授权人之事由,致使授权之专门技术丧失营业秘密性而被公开前所为授权协议期间之限制,亦同。(3)授权技术系制造过程之一部分或存在于零件,为计算上之方便,以使用授权技术生产之最终商品之制造、销售数量,或以制造授权技术商品之必要原材料、零件之使用量或使用次数,作为计算授权实施费用之计算基础。(4)专利授权实施费用之支付系以分期付款或实施后以后付之方式支付时,约定被授权人于专利期满后仍应支付其已使用授权技术之实施费用。因非可归责于授权人之事由致专门技术被公开,被授权人仍须于一定期间依一定方法继续支付当事人基于自由意思所决定之实施费用,至授权协议失效或终止者。(5)技术授权协议约定被授权人应将改良技术或新应用之方法以非专属之方式回馈授权予原授权人。(6)技术授权协议约定被授权人应尽其最大努力,制造、销售授权之商品。(7)专门技术授权协议约定被授权人于授权期间或授权协议期满后对于仍具营业秘密性之专门技术负有保密义务。(8)为确保授权人授权实施费用之最低收入,授权人要求被授权人利用授权技术制造商品之最低数量,要求授权技术之最低使用次数,或就销售商品要求最低数量之约款。(9)为使授权技术达到一定效用,维持授权商品一定品质之必要范围内,授权人要求被授权人就授权技术之商品、原材料、零件等应维持一定品质之义务。(10)被授权人不得就授权技术为移转或再为授权行为。但授权人与被授权人另有约定者,不在此限。(11)在授权之专利仍为有效或授权之专门技术仍为营业秘密之前提下,被授权人于授权协议期满后不得继续实施授权技术"。

其第六点就违反公平交易法事项之例示如下:(一)有竞争关系之技术授权协议当事人间以契约、协议或其他方式之合意,共同决定授权商品之价格,或限制数量、交易对象、交易区域、研究开发领域等,相互约束当事人间之事业活动,足以影响特定市场之功能者,违反"公平交易法"第十四条规定。(二)技术授权协议之内容,有左(下)列情形之一,而对特定市场具有限制竞争或妨碍公平竞争之虞者,违反"公平交易法"第十九条第六款之规定:(1)限制授权协议之当事人或其相关事业,就竞争商品之研发、制造、使用、销售等从事竞争之行为。(2)为达区别顾客之目的,规定其须使用特定行销方式、限制授权协议相对人技术使用范围或交易对象。(3)强制被授权人购买、接受或使用其不需要之专利或专门技术。(4)强制被授权人应就授权之专利或专门技术所为之改良以专属方式回馈予授权人。(5)授权之专利消灭后,或专门技术因非可归责被授权人之事由被公开后,授权人限制被授权人自由使用系争技术或要求被授权人支付授权实施费用。(6)限制被授权人于技术授权协议届满后,制造、使用、销售竞争商品或采用竞争技术。(7)限制被授权人就其制造、生产授权商品销售予第三人之价格。(8)技术授权协议限制被授权人争执授权技术之有效性。(9)授权人拒绝提供被授权人有关授权专利之内容、范围或专利有效期限等。(三)技术授权协议之当事人为独占事业,该当本点所例示之行为态样,是否违反"公平交易法"第十条之规定,就具体个案判断之。

此外,其第七点则就可能违反公平交易法事项加以例示,其规定如下:(一)技术授权协议之内容,如在特定市场具有限制竞争或妨碍公平竞争之虞者,将可能违反"公平交易法"第十九条第六款[12]规定:(1)专利授权协议在专利有效期间内,于我领域内区分授权区域之限制;专门技术授权协议在非可归责于授权人之事由,致使授权之专门技术丧失营业秘密性而被公开前对专门技术所为区域之限制,亦同。(2)限制之范围与应用领域无关,而限制被授权人销售范围或交易对象。约定被授权人所能实施授权技术之应用领域及范围之限制约款。(3)限制被授权人制造或销售商品数量之上限,或限制其使用专利、专门技术次数之上限。(4)要求被授权人必须透过授权人或其指定之人销售。(5)不问被授权人是否使用授权技术,授权人径依被授权人某一商品之制造或销售数量,要求被授权人支付授权实施费用。(二)技术授权协议授权人要求被授权人向授权人或其所指定之人购买原材料、零件等,而非为使授权技术达到一定效用,维持授权商品之商标信誉或维护专门技术秘密性之合理必要范围内,如在特定市场具有限制竞争或妨碍公平竞争之虞,将可能违反"公平交易法"第十九条第一款[13]或第六款规定。(三)技术授权协议无正当理由,就交易条件、授权实施费用等,对被授权人给予差别待遇之行为,如在特定市场具有限制竞争或妨碍公平竞争之虞者,将可能违反"公平交易法"第十九条第二款规定。[14]

从上述现行台湾地区"技术授权协议案件处理原则"观之,公平交易委员会采行如同日本等国对技术授权行为之规范方法,将

---

〔12〕 "公平交易法"第十九条第六款规定:"以不正当限制交易相对人之事业活动为条件,而与交易之行为"。

〔13〕 "公平交易法"第十九条第一款规定:"以损害特定事业为目的,促使他事业对该特定事业断绝供给、购买或其他交易之行为"。

〔14〕 "公平交易法"第十九条第二款规定:"无正当理由,对他事业给予差别待遇之行为"。

技术授权行为,分为白名单(white list)、黑名单(black list)及灰名单(grey list)等行为类别,而相对应以"不违反公平交易法事项之例示"、"违反公平交易法事项之例示"及"可能违反公平交易法事项之例示",俾利业者遵行。[15]

本件飞利浦 CD－R 技术授权一案,从案件之处分事实观察,也可能涉有违反"技术授权协议案件处理原则"第六点"违反公平交易法事项之例示"之第八款:"技术授权协议限制被授权人争执授权技术之有效性。"第九款:"授权人拒绝提供被授权人有关授权专利之内容、范围或专利有效期限等。"及其第三项:"技术授权协议之当事人为独占事业,该当本点所例示之行为态样,是否违反'公平交易法'第十条之规定,就具体个案判断之"等规范。

伍、结　语

诚然,新资讯经济(information economy)的时代来临,软体、硬体新科技的快速变化与创新,无疑地带给竞争法主管机关对传统之市场分析及法律执行观念严厉挑战。从而,可能有人因此会反复思考:究竟先有鸡,还是先有鸡蛋的老问题(the "chicken and the egg" theory);换言之,究竟是"创新"刺激了"竞争",抑或"竞争"

[15] 按日本之"1999 Guidelines for Patent and Know－How Licensing Agreements Under the Antimonopoly Act"增列了所谓黑灰名单(dark grey list),即采用合理原则判断,但有严重违法嫌疑。例如,对被授权人之 R&D 作限制行为。See H. Stephen Harris, Jr., IP and Competition Law Development in Japan; An International Comparative Law Perspective on the Relationship Between Competition and Intellectual Property, Part Ⅱ, FTC/DOJ Hearings, May23,2002, Washington, DC.

刺激了"创新"。[16] 当然,这个难题的答案是非常重要的,因为任何限制一方之尝试,最终不免对另一方带来严重之影响。台湾"公平交易法"第四十五条亦规定:"依照著作权法、商标法或专利法行使权利之正当行为,不适用本法之规定",按本条基本上表现出公平交易法对行使智能财产权合法权利之尊重,此点应可确认。惟公平交易委员会何时(when)应介入此类智慧财产权争议之案件,应是必须谨慎思索的严肃问题。对此,吾人以为,竞争法主管机关在介入前,应对系争产业特性与技术有充分了解,且在作任何最后决定前,亦应评估其决定对该产业之影响,特别是应考虑有无重大影响该产业创新之诱因(即是否会产生寒蝉效应;chilling effect)。但吾人也必须明白指出的是,在新资讯经济时代里,反托拉斯法也不是应全然退却,撒手不管,否则将如何维持正常之经济秩序呢?

【后记】

本文曾发表于:实用税务,第 349 期,2004 年 1 月,页 82 ~ 92;实用税务,第 350 期,2004 年 2 月,页 109 ~ 115。

※本件 CD – R 授权案被处分人等(即下述判决之原告)不服,提起诉讼,经诉愿决定驳回后,再向台北高等行政法院提起行政诉讼,经该院判决"诉愿决定及原处分均撤销。诉讼费用由被

---

[16] See Calvin Goldman, Richard Corley & Michael Piaskoski, Competition Law and Hi – Tech Industries: Market Definition and Other Economic Considerations, Competition Laws and Hi – Tech Industries Conference, The Asia Foundation in Taiwan, March 24 – 25, 2003, Taipei.

告负担。"并谕示由公平会查明后,另为适法之处分。

本案台北高等行政法院判决内容概述[17]

壹、判决重要内容

(一)有关原告等违反"公平交易法"第十四条规定部分,台北高等行政法院认为,联合行为主体要件不符,公平会认事用法有误:

法院认为,本案公平会界定之市场范围系"CD‐R光碟片技术市场",而依公平会定义之"CD‐R"即指符合飞利浦公司与新力公司共同制定之"橘皮书"标准规格所制造生产之光碟产品,则所称"CD‐R光碟片技术市场",其市场范围应指符合"橘皮书"标准规格之技术市场,需同时使用飞利浦公司、新力公司、太阳诱电公司三家公司所拥有专利之技术市场,缺一不可,因此,原告三家公司所拥有符合"橘皮书"标准规格之专利技术,乃具有互补性,其等于公平会所界定之"CD‐R光碟片技术市场"所提供之专利技术,不具替代可能性,自不存在有竞争关系,不符联合行为主体要件,故本案原处分认事用法诚有违误。

(二)有关原告及其他二家公司于CD‐R光碟片技术市场具有独占地位,其在市场情事显著变更情况下,仍不予被授权人谈判之机会,及继续维持其原授权金之计算方式,属不当维持授权金之价格,违反"公平交易法"第十条第二款规定,台北高等行政法院认为,确有此违法情事。

---

〔17〕 台北高等行政法院2005年8月11日判决(2003年度诉字第00908号、2003年度诉字第01132号、2003年度诉字第01214号)。

（三）有关原告及其他二家公司于 CD－R 光碟片技术市场具有独占地位，其拒绝提供被授权人有关授权协议之重要交易资讯，并禁止专利有效性之异议，为滥用市场地位之行为，违反"公平交易法"第十条第四款规定，台北高等行政法院认为，确有此违法情事。

贰、上述有关原告等违反"公平交易法"第十四条部分，台北高等行政法院撤销诉愿决定及原处分之主要理由如下

有关不符联合行为主体要件部分：

（1）联合行为构成要件有四，如缺其一，即不得以违反公平交易法联合行为禁制规定予以相绳。有关联合行为之主体要件，系指处于同一产销阶段之水平竞争事业。所称同一产销阶段之水平竞争，乃指事业就一定之商品或服务，从事竞争之区域或范围。就本案公平会认定同一产销阶段之特定市场为"CD－R 光碟片技术市场"，并据此认定原告飞利浦公司、新力公司及太阳诱电公司为同一产销阶段之水平竞争关系之事业。然查，必须事业所提供之商品或服务具有替代可能性，始有竞争关系之存在，本案公平会所界定之市场范围系"CD－R 光碟片技术市场"（非指写录型光碟片技术市场，见处分书理由第一点），而公平会定义之"CD－R"，乃指符合飞利浦公司与新力公司共同制定之"橘皮书"标准规格（即使用原告飞利浦公司、新力公司及太阳诱电公司所拥有专利之标准规格技术）所制造生产之光碟产品，且台湾光碟制造厂商欲生产制造"CD－R"均需使用原告飞利浦公司、新力公司及太阳诱电公司三家公司所拥有之专利，单独使用其中一家公司专利即无法生产制造"CD－R"，此为公平会与原告等不争之事实（见该院 1993 年 6 月 28 日、同年 7 月 28 日、9 月 22 日及 1994 年 1 月 26 日准备程式笔录中两造之陈述内容），并有处分书理由第二（三）点："在 CD－R 光碟片技

术市场上,被处分人等各自拥有之专利技术,均为 CD－R 光碟产品制造所必须使用到,则对于拟被授权人(即需求者)而言,必须一一寻求其等三家事业的各别授权,始可制造完成 CD－R 产品,缺一不可"可证。从而,本案公平会所定义之"CD－R"即指符合飞利浦与新力公司共同制定之"橘皮书"标准规格所制造生产之光碟产品,则所称"CD－R 光碟片技术市场",其市场范围应指符合"橘皮书"标准规格之技术市场,也就是需同时使用飞利浦公司、新力公司、太阳诱电公司三家公司所拥有专利之技术市场,缺一不可,因此,原告三家公司所拥有符合"橘皮书"标准规格之专利技术,乃具有互补性之专利技术,其等于公平会所界定之"CD－R 光碟片技术市场"所提供之专利技术,已不具有替代可能性,自不存在有竞争关系。

(2)公平会以"被处分人(即飞利浦公司、新力公司、太阳诱电公司,下同)目前所提供之专利技术纵使因共同制定规格而不具替代性,然被处分人同为 CD－R 之技术提供者及制造者,对于其他被处分人所拥有之专利技术,仍然可以透过回避专利范围之方式,研发具有类似功能之替代性技术,与其他被处分人就CD－R 技术授权进行竞争"【见处分书理由第二(三)点】为由,认为原告等于系争 CD－R 光碟片技术市场上,仍属同一产销阶段之水平竞争关系之事业云云。然纵使飞利浦公司、新力公司、太阳诱电公司能研发具有类似功能之替代性技术,但使用该替代性技术所生产制造之光碟产品,并不能称之为"CD－R"【如前所述,本案公平会所定义之"CD－R"系指符合飞利浦公司与新力公司共同制定之"橘皮书"标准规格所制造生产之光碟产品】,公平会上述假设,已然超出其所界定"CD－R 光碟片技术市场"之范围。甚且,若公平会认为飞利浦公司、新力公司、太阳诱电公司可以透过回避专利范围之方式,研发具有类似功能之替代性技术,因此仍属同一产销阶段之水平竞争关系之事业一节为可采,则其他具有能力研发类似功能之替代性技术者(例如工研院光电所以及参加人等)(被授权人均有产销 CD－R 之技术能力,乃被告及参加人均同意之事实),亦应纳入同一产销阶段之水平竞争关系之事业中予以考虑市场之供需功能是否足以受到影响,不能单从飞利浦公司、新力公司及太阳诱电公司对于市场供需功能之影响遽论其等已然违反公平交易法之联合行为禁制规定。况查,处分书理由第四(二)点载有:"本案被处分人等制定所谓橘皮书,即标准规格书,而 CD－R 技术的所有重要专利为前述三家厂商所拥有,全球任何 CD－R 的制造、销售均须取得其等对于 CD－R 拥有专利技术之授权,是其等应具有世界性的垄断地位"等语,据此公平会似有认为原告三家公司在特定市场(于本案为"CD－R 光碟片技术市场")处于无竞争状态(或具有压倒性地位,可排除竞争之能力者)。综上所述,原告三家公司于公平会界定之"CD－R 光碟片技术市场"是否符合联合行为的主体要件,并非无疑,纵原告三家公司以联合授权方式,共同合意决定 CD－R 光碟片专利之授权内容及限制单独授权为真实,亦不得遽以公平交易法之联合行为禁制规定相绳,本部分原处分有认事用法之违误。

　叁、简评

　　本案台北高等行政法院撤销诉愿决定及原处分之理由主要为:公平会认被处分人等违反"公平交易法"第十四条联合行为禁制规定,惟因被处分人所拥有专利技术系具互补性而非替代性,其等间不具水平竞争关系,不符联合行为主体要件,从而认定公平会认事用法有误。因此,本案之主要实体争点仍在系争专利间,有无替代或互补之关系(即系竞争专利联盟或非竞争专利联盟),从而有否公平交易法关于水平竞争关系事业间联合行

为禁制规定之适用。本案公平会已向最高行政法院提起上诉，
最后结果仍在未定之数。本文以为，应仔细观察及研究行政法
院最终之相关法律见解的趋势——即有无联合行为规范之适用
余地，抑可径依独占垄断之规范相绳？

我引进宽恕政策对付
恶性卡特尔之立法趋势

壹、前　言

由于国际性之恶性卡特尔(hard core cartels)戕害全球贸易及消费者利益甚巨,竞争法之国际组织例如 OECD 屡次在其年会或研讨会上将如何对付恶性卡特尔之方法,列为会议讨论之主要议题。其中,尤以讨论宽恕政策(leniency policy)对付恶性卡特尔之次数最为频繁;由此可见,国际间重视宽恕政策推展之一般。本文拟从国际上主要国家执行宽恕政策之重要案例出发;其次,再行介绍及反思台湾地区近来为顺应世界潮流趋势所提出之公平交易法修正案中,所研拟建置之宽恕政策制度。希望借由本文之讨论,更加引起各界对此问题的重视与思考,以有效打击恶性卡特尔之行为,维护经济交易之秩序。

贰、什么是恶性卡特尔

本文所称之卡特尔(cartels),在我公平交易法即指联合行为(concerted acts)。关于联合行为之规范,依公平交易法之现行规定,对于水平联合系采取"原则禁止,例外许可"之管制模式。而"公平交易法"第七条规定:"本法所称联合行为,谓事业以契约、协议或其他方式之合意,与有竞争关系之他事业共同决定商品或服务之价格,或限制数量、技术、产品、设备、交易对象、交易地区等,相互约束事业活动之行为而言(第一项)。前项所称联合行为,以事业在同一产销阶段之水平联合,足以影响生产、商品交易或服务供需之市场功能者为限(第二项)。第一项所称其他方式之合意,指契约、协议以外之意思联络,不问有无法律拘束力,事实上可导致共同行为者。(第三项)同业公会借章程或会员大会、理、监事会议决议或其他方法所为拘束事业活动之行为,亦为第二项之水平联合(第四项)。"

然则,何谓"恶性卡特尔"? 一般通念以为,事业间为从事固定价格、围标、限制产销数量,或瓜分市场(包括分配交易对象、供货商、交易地区等)所为反竞争之协议、安排或一致性行为,因对竞争之危害最大,违法性高,一般称之为"恶性卡特尔",[1] 系竞争法上最欲遏止、打击之行为。

其实,我现行公平交易法并无对恶性卡特尔作特别明文之规定。但值得注意者,在最近,公平交易委员会有鉴于"在现代市场中竞争,事业有时需要采取共同行为(collaboration),俾得顺利进军国际市场、为昂贵的研发活动筹措资金,或降低生产或研发成本等经济利益。竞争者间所从事之共同行为,虽可能有反竞争之疑虑,然亦可能同时产生效率化之效应,其可能获致之效率利益,通常系借由不同能力或资源之整合,以合资、策略联盟或其他合作方式达成。此种共同行为之动机通常是良性的,且具有提升事业竞争力之效果,不宜与一般具有反竞争特质之联合行为协议等同视之",因而决定参考外国立法例,在下列情形:(1)为降低成本、改良质量或增进效率,而统一商品规格或形式者;(2)为提高技术、改良品质或增进效率,而共同研究开发商品或市场者;(3)为促进事业合理经营,而分别作专业发展者,等等共同行为,如其又符合"有益于整体经济利益与公共利益"及"主管机关所定标准者",得豁免其依"公平交易法"第十四条第一项规定申请例外许可之义

---

[1] "恶性卡特尔"(hard core cartels),也有人译为"核心卡特尔"或"恶质卡特尔",甚至"硬核卡特尔",不一而足。本文采用恶性卡特尔一词,求其意义容易彰显。

务。惟在前述草案中,公平交易委员会特别于法律条文中明文规定:"联合行为以限制价格、商品制造或销售为主要内容,而有重大影响市场竞争机能之虞者,不适用之",且其立法理由中更明指此种例外不适用的情形为"恶性卡特尔",因其恶性较巨,故予以排除适用豁免之规定。[2]

具有高恶性之恶性卡特尔,不仅在各国为害,国际恶性卡特尔更是在世界各地肆虐,不仅已开发国家经济发展受到妨碍,对开发中国家及未开发国家之影响为害尤剧,故引来国际组织如 WTO、OECD 之极度关切,亟欲除之而后快。[3] 下面所介绍以宽恕政策对付恶性卡特尔之著名例子,即是例证。

叁、外国宽恕政策实施之成效

美国虽从 1978 年代即实施宽恕政策,惟初期成效并不特别显著。反而在 1993 年修改制度,使申请公司如果系符合有关规定,则当然自动获得宽免,不待裁量,与旧制仅是得减免罪责之规定迥异,致增加公司举发之诱因,实施成效斐然。[4] 据统计,美国因实施宽恕政策导致卡特尔案定罪之总处罚金额已超过十亿美元之多,令人侧目。以下兹介绍两件近来轰动一时的国际卡特尔案例,

---

〔2〕 "2003 年公平交易法部分条文修正草案"曾经公平交易委员会第五九九、六○二及六一三次委员会讨论,并决议将该草案以书面及网络方式公开征询外界意见,以求其完善。

〔3〕 参阅李文秀,宽恕政策应用于恶性卡特尔之探讨——兼论我引进宽恕政策之修法建议及国际合作,政治大学国贸研究所硕士论文,2004 年 7 月。

〔4〕 See OECD, Fighting Hard - Core Cartels - Harm, Effective Sanctions and Leniency Programs, (2002), at 12.

以供关心此制者参考。

（一）维他命卡特尔案[5]

1999 年 5 月间美国司法部（Department of Justice）公布了两个生产化学药品之公司在美国达拉斯地方法院认罪之案例。彼等承认在 1990 年 1 月至 1999 年 2 月长达十年之期间，对于有关维他命多类产品共谋哄抬并约定价格（price‑fixing）。此等世界主要制造维他命之事业，每年均召开秘密会议，决定关于维他命之生产数量、价格及流通之方式，并且参加协议之各事业约定，依实际企业收益及市场需求，调整所设定之市场占有率及价格。

在本案，率先举发此一不法行为者为法国 Rhone‑Poulenc 公司。其原系世界第三大维他命制造厂，占有约全世界百分之十五之市场。其因第一个申请适用宽恕政策，虽先前有参与此一卡特尔之行为，但在美国司法部反托拉斯署同意申请后，该公司立即发布新闻公开该申请宽恕减免的情事，并因而豁免刑事之追诉。

后来，瑞士 F. Hoffman‑La Roche 及德国 BASF 公司亦相继承认犯罪，并且协助美国反托拉斯署进行调查。再之后，日本第一制药及武田制药公司也分别先后认罪，并对美国司法部调查提供协助。本案原依美国反托拉斯法的量刑指令，F. Hoffman‑La Roche 公司及 BASF 公司之罚款原分别为"十三亿到二十六亿美元"及"四亿余元到八亿余元"，最后因宽恕政策而仅罚 F. Hoffman‑La Roche 公司五亿美元、BASF 公司二亿五千万美元。换言之，罚款之额度因宽恕政策降低至相当于系争交易额百分之十五

---

[5] See Scott Hammond, A Summary Overview of the Antitrust Division's Criminal Enforcement Program, Remarks to New York State Bar Association Annual Meeting, (2003,1.23). http://www.usdoj.gov/atr/public/speeches/200686.htm.

的金额。至于其后适用宽恕政策之日本第一制药及武田公司,则亦受到罚款降低至相当于交易额百分之二十六及百分之二十的宽免。

(二)石墨制电极卡特尔案[6]

在 1998 年石墨制电极(graphite electrodes)卡特尔案中,该商品制造商五年间于远东地区、欧洲及美国召开会议,决定调整该商品之价格、废止折扣、限制贩卖数量及地区,并且为实施该协议,参与厂商另互相交换关于贩卖及顾客的资讯。在本案,美国 Carbide/Graphite Group Inc. 首先向司法部反托拉斯署提供为搜索其他参与事业之必要信息,而申请适用宽恕政策,经反托拉斯署同意,并豁免刑事责任之追诉。其后,本案另有参与协议之日本昭和电工、美国之 UCAR International, Inc. 及德国 SGL Carbon 公司也相继出面协助反托拉斯署调查本案,最终也分别获得减至相当于交易额百分之十到百分之三十之罚款的减免处分。

从上面实际之案例可以查知,国际卡特尔(international cartels)皆有共通之目的,亦即借由与其他跨国之共谋者为限制竞争合意,以达其增加利润之目的。申言之,借由在全球之市场基础上,达成固定价格、围标、分配市场区域、消费者及销售量之合意,以瓜分世界市场之利益。惟由于卡特尔规范在执法上最困难的地方,在于合意事证之取得困难,尤其国际卡特尔往往使用合法之商业协会组织及会议活动作为掩护工具,因此竞争法主管机关之查缉往往难上加难。因而借由宽恕政策之实行,让参与协议者因恐

[6] See Scott Hammond, A Summary Overview of the Antitrust Division's Criminal Enforcement Program, Remarks to New York State Bar Association Annual Meeting, (2003,1.23). http://www.usdoj.gov/atr/public/speeches/200686. Id,at 3.

惧东窗事发,潜在法律责任之巨大,而使参与者选择"窝里反",提供主管机关破案之必要信息及事证,诚为良策。因此,竞争法之国际组织(如 OECD 之竞争法委员会)遂大力推荐各国采取此项宽恕政策,以压制恶性卡特尔之横行与危害世界经济。[7]

肆、台湾地区引进宽恕政策之立法趋势与检讨

一、草案条文内容及立法理由

2003 年我公平交易法部分条文修正草案,为配合世界主要国家之立法趋势,决定立法引进宽恕政策,以打击恶性卡特尔活动。其所拟立法条文及理由如下:

第三十五条之一:"违反第十四条第一项之事业,符合下列情形之一,且经'中央'主管机关事先同意者,减轻或免除'中央'主管机关依第四十一条所命之更正措施及罚款:

(一)就其所参与之联合行为,以书面向'中央'主管机关提出检举或供述具体违法情事,提供重要事证,并协助'中央'主管机关进行调查者。

(二)于案件调查期间,供述具体违法情事,提供足以认定违法之事证,并协助'中央'主管机关进行调查者。

前项之适用对象、资格要件、裁处减免标准、身份保密及其他执行事项之办法,由'中央'主管机关定之。"

本条立法理由谓:

"一、本条新增。

---

[7] See OECD, Using Leniency To Crack Hard – Core Cartels, OECD/CLP(2001)13.

二、鉴于联合行为搜证之困难,各国竞争法主管机关近年来逐渐盛行对联合行为之参与事业采行告密之'宽恕政策'(Leniency Programs/Policy,即所谓'窝里反条款'),有效遏止不法之联合行为。各国所采"宽恕政策"之内涵不一,其要点以参与联合行为之事业,于竞争法主管机关尚未知悉或未掌握足够证据前,主动向其供述案情并提供具体事证;于主管机关调查过程中,协助调查并提供具体违法事证,因而使竞争法主管机关或司法机关得以顺利完成调查任务者,依法可换取行政或刑事责任之减轻或免除。此制度之施行结果,不仅可以节省调查成本、及时发现违法行为并防止危害继续扩大,对于意图从事联合行为之事业,亦可收防范及吓阻之效,值得参采。

三、我目前行政法制中,并无此类制度之规范。爰参前述各国所采'宽恕政策'之要旨,以及'证人保护法'第十四条及第十五条有关'污点证人'之相关规定,增订第一项。

四、第二项授权'中央主管机关'就执行前项'宽恕政策'所必要之一般技术性、细节性事项,另以法规命令订之。"

二、检 讨

(一)立法必要性的问题

如同立法理由所指出,引进宽恕政策之目的,主要是基于执法之要求。虽然联合行为之意思联络证据,除直接证据外,间接证据及"一致性行为"法理,[8]亦可运用。惟不可否认者,联合行为之间接证据,亦如同直接证据一样,不容易取得。

以 2000 年间轰动一时之有线电视系统业者与频道业者授权契约断讯纷争,所导致公平会主动调查联合行为一案为例,关于频道业者参与联合行为之"合意"相关事证,公平会即认为:"……任惠光君所代表洽谈之系统业者计有位于台北县之观天下公司、高雄市之大信公司、高雄县之凤信公司及传信行公司,迄今 1999 年底均未与频道业者达成交易,却均仅有大信公司、高雄县之凤信公司及传信行公司被断讯,倘非共同选定对象,显与事理有违。另胜骐、木乔、八大、年代等频道业者所发予系争系统业者 2000 年之频道授权书日期及和盛公司之授权起始日期均为 2000 年 1 月 6 日,如非经事前合意,如何能使断讯期间彼此一致。"[9]

再以 1999 年民众检举台南县市 KTV 业者,在新春期间联合涨价一案为例,虽有被检举业者明白于台南市政府官员访谈时表示,曾接获该县市 KTV 联谊会行文于春节期间双倍收费之传真文稿,但嗣后在公平会调查时,却更改供词,表示因时间久远,已无法提供文稿予公平会。本案最后公平会在查无其他相关事证之下,以尚难确知是否有 KTV 业者透过联谊会,或以其他方式共同合意决定春节期间双倍收费,而为联合行为之情事,认定本件尚无违反公平交易法而结案。[10]

---

[8] 或谓 2002 年"公平交易法"增订第七条第三项所谓:"第一项所称其他方式之合意,指契约、协议以外之意思联络,不问有无法律拘束力,事实上可导致共同行为者",即是"一致性行为"法理的采用。有关"一致性行为"之介绍,可参阅吴秀明,联合行为理论与实务之回顾与展望,收入氏著"竞争法制之发轫与展开",元照出版,2004 年 11 月版,页 46~51。

[9] 公平交易委员会第 449 次委员会议审议案。

[10] 公平交易委员会第 401 次委员会议审议案。

从上面二则典型案例可知,在实务上,颇多案例因对联合行为之合意,或系以案关间接证据推论之,或系以查无相关事证,无法确知行为人间有共同合意而函复结案或不处分。因此,基于执行之实务要求,引进宽恕政策或可解决部分案例因欠缺证据证明联合行为合意存在之缺憾。

反对引进此制者,或谓从造成对人性的不信任而言,是否应加引进此制,有须深思之处。而且长期而言,秘密证人也无法永久受有掩护,例如十家业者一起为联合行为,其中一家"窝里反"出面检举,致其他九家受到处罚,则另一家未受处罚或受较轻之处罚者,则难逃同业之指责与报复。另外,是否也有可能业者利用此制陷害同业,然后自己适用此制脱免责任,造成所谓之"道德危机"问题,不可不慎。

诚然,前揭草案在实施上容或有其配套措施之问题,必须解决,例如身份保密的细节问题。然而,诚如立法理由所指出,此制之引进有助于司法效率之提升及行政资源之节省,对于吓阻违法之联合行为(特别是恶性卡特尔)之发生与及时发现违法联合行为并防止危害之继续扩大,助益尤大。因此,在权衡之下,本文仍认为此制有引进之必要。否则道高一尺,魔高一丈,主管机关恐耗费甚多行政资源,犹难追缉恶性重大之联合行为。

(二)先行政后司法的问题

依"公平交易法"第三十五条规定:"违反……第十四条……规定,经'中央'主管机关依第四十一条规定限期命其停止、改正其行为或采取必要更正措施,而逾期未停止、改正其行为或未采取必要更正措施,或停止后再为相同或类似违反行为者,处行为人三年以下有期徒刑、拘役或科或并科新台币一亿元以下罚金。"换言之,我现行立法政策上对联合行为系采取所谓之"先行政后司法"

之原则,即第一次违反联合行为,仅以行政处罚加以惩处,第二次再犯,始科以刑事责任。准此而言,第二次违反联合行为禁制规范,立法政策上是否宜仍有宽恕政策减免责任之适用,不无疑义。从本草案言,应仅能减免行政责任,刑事责任不能因宽恕政策而获减免。然而,在更早之修正草案,本容许行政责任与刑事责任均可适用宽恕政策,惟因学者之提醒将有不妥而放弃。[11]

按依目前世界各国就联合行为采取宽恕政策者,主要包括美国、加拿大、欧盟、英国、德国、法国、荷兰、爱尔兰、巴西、韩国、澳洲等国及地区。而其免除责任形态大致有二:[12]

其一、免除刑事责任者:例如,美国、加拿大及爱尔兰即系免除刑事责任。

其二、免除或减轻行政责任者,这包括欧盟、德国、法国、荷兰、韩国等。

上述二种减免形态之分野,主要因为各国之宽恕政策内涵原即须对应各国固有之联合行为规范之法律责任而定,亦即以减轻或免除原应受制裁之责任作为参与者举发或自首之诱因,故立法例上有可能同时免除或减轻刑事责任及行政责任者(例如,英国)。反观我们第一阶段对联合行为系以行政责任为主,第二次违反才科以刑事责任(截至目前尚无此例)。如行政责任与刑事责任皆可减免,无异鼓励参与恶性卡特尔者吃饱赚足再来"窝里反"。因此,在台湾地区现行"先行政后司法"体制下,应仅以第一

[11] 按本次公平交易法修正草案公听会时(2003年8月29日举行),台北大学法学院何之迈教授首先指出,我们在"先行政后司法"之体系下,第二次违反联合行为禁制规定者,仍可适用宽恕政策之不合理性。主管机关公平会因此从善如流修正了草案条文规定。

[12] See OECD/Committee on Competition Law and Policy, Report on Leniency Programmes To Fight Hard Core Cartels, 27 – Apr – 2001.

次行政责任之减免,作为宽恕政策的法律效果,即为已足。否则将流于浮滥。

（三）首谋不应适用宽恕政策

诚如前述反对宽恕政策者所主张之理由之一,为免此制引来道德危机,本文认为应仿美国"公司宽恕政策"（Corporate Leniency Policy）,[13]明确于法律条文规定,必须"事业并无强迫其他当事人参与该违法联合行为,且不是该违法联合行为之领导人或首谋者",方得申请适用宽恕政策。草案第三十五条之一第二项虽授权"中央"主管机关订定有关第一项宽恕政策的适用对象、资格要件,恐仍非明确而有所不足,似以法律条文明定联合行为之首谋者,不能适用宽恕政策为宜。

（四）适用要件、裁处减免标准宜以法律清楚而明确加以规定

根据 OECD 之竞争法与政策委员会（即 CLP）（2002 年改称竞争法委员会;Competition Committee）研究建议,各国之宽恕政策要能生效则其政策之透明度（transparency）与确定性（certainty）至为重要。[14]例如,美国法制即规定反托拉斯署进行侦察前,举发不法之事业自动地免受刑事追诉。换言之,在此情形,反托拉斯署并无裁量之余地。此点对于宽恕政策实施之成败,具有关键之地位。美国旧制之不成功（当时每年约仅一件案例而已）,即在于反托拉斯署对于举发者均握有减免之裁量权,此点对举发者较不确定,影响其出面认罪举发之意愿。

---

[13] Corporate Leniency Policy, Antitrust Division, Department of Justice, USA http://www. usdoj. gov/atr/public/guidelines/0091. htm.

[14] See supra note 12, at 2.

此外,宽恕减免之标准也应如同韩国法、欧盟法制一般,依其情形分级适用不同之减免标准,并以法律明文规定。例如,应依举发在主管机关调查前或后(即调查中),以及举发者协助调查之合作度而定应减免原定罚款额度之百分之七十五、百分之五十或百分之十。[15] 这样明确之标准有助于参与联合行为之合议者,得事先预估其出面举发所可能获致之宽恕,进而提高其举发意愿。

(五)行为人个人之法律责任减免因素所扮演的角色

根据前述 OECD 竞争法与政策委员会之建议,给予参与联合行为之事业的经理人及员工个人法律责任(personal liability)的避免机会,系鼓励举发不法行为的重要因素。在此方面,美国法制即是显例。

然而,欧盟法制因只将"企业"纳入竞争法之规范;因此,个人法律责任之减免,此一因素与其宽恕政策之成败,即无必然牵连的关系。反观我之法制,基本上与欧盟相同,在"先行政后司法"体制下,遇有第二次联合行为之刑事责任时,才有"公平交易法"第三十八条之适用可能,即"法人犯前三条之罪者,除依前三条规定处罚其行为人外,对该法人亦科以各该条之罚金。"(公平三十八)换言之,我们如在政策上,不给予刑事责任之宽恕政策适用余地,则行为人个人法律责任之减免的因素,即与实施宽恕政策之成败脱钩。这种结果虽是可惜,但也是"先行政后司法"等政策上选择的必然结果。

惟值得注意者,在 2006 年 2 月 5 日实施之"行政处罚法"第十

---

[15] 参阅韩国独占规范及公平交易法第三十五条之规定。有关欧盟法制介绍,则可参阅 Australian Competition & Consumer Commission, Submission to the Trade Practices Act Review, June, 2002, at 50.

五条规定："私法人之董事或其他有代表权之人,因执行其职务或为私法人之利益为行为,致使私法人违反行政法上义务应受处罚者,该行为人如有故意或重大过失时,除法律或自治条例另有规定外,应并受同一规定罚款之处罚(第一项)。私法人之职员、受雇人或从业人员,因执行其职务或为私法人之利益为行为,致使私法人违反行政法上义务应受处罚者,私法人之董事或其他有代表权之人,如对该行政法上义务之违反,因故意或重大过失,未尽其防止义务时,除法律或自治条例另有规定外,应并受同一规定罚款之处罚(第二项)。依前二项并受同一规定处罚之罚款,不得逾新台币一百万元。但其所得之利益逾新台币一百万元者,得于其所得利益之范围内裁处之(第三项)。"因此,未来有关机关如何配合此等规定之实施,给予个人行政罚责任之减免,以提高举发不法联合行为之诱因,亦是不可忽视之课题。

(六)调查开始后的供认及协助调查,仍可适用宽恕政策

美国1993年宽恕政策的新制及其他国家(如欧盟)的宽恕政策特色,即是主管机关调查程序开始后,参与协议的业者仍有可能受到宽恕,只要业者提供相当之事证,并充分协助主管机关之调查。盖其对整个调查程序之进行,仍有重大助益。[16] 当然,为使业者勇于提出举发,成为第一个出面检举者,对于调查开始后始供认之业者,宽恕之减免处罚有必要稍微严格。否则,如先后供认者均一视同仁,则有谁愿意开第一枪,出面举发不法呢?可喜的是,在此方面,我们的立法草案,似亦朝此方向前进,相信对于纠举不法联合行为必有重大帮助,值得赞同。

---

[16] See supra note 12, at 3.

（七）出面举发，欲适用宽恕政策者，应自其举发时采取尽可能的手段以有效终止其所为之不法联合行为，包括回复受害人之损害

按即刻有效终止不法联合行为，应系申请适用宽恕政策的前提，也是美国等法制所采取之做法；否则一边申请宽恕政策，一边继续危害市场，似恐难以想象申请业者有悔改之意思。关此，我之草案却付之阙如，实为憾事，应予补强。法律甚至可规定在申请业者可能之范围内，应赔偿受害人之损害，以恢复损害发生前之原状。

（八）有关举发人之身份保密措施

保密之完善与否，事关宽恕政策之成败。盖除了同伙可能之报复外，国际卡特尔之申请者在其他国家也有可能再遭受同一事件之处罚的虞虑。因此，除了申请宽恕政策者自己有意公开外，主管机关必须做到滴水不漏。这点也是我公平交易委员会未来宽恕政策立法通过后莫大的挑战。一有疏忽，将可能造成业者对主管机关之不信任，致宽恕政策空有其名，主管机关在保密措施等法制作业上不可不慎耶！

伍、结　语

恶性卡特尔危害自由市场经济，已是众所皆知的事。虽然我们有严密的联合行为法律规范，但道高一尺魔高一丈，参与联合行为者技高一筹，巧妙地掩藏联合行为合意的事实及证据，造成执法者难以查缉不法，已是公认的事实。因此，如何利用联合行为业者

内部的矛盾,妥善使用宽恕政策以瓦解恶性卡特尔结构,并节省行政资源,当是可思考的方向。目前,以宽恕政策对付恶性卡特尔,在世界各主要国家已大行其道。虽然在人性龌龊面,此一制度尚有值得非难之处,但在法益权衡下,"窝里反"条款似乎也是对付恶性卡特尔不得不然的方法,吾人认为值得我们尝试引进。此外,特别应强调的是,"窝里反"条款不仅在国际恶性卡特尔能发挥其作用,在仅是台湾性质之恶性卡特尔方面,当然也可期待其产生正面效用。当然,过去我公平交易法实务上,对于联合行为意思联络的证明方法,也已累积了一些案例及经验,如果能在宽恕政策外,对这些意思联络的证明方式用法律推定的方式加以明文化,或许对查缉不法联合行为也将助益不少,故建议此方面也可进一步尝试。

【后记】

本文曾发表于:台湾本土法学杂志,第 76 期,2005 年 11 月,页 267～275。

图书在版编目（CIP）数据

公司法制的新开展 ／刘连煜著. —北京: 中国政法大学出版社, 2008. 4
ISBN 978-7-5620-3201-4

Ⅰ. 公... Ⅱ. 刘... Ⅲ. 公司法-研究-台湾省 Ⅳ. D927. 582. 291. 910. 4

中国版本图书馆CIP数据核字 (2008) 第049688号

书 名	公司法制的新开展	
出版发行	中国政法大学出版社 (北京市海淀区西土城路 25 号)	
	北京 100088 信箱 8034 分箱　　邮政编码 100088	
	zf5620@263. net	
	http://www.cuplpress.com　　(网络实名: 中国政法大学出版社)	
	(010)58908325 (发行部)　　58908285 (总编室)　　58908334 (邮购部)	
承 印	固安华明印刷厂	
规 格	880×1230　　32 开本　　11 印张　　265 千字	
版 本	2008 年 4 月第 1 版　　2008 年 4 月第 1 次印刷	
书 号	ISBN 978-7-5620-3201-4/D · 3161	
定 价	26. 00 元	

声　　明　　1. 版权所有，侵权必究。

　　　　　　2. 如有缺页、倒装问题，由本社发行部负责退换。

本社法律顾问　　北京地平线律师事务所